献礼中国共产党百年华诞

新时代国家治理现代化研究丛书
编 委 会

◇ **顾　问**：李景源（中国社会科学院）
　　　　　赵剑英（中国社会科学出版社）

◇ **主　编**：欧阳康（华中科技大学）
◇ **副主编**：杜志章（华中科技大学）
　　　　　吴　畏（华中科技大学）

◇ **编　委**：（以姓氏拼音排序）
　　　　　杜志章（华中科技大学）
　　　　　李　钊（江西财经大学）
　　　　　欧阳康（华中科技大学）
　　　　　吴　畏（华中科技大学）
　　　　　杨华祥（武汉轻工大学）
　　　　　杨述明（湖北省社会科学院）
　　　　　叶学平（湖北省社会科学院）
　　　　　虞崇胜（武汉大学）
　　　　　张　毅（华中科技大学）
　　　　　赵泽林（华中科技大学）

湖北省公益学术著作出版专项资金资助项目
新时代国家治理现代化研究丛书
丛书主编　欧阳康

华中科技大学
国家治理研究院

◇ 国家社会科学基金重大项目"大数据驱动地方治理现代化综合研究"（项目批准号：19ZDA113）成果
◇ 湖北省人民政府智力成果采购项目"从绿色GDP绩效评估看湖北双碳战略和绿色发展路径研究（项目编号：2022HB-ZLCG-03）"阶段成果
◇ 政协湖北省委员会办公厅委托课题"绿色节约情况分析及建议（项目编号2022208）"阶段成果
◇ 湖北省生态环境厅项目"'双碳'目标、绿色绩效与湖北高质量发展"阶段成果
◇ 中共湖北省委改革智库重大课题"面向碳达峰碳中和发展目标的湖北绿色GDP绩效评估研究（项目编号：ZKCG202104）"阶段成果
◇ 华中科技大学文科"双一流"建设项目"国家治理湖北省协同创新中心建设专项"基金资助成果
◇ 华中科技大学自主创新研究基金项目"公共卫生安全、超大城市治理与国家治理现代化"资助成果

中国绿色发展理论与实践研究

赵泽林　欧阳康◎著

华中科技大学出版社
http://press.hust.edu.cn
中国·武汉

图书在版编目(CIP)数据

中国绿色发展理论与实践研究/赵泽林,欧阳康著.—武汉:华中科技大学出版社,2023.2

(新时代国家治理现代化研究丛书)

ISBN 978-7-5680-7935-8

Ⅰ.①中… Ⅱ.①赵… ②欧… Ⅲ.①绿色经济-经济发展-研究-中国 Ⅳ.①F124.5

中国版本图书馆 CIP 数据核字(2022)第 016069 号

中国绿色发展理论与实践研究　　　　　　　赵泽林　欧阳康　著
Zhongguo Lüse Fazhan Lilun yu Shijian Yanjiu

策划编辑：	周晓方　杨　玲
责任编辑：	熊　彦
封面设计：	原色设计
责任校对：	曾　婷
责任监印：	周治超
出版发行：	华中科技大学出版社(中国·武汉)　　电话：(027)81321913
	武汉市东湖新技术开发区华工科技园　　邮编：430223
录　　排：	华中科技大学惠友文印中心
印　　刷：	湖北新华印务有限公司
开　　本：	710mm×1000mm　1/16
印　　张：	18.25　插页:2
字　　数：	318 千字
版　　次：	2023 年 2 月第 1 版第 1 次印刷
定　　价：	129.00 元

本书若有印装质量问题,请向出版社营销中心调换
全国免费服务热线：400-6679-118　竭诚为您服务
版权所有　侵权必究

我们要坚持节约资源和保护环境的基本国策，像保护眼睛一样保护生态环境，像对待生命一样对待生态环境，推动形成绿色发展方式和生活方式，协同推进人民富裕、国家强盛、中国美丽。

——2016年1月18日，习近平在省部级主要领导干部学习贯彻党的十八届五中全会精神专题研讨班上的讲话（中共中央文献研究室.习近平关于社会主义生态文明建设论述摘编[M].北京：中央文献出版社，2017：12）

目前全球性的生态环境问题,既不是人类的无知愚昧或天生贪婪所造成的,也不是个别公司、企业的管理者缺乏道德和良知所致;相反,我们必须从经济制度、政治制度和社会制度的运行方式中寻找答案。

——著名生态经济学家 F. Magdoff 和 J. B. Foster (Magdoff F, Foster J B. What every environmentalist needs to know about capitalism[J]. Review of the Month, 2010(3):7.)

内容提要

在中国共产党的领导下，当代中国人民以马克思列宁主义、毛泽东思想、邓小平理论、"三个代表"重要思想、科学发展观、习近平新时代中国特色社会主义思想作为自己的行动指南，坚持党的领导，坚持人民至上，坚持理论创新，坚持独立自主，坚持中国道路，坚持胸怀天下，坚持开拓创新，坚持敢于斗争，坚持统一战线，坚持自我革命，全党全国推动绿色发展的自觉性和主动性显著增强，美丽中国建设迈出重大步伐，中国生态环境保护正在发生历史性、转折性、全局性变化。当代中国的绿色发展理论与实践，正在为中国人民以及全人类的永续发展，创造新的历史文明。

当前，中国人民正在中国共产党的团结带领下，开启实现第二个百年奋斗目标新征程，朝着实现中华民族伟大复兴的宏伟目标继续前进。本著站在两个百年奋斗目标的历史交汇点，基于华中科技大学国家治理研究院中国绿色 GDP 绩效评估研究课题组连续多年的绿色 GDP 绩效评估研究成果，从历史境遇、思想源流、立体治理、绩效评估和世界意义 5 个基本层面，对当代中国的绿色发展理论与实践，进行全面而系统的理论阐述与思想升华，既为当代中国顺利实现碳达峰碳中和以及第二个百年奋斗目标提供理论支持，也为世界上其他国家和地区实现绿色发展提供理论借鉴。

总 序
新时代国家治理现代化的使命与境界[①]

习近平总书记强调,面对改革进入攻坚期和深水区、各种深层次矛盾和问题不断呈现、各类风险和挑战不断增多的新形势,必须努力提高改革开放和发展进程中的科学决策水平,推进国家治理体系和治理能力现代化。

当前,中国国家治理正面临着从传统向现代的深度转型。这种转型既是一个渐进的过程,需要延续与传承,又是一个跃迁的过程,需要变革与创新。通过国家治理的理论创新和实践创新,有可能更好地发挥传统治理优势,创造新型治理优势,把两个优势内在地结合起来,为中国国家治理注入新的内容与活力,提升新时期新形势下的治国理政能力,也有可能为人类对更加理想的社会制度的探索提供中国方案。

一、强化使命意识,确立国家治理现代化的战略定位

自党的十八届三中全会首次提出推进国家治理体系

[①] 此序为作者主持的 2014 年度教育部哲学社会科学研究重大课题攻关项目"推进国家治理体系和治理能力现代化若干重大问题研究"(教社科司函〔2014〕177 号)的成果之一;国家社科基金十八大以来党中央治国理政新理念新思想新战略研究专项工程项目"十八大以来党中央治国理政新理念新思想新战略的哲学基础研究"(批准号:16ZZD046)的成果之一;教育部社会科学司 2018 年"研究阐释党的十九大精神专项任务"的成果之一。

和治理能力现代化以来，中国共产党和中国政府的治国理政提升到了全新思想境界和高度实践自觉。习近平新时代中国特色社会主义思想中包含着治国理政的丰富内容，尤其是党的十九大报告，全面总结中国共产党治国理政的历史经验，将中国国家治理体系和治理能力现代化与中华民族伟大复兴的战略目标内在地结合起来，把全面建设社会主义现代化强国的新征程分为两个具体的阶段，并把国家治理现代化既作为社会主义现代化的必要制度保障条件，也作为其实现程度的重要表征。

第一个阶段，从 2020 年到 2035 年，在全面建成小康社会的基础上，再奋斗十五年，基本实现社会主义现代化。在这个阶段，除了经济实力、科技实力、社会文明程度、人民生活状态、生态文明状态等指标外，从国家治理的角度看，那就是"人民平等参与、平等发展权利得到充分保障，法治国家、法治政府、法治社会基本建成，各方面制度更加完善，国家治理体系和治理能力现代化基本实现，现代社会治理格局基本形成，社会充满活力又和谐有序"。第二个阶段，从 2035 年到 21 世纪中叶，在基本实现现代化的基础上，再奋斗十五年，把我国建成富强民主文明和谐美丽的社会主义现代化强国。到那时，我国物质文明、政治文明、精神文明、社会文明、生态文明将全面提升，实现国家治理体系和治理能力现代化，成为综合国力和国际影响力领先的国家，全体人民共同富裕基本实现，我国人民将享有更加幸福安康的生活，中华民族将以更加昂扬的姿态屹立于世界民族之林。

由上可以看出，国家治理现代化与中国特色社会主义现代化强国的三重关系：国家治理现代化是中国特色社会主义现代化强国的必要制度体系和能力保障；国家治理现代化是中国特色社会主义现代化强国的重要内容和组成部分；国家治理现代化是中国特色社会主义现代化强国的突出标志和重要表征。

二、强化历史意识，深入总结中国国家治理的历史智慧

历史是现实的镜子，历史研究是学术研究的基础，也是实践创新的前提。中华民族五千多年的发展历史，留下了历代先哲贤人"修身齐家治国平天下"的丰富历史经验和思想智慧，给我们重要的启示与借鉴。深入研究古往今来中国国家治理从理念、制度、政策到行为等的发展历程，可以更好地总结历史经验，反省重大失误，探究深层原因，明晰历史教训，掌握客观规律，确立决策参照，提升决策智慧。例如：如何在传统之道与现代之势之间更好地保持张力？社会发展的延续性和传承性决定了历史演变规律会深刻地延续并影响到今天，要求我们尊重前人、历史和经验，但社会发展的不可逆性又决定了今天不可能是昨天和前天的简单延续，一定会有新的变革与需求，要求我们会通古今，勇于探索、超越与创新，自觉地从中国社会发展历史经验和教训中学习，不仅有可能使当代中国的国家治理体系和治理能力现代化获得更加丰富的中国经验和中国内涵，也有可能获得更加坚实的历史基础，丰富其理论内容，更新其理论形态。

三、强化创新意识，更好地发挥中国政治制度治理优势

提升国家治理能力首先必须研究如何更好地发挥中国的政治制度和政治治理优势。1949年以来，我国形成了马克思主义指导、中国共产党领导、社会主义道路、人民民主专政四位一体的国家治理体系，并在实践中不断加强和完善。这是我国政治制度的最大优势，已经成为我国国家治理的最基本传统和最重要格局，是我国国家治理的安身立命之所，必须在新时期得到自觉和有效的坚持。

随着时代的发展和中国的进步，它们也需要获得最大发展和创新，以保障和展示中国道路的特殊优越性。为此至少应努力实现四大升华：第一，马克思主义要进一步由外来思想真正内化和升华为"中国思想"，与中国优秀传统文化内在融合，直面并回答当代中国最重大的理论和实践问题，造就中国化的马克思主义新形态，在中国化、时代化的进程中真正融入中国社会，融入中国民众的精神家园；第二，中国共产党要由领导角色进一步落实和升华为"服务角色"，善于团结和汇聚中国各种政治力量，通过科学决策、政治引领和组织保障，强化协商民主，善于支持和激励人大、政协、政府、企业和各种社会组织等多元主体共同治理中国社会，发挥党员个体的先锋模范作用；第三，社会主义要由传统模式进一步拓展和升华为"中国模式"，既能坚持社会主义核心价值体系，践行人类文明进步的基本原则，又能探索中国道路，强化中国特色，激发社会活力；第四，人民民主专政要由国家主导进一步拓展和升华为"人民主导"，坚持依法治国，落实以人为本，切实保障人民主体地位。以上四个方面的变革与创新应当相互影响，良性共振，极大地激发中国国家治理的传统优势，在中国国家治理中发挥更大作用。

四、强化批判意识，透析当前中国社会的价值多元化状态

国家治理既要适应当前中国的价值多元化状态，也要引领中国社会的价值合理化进程，为此要求哲学社会科学研究发挥应有的批判功能。要准确盘点当前中国社会存在的各种社会思潮、各种利益诉求、各种价值取向、各种实践行为等，并对其做出合理性评估，张扬其合理内涵，批判其不合理方面，为人们做出恰当的价值选择提供指导。

当代社会迅速转型，进入价值多元化状态，难免泥沙俱下、鱼

龙混杂、良莠俱存。应当看到，当代中国社会的多元价值并非都是合理的和健康的，为此必须对那些不健康、不合理的价值观进行批判和斗争，对健康、合理的价值观予以保护和张扬，对多元价值进行有机和有序整合，在此基础上构建能够保障各种正当利益和合理价值诉求的社会利益分配机制和价值实现机制，引领多元价值的健康发展方向。例如，要研究当前中国各种价值之"元"之间有无共同基础，探讨国家认同的共同前提在哪里，如何进一步增强；要研究不同的价值之"元"间的基点之间的差异，探讨应否、能否和如何通过一个有机的整体体系整合不同的"元"；要研究中国国家治理的本底基础（底线）和高端目标在哪里，探讨当前中国国家治理体系需要多大的覆盖面、多深的包容度和多元的复杂性，为中国国家治理现代化提供理论保障和对策依据。

正是在这个科学批判的过程中，马克思主义也将更好地展示自己的革命性和批判性，增强其说服力和解释力，在提高全民族的思想自觉和理论自信方面发挥更大作用，实现自身的价值。从社会认识论的角度来看，哲学社会科学在本质上就是人的理性自我认识，且研究哲学社会科学应当为人民"代视"与"代言"。这两个功能规定，要求我们自觉深入到人民群众的生产、生活实践之中，聚焦当代人类、中华民族和个体在生存发展中面临的重大问题，从人类文明进步和中国人生存发展中汲取营养和活力，既敢于为人民"鼓与呼"，发时代之先声，扬人民之精粹，树社会之正义，又善于用科学思想理论武装和感染人民，彰显中国特色，提升人生境界，引领发展方向。

五、强化整合意识，提升中国国家治理能力的有效性

第一，加强顶层设计与荟萃全民智慧。中国国家治理总体上看需要更好地发挥中央和各级组织在战略设计和宏观布局方面的引领作用，以便更好地体现中央意图、政府主导、民族大义、全局利

益，同时又要善于立足大众，尊重个体，关照民意，动员全体，把从上至下与从下至上内在地结合起来。

第二，在法治之刚与德治之柔之间保持张力。社会生活的多层次性和人性的复杂性要求国家治理体系与治理方式的多方面和多层次性。依法治国和以德治国的有机结合既是客观需要，也是治国智慧。一方面要努力通过刚性的法律与法治为社会大众划定行为底线与边界，另一方面要通过柔性的美德提升人们的思想境界与价值追求。

第三，自觉应用现代科技和网络体系参与国家治理。信息化已经并在继续极为深刻地改变着人们的生产、生活与交往方式，也要求新时代的信息化国家治理方式。应努力学习应用现代治理模式与治理技术等，为中国国家治理注入新理念、新技术、新动力。

综上所述，我们只有通过最大限度的创新与创造，把传统优势与创新优势充分发挥出来，才有可能既超越自我又超越西方，不仅为中华民族伟大复兴提供制度和治理保障，也能为全球治理提供中国方案和中国智慧。

"新时代国家治理现代化研究丛书"策划的宗旨是贯彻党的十八届三中全会、十九大和十九届四中全会关于坚持和完善中国特色社会主义制度，推进国家治理体系和治理能力现代化的精神，以"新时代国家治理现代化"为主题，从理论、方法、实践等多维视角对推进国家治理现代化进行探讨。本丛书作者团队以华中科技大学国家治理研究院研究员为主，邀请武汉大学、湖北省社会科学院等相关领域的知名专家共同组成。

欧阳康著的《国家治理现代化理论与实践研究》，从国家治理的价值范畴、演进逻辑、比较优势等理论层面，以及基层治理、政治治理、全球治理、绿色发展和生态治理等实践难题入手，发力国家治理的理论创新和实践创新，为人类对更加理想的社会制度探索的全球治理提供中国方案和中国智慧。虞崇胜著的《国家治理现代化的制度逻辑》，紧紧围绕坚持和完善中国特色社会主义制度这个主题，深入探讨制度建设在国家治理现代化中的重要地位和作用，着重研究不同制度要素之间的逻辑关系，探寻中国特色社会主义制度发展规律，以期为新时代国家治理现代化特别是制度现代化提供理论支撑和实践路径。杨述明著的《智能社会建构逻辑》，集中选取智能社会演进过程中社会建设与社会治理的关键领域，敏感地触及社会智能化的新变化，从智能社会视角尽可能地揭示其演进规律，系统厘清智能社会演进逻辑与建构逻辑，有助于人类更理性、更全方位地认识社会、国家各项机制运转，进而更加积极从容应对新的社会形态图景下的社会生活实践。杜志章著的《中国国家治理现代化综合评估体系研究》，旨在立足中国特色社会主义的现实，广泛借鉴国内外治理评估的理论成果与实践经验，充分结合中国的历史传统和现实国情，坚持普遍性与特殊性相结合，探索既体现人类共同的"善治"追求，又反映中国特色社会主义核心价值体系，具有显著的时代性、民族性和实践导向性的国家治理理论和国家治理评估体系。张毅等著的《网络空间国际治理研究》，从网络空间国际治理的概述出发，分析各国的治理经验，总结治理模式，并对网络空间基础设施、网络数据、网络内容、网络空间治理主体等领域的问题进行分析，试图依据我国"推动构建网络空间命运共同体"的国家战略探讨网络空间国际治理的新趋势。吴畏著的《当代西方治理理论研究》，跨学科、广角度、全景式地论述西方治理理论的历史、概念、逻辑和最新成果，为建构"国家制度和治理体系"的中国话语体系和理论形态提供理论借鉴，为推进新时代国家治理体系和治理能力现代化提供他山之石。叶学平著的《中国经济高质量发展理论与实践研究》，对高质量发展的主要内容、指标体系、衡量标准、统计体系和考核评价体系进行了全面系统的研究和构建，从理论与实践角度对新时代中国经济高质量发展面临的挑战和需要处理的几大关系也进行了分析，并提出了新时代中国经济高质量发展的实现路径和政策建议。赵泽林、欧阳康著的《中国绿色发展理论与实践研究》，旨在开展绿色发展精准治理的政策研究，通过权威部门公开发布的统计数据，利用具有自主知识产权的绿色发展大数据分析平台，客观呈现中国大陆大部分省市自治区绿色GDP（国内生产总值）、人均绿色GDP、绿色发展绩效指数的年度变化情况，并对其未来发展提出了合理可行的对策性建议。杨华祥著的《中国传统治理经验及其现代转换研究》，在深入梳理中国古代治理思想主要内容及其发展历程和分析了中国历史上兴衰治乱的深层原因的基础上,提出新时代国家治理现代化要坚持实事求是和人民至上的原则,推进传统治理思想的创造性发展和传统典章制度的创造性转化,助推国家治理体系和治理能力现代化走向完善。李钊著的《国家治理现代化公共行政理论创新研究》,将公共行政置于国家建构的广泛背景之中,用社会合作型组织取代官僚制模式,依靠多维度运作的模型使公共行政切合现代社会领域分化的趋势,以期在使中国国家治理各项目标切实可行的基本前提下,借助公共行政的媒介塑造各社会领域的内在秩序,把中国文化和制度的宏观建构推向新的高度。

本丛书的出版将是国家治理领域的重大研究成果,在学术上有利于深化和拓展对国家治理理论的研究,在实践上可以为推进国家治理体系和治理能力现代化提供参考。

华中科技大学国家治理研究院院长
华中科技大学哲学研究所所长
国家"万人计划"教学名师

2020 年 6 月于武汉喻家山

目 录

绪论 / 1

第一章　中国绿色发展的历史境遇 / 7

　　第一节　生态危机与西方现代化 / 8

　　第二节　中国现代化与发展创新 / 21

　　第三节　绿色发展与中国未来 / 33

第二章　中国绿色发展的思想源流 / 46

　　第一节　中国绿色发展的传统文化之源 / 47

　　第二节　马克思主义与中国绿色发展 / 58

　　第三节　当代中国马克思主义与绿色发展 / 71

第三章　中国绿色发展的立体治理 / 88

　　第一节　中国绿色发展的战略构建 / 88

　　第二节　中国绿色发展的科技支撑 / 101

　　第三节　中国绿色发展的多元共治 / 113

第四章　中国绿色发展的绩效评估 / 126

　　第一节　中国绿色发展的全国评估 / 127

　　第二节　中国绿色发展的省域评估 / 140

　　第三节　中国绿色发展的综合评估 / 153

第五章　中国绿色发展的世界意义 / 166

第一节　中国绿色发展的历史贡献　/ 167

第二节　中国绿色发展的全球启示　/ 179

第三节　中国绿色发展的时代智慧　/ 192

结语　/ 205

附录　/ 211

主要参考文献　/ 273

绪 论

什么样的发展道路，才是最适合人类社会历史发展的道路？这一问题，不仅是当代中国顺利实现碳达峰碳中和，顺利实现第二个百年奋斗目标，必须面对的重大理论与现实问题，更是世界上不同国家和地区实现永续发展，都必须持续探究的永恒问题。在这个问题上，不同国家和地区的人们，做出了不同的努力，已经形成走绿色发展道路的基本共识，但不同国家和地区，又存在各自历史条件所限、资源禀赋各异、发展目标与发展阶段差异等，这使得我们依然未能探索出一条可供全世界"模仿"的绿色发展道路。因此，及时总结和反思不同国家和地区已经开展的绿色发展理论与实践，尤其是站在全人类社会历史发展的高度，面向不同国家和地区的实践境遇，总结经验，反思现实，探索未来，就显得尤为必要和相当紧迫。

尤其是当代中国，已经开启实现第二个百年奋斗目标，并向世界庄严宣告中国将提高国家自主贡献力度，采取更加有力的政策和措施，二氧化碳排放力争于 2030 年前达到峰值，努力争取 2060 年前实现碳中和[1]，朝着实现中华民族伟大复兴的宏伟目标继续前进的历史阶段。站在探索人类社会发展道路的高度，从理论上

---

[1] 习近平在第七十五届联合国大会一般性辩论上发表重要讲话[N].人民日报,2020-09-23.

全面系统总结、提炼和分析当代中国的绿色发展理论与实践,科学阐释当代中国的绿色发展历史与逻辑,既为当代中国顺利实现碳达峰碳中和以及第二个百年奋斗目标,又为世界上其他国家和地区快速实现绿色发展提供理论借鉴,加速构建人类命运共同体,更显其必要性和紧迫性。

客观地讲,中国像世界上其他国家一样,依然称不上是一个"绿色国家",但是最近些年,尤其是在中国共产党第十八次全国代表大会以来,中国政府坚持把生态文明建设纳入中国特色社会主义建设"五位一体"的总体布局,采取了一系列强有力的措施,积极推进中国的绿色发展,取得了许多新的重要成就。更令人振奋的是,在2021年召开的中国共产党第十九届中央委员会第六次全体会议上审议通过的《中共中央关于党的百年奋斗重大成就和历史经验的决议》中更是明确指出,"贯彻新发展理念是关系我国发展全局的一场深刻变革,不能简单以生产总值增长率论英雄,必须实现创新成为第一动力、协调成为内生特点、绿色成为普遍形态、开放成为必由之路、共享成为根本目的的高质量发展,推动经济发展质量变革、效率变革、动力变革。"①这充分表明,中国共产党领导中国人民,自主探索绿色发展道路的坚定决心和信心,这也为我们探索适合全人类共同发展的绿色发展道路,提供了重要的历史契机。

的确,对于一个占世界近四分之一人口、拥有几千年文明历史的文明古国而言,她的发展道路不仅具有特殊的"个体性"意义,更具有重要的世界意义。依然在影响着人类文明历史进程的中国前领导人毛泽东,曾这样热情讴歌这个文明的国度。他说,"我们中国是世界上最大国家之一,它的领土和整个欧洲的面积差不多相等。在这个广大的领土之上,有广大的肥田沃地,给我们以衣食之源;有纵横全国的大小山脉,给我们生长了广大的森林,贮藏了丰

---

① 中共中央关于党的百年奋斗重大成就和历史经验的决议[N].人民日报,2021-11-17(1).

富的矿产;有很多的江河湖泽,给我们以舟楫和灌溉之利;有很长的海岸线,给我们以交通海外各民族的方便。从很早的古代起,我们中华民族的祖先就劳动、生息、繁殖在这块广大的土地之上。"① 即使经历了近百年革命与战争之后,生活在这里的人们也从未停止对美好生活的追求,从未停止对人类更加美好生活的探索。李克强在2021年的中国政府工作报告中指出,中国国内生产总值已经超过100万亿元,5575万农村贫困人口实现脱贫。② 中国政府在公开发布的《中共中央关于制定国民经济和社会发展第十四个五年规划和二〇三五年远景目标的建议》中明确提出,"坚定不移贯彻创新、协调、绿色、开放、共享的新发展理念"③。"深入实施可持续发展战略,完善生态文明领域统筹协调机制,构建生态文明体系,促进经济社会发展全面绿色转型,建设人与自然和谐共生的现代化。"④ 这不仅是中国人民在中国共产党的领导下追求更加美好生活的时代号角,更是当代中国人民走出中国式现代化新道路,创造人类文明新形态的时代智慧。

美国学者福斯特(Forester Brenden)在比较中美能源绿色政策后认为,"中国有14亿人口,是世界上人口最多的国家。在过去的30年里,它经历了巨大的经济增长,在此期间,国内生产总值(GDP)平均每年增长9.8%。这导致对能源的需求不断增加,促使中国在过去30年里,每年的发电能力成倍增长,从1980年的66千兆瓦增加到2011年的1100千兆瓦。目前,中国66%的电力来自煤炭。减少空气污染(部分原因是燃煤发电)已成为中国主要的公共政策重点。在过去几年里,中国通过大力推动法律、政策和激

---

① 毛泽东.毛泽东选集:第二卷[M].北京:人民出版社,1991:621.
② 李克强.政府工作报告——2021年3月5日在第十三届全国人民代表大会第四次会议上[EB/OL].[2021-03-12].http://www.gov.cn/premier/2021-03/12/content_5592671.htm.
③ 中共中央关于制定国民经济和社会发展第十四个五年规划和二〇三五年远景目标的建议[EB/OL].[2020-11-03].http://www.gov.cn/zhengce/2020-11/03/content_5556991.htm.
④ 中共中央关于制定国民经济和社会发展第十四个五年规划和二〇三五年远景目标的建议[EB/OL].[2020-11-03].http://www.gov.cn/zhengce/2020-11/03/content_5556991.htm.

励措施,为发展可再生能源制定了雄心勃勃的目标……中国是世界上最大的新型建筑市场,自2005年以来,中国一直在制定新的建筑标准,包括住宅建筑的国家能源设计标准。在发电领域,许多规模较小、效率较低的燃煤电厂已被关闭。"① 这些都表明,中国的绿色发展道路不仅已经启航,而且正在向世界舞台中心靠近。

如果说,福斯特的研究从中美比较的视角,发现了中国在推进绿色能源、绿色建筑等相关方面的重要历史进展,展示了中国在推进绿色发展方面所做的重要努力。而对于跟踪研究中国社会历史发展几十年,对中国社会历史发展进程具有多次实地调研经验的联合国原副秘书长兼环境规划署执行主任、绿色发展专家索尔海姆(Erik Solheim)来说,他以其亲身体验与更为广阔的"世界视野",不仅发现了"红色中国"的"绿色奇迹",而且更为直接地认为中国的绿色发展历史进程,为人类创造更加美好的未来提供了值得借鉴的历史经验。他说,"过去数年,我曾多次访问中国。中国的确取得了非凡的进步。"②"'绿水青山就是金山银山'理念正在影响着中国,也应给世界带来启示,让世界看到绿色发展所带来的众多机遇,比如创造就业,促进经济发展,更会为人类创造更美好的未来。""中国可以把绿色发展经验同世界分享,世界将侧耳倾听。"③"许多发展中国家和欠发达国家可以从中借鉴许多经验。"④

当代中国在绿色发展方面究竟取得了哪些重要的历史进展?又为何能够取得如此令人瞩目的历史成就?这种理论和实践,对于全世界不同国家和地区快速推进绿色发展、塑造绿色文明、创造

---

① Brenden Forester. Green buildings in the U. S. and China: development and policy comparisons [M]. New York: Nova Science Pub Inc. , 2015: viii-ix.
② 联合国原副秘书长 Erik Solheim:中国绿色发展经验值得借鉴[EB/OL]. [2021-01-01]. https://baijiahao.baidu.com/s?id=1687661019027259650&wfr=spider&for=pc.
③ 联合国原副秘书长:中国绿色发展经验值得世界各国学习[EB/OL]. [2020-09-26]. http://www.xhby.net/tuijian/202009/t20200926_6816154.shtml.
④ 联合国原副秘书长 Erik Solheim:中国绿色发展经验值得借鉴[EB/OL]. [2021-01-01]. https://baijiahao.baidu.com/s?id=1687661019027259650&wfr=spider&for=pc.

更加美好的未来,具有怎样的世界意义？这不仅是关注绿色发展的世界各国学者都希望探寻的问题,更是当代中国学者应该去积极回应的重大理论与现实问题。因为,这些问题的探究不仅有助于我们全面认识中国与世界的历史发展进程,更有助于我们促进世界各国各地区的领导者、社会组织以及全体社会成员相互借鉴,共同提升不同国家和地区的治理效率,携手创造更加美好的未来。这正是我们撰写本著的基本初心。

以华中科技大学国家治理研究院院长欧阳康教授为首席专家的华中科技大学国家治理研究院中国绿色GDP绩效评估研究课题组,经历了从马克思主义哲学对人类社会发展规律系统认知的理论探寻,到马克思主义生态哲学的现实聚焦,再到马克思主义哲学、生态哲学、马克思主义理论、政治学、统计学、环境经济学等跨学科研究历程。课题组在对国内外已经出现的GDP核算、绿色GDP核算、GEP核算等进行充分比较的基础上,面向既要绿色又要发展这一"善治"目标,构建指标体系,采集国家统计局、国家发展和改革委员会等权威部门公开发布的统计数据,利用自主研发的绿色发展大数据分析平台,在国内外首次实现同时采用GDP、人均GDP、绿色GDP、人均绿色GDP和绿色发展绩效指数,对湖北省17个地市州和中国大陆31个省市自治区,展开了以绿色GDP为核心的治理绩效综合评估,发布了国内外首个由高校智库公开发布的地方性、全国性绿色GDP绩效评估报告。其成果多次被新华社《国内动态清样》和《光明日报（内参）》等专题报道,所产生的一系列政策建议案,得到有关省部级领导的多项肯定性批示,现已获得教育部第八届高等学校科学研究优秀成果奖（人文社会科学）、中国智库优秀报告奖、CTTI-BPA智库最佳研究报告奖、湖北省社会科学优秀成果奖等多项科研成果奖和智库成果奖。

正是在上述哲学思辨与科学探究,多年理论与实践相结合,跟踪和持续开展跨学科研究的基础上,在欧阳康教授的指导下,本著拟站在两个百年奋斗目标的历史交汇点,从历史境遇、思想源流、立体治理、绩效评估和世界意义5个基本层面,全面系统阐释当代中国的绿色发展理论与实践,揭示当代中国绿色发展理论与实践的重要世界意义,延续和升华华中科技大学国家治理研究院中国绿色GDP绩效评估研究课题组连续多年的绿色GDP绩效评估研究成果,既为当代中国顺利实现碳达峰碳中和以及第二个百年奋斗目标提供理论参考和科学支撑,也为世界上其他国家和地区实现绿色发展,提供既具有中国特色又具有世界意义的理论借鉴。

第一章

中国绿色发展的历史境遇

什么样的发展最适合人类社会历史的发展,最能促进人类社会的永续发展?这是横亘在所有人面前、不得不面对的永恒问题。尤其是在人类社会加速发展的今天,我们已经有了更多的方式来推进物质财富和精神财富的迅猛增加,但我们却面临着"釜底抽薪"式的根本危机。这种危机不是自然而然产生的,而恰恰是因为人类活动的加剧,由人类社会的"发展"带来的。这是因为,世界上没有任何一种财富不是来自我们赖以生存的自然界。如果我们的活动不遵循自然界的自身发展规律,超越了自然界的承载能力,那这种人类社会的历史发展无疑是灾难性的。近现代以来,率先开启的西方现代化既展示了人类史无前例的创造力,也带来了前所未有的发展隐忧。这种隐忧不是表现在其他方面,而正是表现在人类赖以生存的自然界的生态环境方面。中国的绿色发展,正是在这种对自身发展道路的探索与对西方现代化历史进程的时代反思中开启的。

第一节 生态危机与西方现代化

虽然,学术界对"现代化"的内涵、意义等,仁者见仁,智者见智,但基本上都认为,"现代化"是与现代性、现代社会等有关"现代"的社会生产生活实践紧密相关的一个概念。它主要指的是从17、18世纪的西方社会开始逐渐兴起的一种人类社会生产生活方式。这种新的社会生产生活方式最为突出的特点就是,人类社会对自然资源的开发、利用大大加速,社会财富往往不再以线性的方式增长,而是以指数级的方式迅猛扩展。人类在享受这种生产生活方式所带来的种种利益之时,一种新的社会危机也逐渐显现,那就是生态危机。正如美国生态社会主义著名学者科威尔(Joel Kovel)所说的那样,"生态危机有着深刻的历史根源。它与工业革命一起出现,并于20世纪下半叶开始引起人们的注意。然而,直到最近10年,环境灾难和一些并不乐观的科学数据才唤醒了国际组织和官方媒体的零星意识"。[①]

一、西方现代化的历史进程

所谓"西方现代化",是指现代化在西方社会的表现形态,它是人类社会探索现代化道路中的一种,而绝不是全部。回顾西方现代化的历史进程,这本身就是一件十分困难的事情。因为,所谓"西方现代化",既表现为特定历史时期、特定地域的物质产品生产实践的现代化,也表现为精神产品生产实践的现代化;既表现为人

---

① 科威尔.资本主义与生态危机:生态社会主义的视野[M]//徐焕.当代资本主义生态理论与绿色发展战略.北京:中央编译出版社,2015:105.

类社会生活实践某一方面纵向历史的现代化,也表现为人类社会生活实践某个方面横向拓展各方面的现代化。总之,现代化所指向的对象已经不再是某个方面,而往往指向的是某个主体生产生活实践的全部所呈现的样态。这种人类社会生产生活实践的变迁,大致可以追溯至西方工业革命的开端。当各种科学进步和技术发明开始使人类能够克服自然力对人类生产生活实践基本力量需求的限制时,传统的"只有在来世才能实现自由和解放"的观点,逐渐变得不再被信任。转而,人类社会开启了一部利用自然和征服自然的"现代历史"。

英格哈特(Ronald Inglehart)在回顾有关现代化的理论时认为,关于现代化的理论起源于启蒙时代,技术进步将使人类对自然的控制越来越强。孔多塞(Antoine de Condorcet)被认为是最早将经济发展和文化变化明确联系起来的人之一。孔多塞认为,技术进步和经济发展将不可避免地带来人们的道德观的变化。这种人类进步的观点,对社会哲学家产生了巨大的影响。伯克(Edmund Burke)在他的《法国革命反思(*Reflections on the Revolution in France*)》一书中也阐述了这种观点。同样,马修斯(Thomas R. Malthus)提出了人口灾难的科学理论,这一理论在当代的增长极限和生态风险理论中得到了呼应。[1] 这些关于西方现代化的理论争论,使我们再次看到西方现代化历史进程的复杂性,以及其复杂的社会后果。因此,我们不能简单地认为西方现代化只会给人类社会历史带来进步的力量,更不能认为西方现代化就是人类社会历史走向前进的唯一道路。

与许多思想家不同的是,马克思(Karl Marx)不是从某种观念或者理论,来审视西方现代化,而恰恰是从已经发生改变的西方社会历史变迁的现实,来阅读西方的现代化历史进程。马克思在《对

---

① Inglehart R, Welzel C. Modernization, cultural change and democracy: the human development sequence[M]. Cambridge: Cambridge University Press, 2005:16.

民主主义者莱茵区域委员会的审判》中指出,"现代资产阶级社会,我们的社会,是以工业和商业为基础的。土地所有权本身已经失去了它过去的全部生存条件,它依赖于商业和工业。因此,在我们这个时代,农业是根据工业原则经营的,而旧的封建主已沦为经营牲畜、羊毛、谷物、甜菜和烧酒等等的工厂主,已沦为像所有商人一样经营这类工业品的人!尽管他们死死抱住自己的旧成见不放,实际上他们正在变成资产者,用尽可能少的费用生产尽可能多的东西,在价格最低廉的地方买进来,在价格最昂贵的地方卖出去。"①在这里,马克思揭示了西方现代化历史进程所呈现的西方社会最为根本的特征,即资产阶级领导的资本主义私有制,这是西方现代化最为根本的制度保证,同时也是西方现代化仍在续写的现代生活图景。

  马克思似乎早已发现这种西方现代化的多重影响。他一方面赞赏资本主义利用科学技术突破了传统社会认知的束缚,并创造了一个不同于以往社会的"新世界"。马克思在科学社会主义的第一个重要文献《共产党宣言》中认为,"资产阶级既然把一切生产工具迅速改进,并且使交通工具极其便利,于是就把一切民族甚至最野蛮的都卷入文明的漩涡里了。它那商品的低廉价格,就是它用来摧毁一切万里长城、征服野蛮人最顽强的仇外心理的重炮。它迫使一切民族都在惟恐灭亡的聂惧之下采用资产阶级的生产方式,在自己那里推行所谓文明制度,就是说,变成资产者。简短些说,它按照自己的形象,为自己创造出一个世界。"②马克思意识到,资本主义私有制的确立已经开启一种新的人类社会历史,在这种社会历史中,不再是奴隶对奴隶主、农民对封建地主的屈服,而是"资产阶级已经使乡村屈服于城市的统治。它创立了规模巨大

---

① 中共中央马克思恩格斯列宁斯大林著作编译局. 马克思恩格斯全集:第六卷[M]. 北京:人民出版社,1961:290-291.
② 中共中央马克思恩格斯列宁斯大林著作编译局. 马克思恩格斯全集:第四卷[M]. 北京:人民出版社,1958:470.

的城市,使城市人口比农村人口大大增加了起来,因而使很大一部分居民脱离了乡村生活的愚昧状态。正象它使乡村依赖于城市一样,它使野蛮的和半开化的国家依赖于文明的国家,使农民的民族依赖于资产阶级的民族,使东方依赖于西方。"① 正是在这样的现代化中,"资产阶级争得自己的阶级统治地位还不到一百年,它所造成的生产力却比过去世世代代总共造成的生产力还要大,还要多。"②

但是,马克思并不认为这种已经开启的西方现代化是一种永恒的人类社会历史。相反,马克思认为,基于资本主义私有制的"资产阶级不仅锻造了置自身于死地的武器;同时它还造就了将运用这武器来反对它自己的人——现代的工人,即无产者。"③ 资产阶级越发展,无产阶级即现代工人阶级也就越发展,而代表不同利益的资产阶级和无产阶级的利益冲突也就更加明显和激烈。"于是,随着大工业的发展,资产阶级借以生产和占有产品的基础本身,也就从它的脚底下抽掉了。它首先生产的是它自身的掘墓人。资产阶级的灭亡和无产阶级的胜利同样是不可避免的。"④ 在这里,马克思利用阶级分析的方法,得出了资本主义必然灭亡的历史命运,并指出了西方现代化社会历史所蕴含的内在矛盾,即"现代的资产阶级的私人所有制是那种建筑在阶级对抗上面,即建筑在一部分人对另一部分人的剥削上面的生产和产品占有方式的最后而又最完备的表现"。⑤

---

① 中共中央马克思恩格斯列宁斯大林著作编译局. 马克思恩格斯全集:第四卷[M]. 北京:人民出版社,1958:470.
② 中共中央马克思恩格斯列宁斯大林著作编译局. 马克思恩格斯全集:第四卷[M]. 北京:人民出版社,1958:471.
③ 中共中央马克思恩格斯列宁斯大林著作编译局. 马克思恩格斯全集:第四卷[M]. 北京:人民出版社,1958:472.
④ 中共中央马克思恩格斯列宁斯大林著作编译局. 马克思恩格斯全集:第四卷[M]. 北京:人民出版社,1958:479.
⑤ 中共中央马克思恩格斯列宁斯大林著作编译局. 马克思恩格斯全集:第四卷[M]. 北京:人民出版社,1958:480.

许多思想家同样注意到,马克思逝世后的一百多年来,资本主义制度下的西方现代化不仅没有消失,相反好像有了更新的发展,这是不是意味着基于资本主义制度的西方现代化就不会消亡呢?问题的答案似乎并不是那么简单。当资本逐利而驱动西方社会沿着既有的西方现代化轨道飞速狂奔之时,美国海洋生物学家蕾切尔(Rachel Carson)在20世纪50年代一本必然被写入人类社会历史的科普读物《寂静的春天(Silent Spring)》中再次打破了人们对于西方现代化历史进程的某些迷信。这一次,引起人们注意的不是似乎远离人们日常生活的阶级斗争,而是关系到每个人日常生活的生态环境。在西方工业文明开启的西方现代化中,化学工业产品滴滴涕(DDT,化学名为双对氯苯基三氯乙烷Dichlorodiphenyltrichloroethane)的使用,无疑给曾经对虫害深恶痛绝的资本家和农民带来了某种"现代化的福利"。然而,《寂静的春天》却利用大量的科学事实告诉人们,资本驱动的西方现代化正在带来的是一个"寂静的春天"。重新反思西方资本驱动、资本主义私有制之下的西方现代化已经成为历史的必然。

二、西方现代化的重新审视

《寂静的春天》的意义及其影响,并不仅仅在于蕾切尔对滴滴涕的使用对土壤、化学杀虫剂给人类赖以生存的生态系统带来的危害的科学揭示,而是引起了更多的人对于被视为西方工业文明的西方现代化的历史反思。这种反思既不是对西方现代化某一方面的反思,也不是对西方现代化纯粹意识形态的反思,而是从现代科学技术的发展进步及其应用、影响这个路径,揭示和阐明了资本驱动的西方现代化对生态环境的破坏,指出人类用自己制造的毒药来提高农业产量,无异于饮鸩止渴,人类应该走"另外的道路"。与此同时,在过去引领现代化发展趋向的许多传统西方国家,再次显现经济增长的放缓等迹象,并孕育了深刻的社会矛盾。最终,在法国出现了"五月风暴"。

若干年后,人们在想起这场风暴时,依然能够发现飞速狂奔的西方现代化对人与自然关系的破坏,以及西方现代化历史进程已经蕴含的生态危机。回顾"五月风暴","1968年正是戴高乐统治的第十个年头。在这个时期,法国经济获得了飞跃发展。"[①]但是,"法国经济的飞跃发展造成了大批小农的破产。"[②]破产的原因不是别的,而正是资本对生态环境的破坏。"1962年至1966年,农产品价格下跌30%,加速了小农场的衰亡。破产的小农象潮水一样涌向城市,6年当中,80万农村劳动者(几乎每四人中就有一个)被迫离开农事。土地买卖盛行,在十三年中,占地1公顷以下的农场减少了一半。7,000家大地产的占地面积均超过100公顷。在土地买卖运动中,耕地面积减少了40万公顷,城市的扩大固然圈占了部分土地,但在南方丘陵地区,成千公顷土地荒芜,听凭水土流失。"[③]

就在"五月风暴"爆发的这一年,1968年,罗马俱乐部(The Club of Rome)的诞生,标志着人类对于西方现代化的历史反思已经进入一个新的阶段,即生态反思的阶段。梅多斯(D. H. Meadows)等在罗马俱乐部发布的著名的研究报告《增长的极限(The Limits to Growth)》前言中这样自述道:"1968年4月,来自10个国家的30名科学家、教育家、经济学家、人文主义者、实业家以及国家和国际公务员聚集在罗马的林赛(Lincei)学院。在意大利工业经理、经济学家、有远见卓识的奥雷里奥·佩切伊(Aurelio Peccei)博士的鼓动下,他们聚在一起,讨论一个令人震惊的课题——人类目前和未来的困境。"[④]"罗马俱乐部就是在这次会议

[①] 冯棠.1968年法国五月风暴述评[J].法国研究,1988(2):104.
[②] 冯棠.1968年法国五月风暴述评[J].法国研究,1988(2):104.
[③] 冯棠.1968年法国五月风暴述评[J].法国研究,1988(2):104.
[④] Meadows D H, Meadows D L, Randers J, et al. The limits to growth—a report for the club of Rome's project on the predicament of mankind[M]. New York: Universe Books, 1972: Foreward.

中发展起来的,这个非正式组织被恰如其分地描述为一个'无形的学院'。其目的是促进对经济、政治、自然和社会等组成我们共同生活的全球系统的各种相互依存的部分的理解;使全世界的决策者和公众注意到这一新的认识;并以这种方式推动新的政策倡议和行动。"①

1970年,世界地球日(The World Earth Day)的设立,标志着人类对于更加美好生活的追求,已经包含了更多新的价值指向。这种价值指向的核心,就是对生态环境的合理利用,而不是像以往的西方现代化那样,在资本利益的追逐下肆意攫取任何自然资源。新西兰著名生态学学者沃斯特(D. Worster)在回顾这段重要的历史时说,"1970年,第一个世界地球日的庆祝活动,意味着一个'生态时代'的出现,这个世界节日的设立表达了人类对于未来一种严峻的希望,即生态科学将为地球的生存提供一幅蓝图。"②沃斯特认为,我们对于生态环境的科学研究实际上早已经开始,但从未像今天这样紧迫,也从未像今天这样需要系统的研究。过去关于人类赖以生存的生态环境的研究,往往呈现出的是某种碎片化的特点,"它被分成了不同的子领域,包括生态系统学家、人口学家、生物学家、理论模型学家、森林和牧场管理者、农业生态学家、毒理学家、湖泊学家和生物地理学家。一些人坚持认为人类的生育能力是对地球最大的威胁,另一些人则认为工业污染才是地球最大的威胁等等"。③

的确如沃斯特所言,从20世纪70年代开始,人们对西方现代化的多重反思仍在继续,但对西方现代化中生态环境合理利用的

---

① Meadows D H, Meadows D L, Randers J, et al. The limits to growth—a report for the club of Rome's project on the predicament of mankind[M]. New York: Universe Books, 1972: Foreward.
② Worster D. Nature's economy: a history of ecological ideas[M]. 3rd ed. Cambridge: Cambridge University Press, 1994: 340.
③ Worster D. Nature's economy: a history of ecological ideas[M]. 3rd ed. Cambridge: Cambridge University Press, 1994: 340.

认识，已经逐渐成为全世界不同国家和地区的共识。塞拉俱乐部（The Sierra Club）的执行董事迈克尔·麦克洛斯基（Michael McCloskey）在1970年得出结论说，我们的价值观、观点和经济组织确实需要一场革命。因为，我们正在遭遇的环境危机，其本质属于在缺乏生态知识的情况下所追求的经济增长和技术进步所产生的遗留问题。① 另一场革命，即正在变坏的工业革命，需要被一场对增长、商品、空间和生物的新态度的革命所取代。

麦克洛斯基认为，在这里，所谓的"压迫者"，不仅仅是那些拯救地球的普通资本家阶层，而是工业革命和此后大部分技术创新这些巨大引擎所隐含的资本逻辑及其价值观。沃斯特提醒人们，现在我们需要像麦克洛斯基等其他环保主义者一样，对资产阶级文明崛起相关的一整套价值观，充满抱负的中产阶级的世界观，以及他们对技术、无限生产和消费、物质自我发展、个人主义和对自然的支配发起挑战。② 从其反思的实质来看，人类社会从20世纪70年代广泛兴起的对生态环境问题的重视，以及这种从生态环境问题出发对西方现代化的反思，并不只是某种对西方现代化某些方面或者某个局部问题的反思，而恰恰是对西方现代化历史进程，展开全面反思的新境地，这种反思已经再次触动西方现代化资本逐利背后的价值观和整个意识形态的根基。

沃斯特引用政治学家威廉·奥弗尔斯（William Ophuls）的观点说，"现代工业文明的基本原则是……与生态稀缺性不相容，整个现代性的意识形态，尤其是像个人主义这样的核心原则，可能不再可行。"③ 因为，在这种西方现代化的历史进程中，传统的人与自然的关系已经不复存在，而新的人与自然的关系尚未完全建构起

---

① Worster D. Nature's economy: a history of ecological ideas [M]. 3rd ed. Cambridge: Cambridge University Press, 1994: 355.
② Worster D. Nature's economy: a history of ecological ideas [M]. 3rd ed. Cambridge: Cambridge University Press, 1994: 356.
③ Worster D. Nature's economy: a history of ecological ideas [M]. 3rd ed. Cambridge: Cambridge University Press, 1994: 356.

来,已经建构起来的只是资本对自然资源的利用,只是在资本逐利的驱动下,利用不断创新的科学技术,创造新的产品和财富的表面繁荣,而大自然却在这种繁荣之下被推到了可能的崩溃的边缘。因此,对于西方现代化的历史进程,不应该只是乐观的,而应该是审慎的。从其历史影响来看,人类社会从20世纪70年代广泛兴起的对生态环境问题的重视热潮,并不只是引起严重依赖于生态环境的农民、农场主等群体的关注。最具讽刺意味的是,曾经发动圈地运动、资本利益至上的资本家们,也开始关注这场"生态运动"对他们已经走过的西方现代化的反思与重构,甚至他们也开始认为这场生态运动是合理而应该积极推进的。这种认识在实践上跨越了资产阶级与其他一切阶级的政治意识形态差异,并迅速成为全球不同社会群体的基本共识。

即使有人偶尔质疑,生态问题是否是穷人试图阻止资本家从大自然获得财富的道德说教;也有人因此思考资产阶级是否会因为这场"生态运动"而失去已经建立的统治地位根基和价值体系,但这些与生态环境保护相背离的声音,最终也都只是淹没在主张生态环境保护的滚滚洪流中。对"生态运动"提出质疑的声音,并没有动摇人类对生态环境问题的重视,更没有动摇资本家们也加入这场"生态运动"的决心,相反是促进了资产阶级对自己过往资本逐利的西方现代化的全面审视和一系列新的治理改革。

三、西方现代化的绿色治理

20世纪70年代广泛兴起的人类社会对生态环境问题的重视热潮,不同于以往部分专家学者对生态环境问题的揭示,以及生态环境保护主义者、复古主义者、非人类中心主义者、动物保护主义者等类似"急先锋"对生态环境问题的现实反应。其中最大的不同就是,这一次人类社会对生态环境的保护不再停留于民间组织、专家学者等环境保护人士的呼吁和零星行动,而是引起了联合国这个世界上最大的现代国际组织的高度重视和积极响应。1972年6月5日至16日,因为不同国家和地区的人们对西方现代化历史进程所引发的生态环境问题的全球性焦虑,来自全球各地官方和非官方的生态环保主义者,以及不同国家和地区的政府领导人及其代表,等等,满怀着对未来生活的美好期待,聚集到了瑞典首都斯德哥尔摩。他们共同审视已经开启的西方现代化文明和令人担忧的全球生态环境形势,他们开始尝试通过跨越阶级、语言、政治意识形态和宗教信仰等所有已经出现的历史文化、风俗习惯等方面可能的现实障碍,开展积极的全球性协作,试图共同解决西方现代化历史进程中日益严峻的过度消费、工业污染和自然资源枯竭等全球性生态环境问题。

　　至今,我们依然能够从联合国官方法律文书记载中感受到这次会议的重要划时代意义。根据联合国官方法律文书记载,经过连续几年的精心筹备和反复磋商,1972年6月5日至16日,联合国在瑞典斯德哥尔摩举行了第一次全球性人类环境会议,联合国113个成员国代表以及联合国各专门机构的成员参加了此次会议。此次会议文件不仅借鉴了各国政府以及政府间和非政府组织提交的大量文件,并且吸纳了86份国家环境问题报告。此次会议成立了一个人类环境宣言工作组以及三个主要委员会,负责研究议程上的六个实质性项目,即规划和管理人类居住区以提高环境质量;环境质量的教育、信息、社会和文化等方面问题;自然资源管理的环境方面问题;发展和环境;确定及控制具有广泛国际影响的污染物;行动提议对国际组织的影响。1972年6月16日,会议对各主要委员会和工作组的报告进行审议和讨论之后,在某些方面提出意见和保留的情况下,以鼓掌方式通过了《人类环境宣言(*United Nations Declaration of the Human Environment*)》(以下简称《宣言》),《宣言》中包括1个序言和26条原则。为了纪念这次会议的胜利召开,人类社会诞生了一个重要的新的纪念日,即世界环境日（World Environment Day）①。

曾亲身参与斯德哥尔摩会议的美国哈佛大学法学院著名学者肖恩（L. B. Shon）认为，"1972年6月5日至16日在斯德哥尔摩举行的人类环境会议，在许多方面是近年来举行的最成功的国际会议。在两个星期的时间里，它不仅通过了一项基本宣言和一项关于体制和财政安排的详细决议，而且通过了109项建议，其中包括一系列雄心勃勃的行动计划。《宣言》包含了一套'激励和指导世界各国人民保护和改善人类环境的共同原则'。"②美国杜兰大学法学院教授汉德尔（Günther Handl）认为，斯德哥尔摩会议是人类第一次全面评估全球活动对生态环境的影响，并试图就如何保护和改善人类生态环境形成基本共识。这次会议的召开意味着，人类对西方现代化历史进程中的生态环境问题有了更新的认识，这种认识最突出的成就就是，人们不再认为现代化历史进程中所出现的生态环境问题是某些国家和地区的问题，不再认为生态环境问题可能是部分人或者某个政府对生态环境的破坏所造成的，也不再认为生态环境被破坏只会影响到某些人或者某个国家和地区，而是认为，西方现代化历史进程中所出现的生态环境问题，已经是人类社会不得不面对的全球性问题，这就再次提醒人们，必须对高度自信的西方现代化进行某种历史性的修正。

随后，许多国家和地区都日益将生态环境保护提上治理改革的议事日程。各种旨在通过政治行动实现人与自然和谐相处、改善生态环境的现代政党也很快受到不同国家和地区选民的热烈欢迎。对西方生态环境政治颇有研究的著名学者吕迪希（Wolfgang Rüdig）说，在欧洲，生态环境问题在很大程度上被视为政党政治领域之外的共识问题。政治动员和冲突的强度相当低。但在20

---

① The Stockholm Declaration. United Nations Audiovisual Library of International Law[EB/OL].[2021-10-12]. https://legal.un.org/avl/historicarchives.html.
② Shon L B. The stockholm declaration on the human environment [J]. The Harvari International Law Journal，1973，14(3)：423.

世纪 70 年代,这种情况在许多欧洲国家完全改变了,当时始于法国的反对核能的抗议活动蔓延到了欧洲大陆的大部分地区。反核的狂热导致了一场激进的"生态运动"的出现,这一运动往往直接与国家对立。① 1972 年,新西兰成立了世界上第一个以合法政治行动保护生态环境的现代政党,名为"价值党"。英国紧随其后,一年后,由工业城市考文垂(Coventry)的市民组成了一个叫"人民(People)"的政党。② 沃斯特同样记载了西方治理史上这种显著的变化,他说,1974 年,英国议会通过了污染控制法案,尽管这部法案是维护公共卫生和治理改革的历史延续,但通常认为这部法案也表达了英国议会对日益恶化的生态环境的日渐焦虑。此时的法案中就已经将汽车尾气、固体废物、有毒金属、泄漏的石油等列入了污染物的名单。法案中所描述的包括二氧化碳在内的温室气体对大自然热量的捕获的论述、所展现的大自然的脆弱,震惊了当时许多的英国人和美国人。这也让他们认为,对生态环境最适合的积极回应,就是进行一场必要的治理革命。此时,"生态政治(eco-politics)""生态灾难(ecocatastrophe)"和"生态意识(eco-awareness)"等词语逐渐出现在英语表达中③。

在众多因为生态环境问题而改变西方现代化治理版图的政治行动中,20 世纪 70 年代末成立的德国绿党(Green Party),已经不同于 20 世纪 70 年代早期其他国家和地区成立的各种旨在保护生态环境的政治组织。其中最大的不同则是试图在国家治理中寻求某种微妙的政治平衡。它吸引了环保主义者、激进左翼分子以及当地政府的各种反对者,甚至包括了各种形式的自治主义者、共产主义者和无政府主义者的加入。他们共同的目标就是,希望通过

---

① Rüdig W. Green party politics around the world[J]. Environment: Science and Policy for Sustainable Development,2010,33(8):6-31.
② Rüdig W. Green party politics around the world[J]. Environment: Science and Policy for Sustainable Development,2010,33(8):6-31.
③ Worster D. Nature's economy: a history of ecological ideas[M]. 3rd ed. Cambridge: Cambridge University Press,1994:355.

政治行动实现人与自然的和谐相处,重新校正已经出现的西方现代化。吕迪希说,"绿党的第一项成就就是团结了广泛的反核和生态活动人士。"①到了20世纪80年代,以德国绿党为代表的旨在纠正西方现代化历史进程中对生态环境的漠视的欧洲各政党成员,逐渐进入了各国议会、各州和联邦议会等政府机关,这使得西方国家在继续推进现代化进程的各种治理中,不得不受到环保主义的约束,改善已有的治理模式。

  西方社会不断出现的旨在保护生态环境,重新校正西方现代化历史进程的"绿党风潮",迅速加剧了全球对西方现代化中生态环境问题的再度重视。汉德尔认为,《斯德哥尔摩宣言(*Stockholm Declaration*)》支持的大多是广泛的环境政策目标和发展原则,而不是详尽的行动规范。世界各国各地区的人们,都需要通过具有全球性意义的国际法规,重新规范人们的行为,重新校正西方现代化的历史进程,重新规划人类对美好生活的未来道路。因此,不同国家和地区的人们,对生态环境的保护和对西方现代化治理的校正重点,逐渐从对生态环境问题的揭示和重视,扩大到跨越国界和全球公域的相关问题,特定媒体和跨部门的管制,以及在环境决策中经济增长和社会发展的全球性综合考虑。在这种情况下,人们期望联合国环境和发展会议按照联合国大会1982年的《世界自然宪章(*World Charter for Nature*)》的模式,起草一份《地球宪章(*Earth Charter*)》,也是一份关于环境和发展的法律权利和义务的庄严宣言。这就是著名的"里约热内卢宣言(*Rio Declaration*)"。虽然里约热内卢会议上出现的折中协议,并非最初设想的崇高文件,但重申并以斯德哥尔摩宣言为基础的里约热内卢宣言,仍被证明是一个重要的环境法律里程碑。这就标志着,人类社会对西方现代化历史进程的时代反思,已经进入一个新的

---

① Rüdig W. Green party politics around the world[J]. Environment: Science and Policy for Sustainable Development,2010,33(8): 6-31.

历史阶段,并庄严宣告,西方现代化的发展道路,并不是人类社会最理想的发展道路。

第二节 中国现代化与发展创新

当西方现代化已经开启了许多年以后,中国正处于近现代以来相对封闭落后的窘态。当然,所谓的这种窘态不是说中国具有绝对意义上的落后,而是说,如果我们以西方现代化所表现的经济高速增长、工业化进程飞速发展、物质财富极速增加等所谓的现代化特征为参照,则可能当时的中国社会是比较落后的。因此,中国像其他相对落后的国家和地区一样,当时的人们往往会把"西方现代化"视为中国的现代化需要追赶的对象或者说发展的目标。然而,中国与英国、美国等率先步入西方现代化历史进程的许多西方国家和地区,都有着非常不同的社会基础、历史文化等,这使得中国的现代化,既不能走西方现代化的老路,更不能照搬西方现代化的历史进程,也不可能完全照搬西方现代化的所有。如果说,现代化是人类社会必然会经历的一个历史阶段,中国也同样需要经过一个现代化历史进程,那么,从一开始,中国的现代化历史进程,就肩负着特殊的历史使命,也必然需要走出一条与西方现代化不同的道路。这既是由中国与西方现代化的不同历史进程所决定的,也是由中国与西方现代化有关国家和地区不同的基本国情、世情等因素所决定的。

一、中国现代化的特殊使命

如果说西方现代化的历史起点,大致是从西方的工业革命算起,那么西方现代化历史进程,则可能追溯至 18 世纪甚至更早。

而在那个时期,中国社会正处于长达上千年的封建主义制度在中国的重要历史转折期。在此之前,中国的封建社会依然在不同时间节点,显现出封建主义制度在当时中国社会的强大生命力。而在此之后,中国的封建社会则逐渐显现出封建主义制度在当时中国社会的某种历史疲态。当长期生活在西方社会的法国启蒙思想家、文学家、哲学家伏尔泰(Voltaire)来到当时的中国时,也觉得惊讶,这样一个长期致力于科学研究的东方民族,却在西方已经完成近现代科学技术启蒙,已经开启工业革命并迅速发展的同时代,似乎已经落后欧洲几个世纪,此时的中国人最近才开始认真系统研究天文学、数学和化学,这不得不令人感到困惑。与当时在中国旅行的玛利安(Mairan)一样,伏尔泰也将科学和技术相融合的趋势联系起来认为,中国人发明了造纸术、印刷术、指南针、火药等,但在欧洲人获得这些发明并将其发扬光大之前,这些发明却都一直被中国人束之高阁,这种不同于当时西方社会对科学技术的态度是令人惊讶的。[①]

马克思也曾这样描述当时的中国,到了19世纪中期,"中国的连绵不断的起义已延续了10年之久,现在已经汇合成一个强大的革命,不管引起这些起义的社会原因是什么,也不管这些原因是通过宗教的、王朝的还是民族的形式表现出来,推动了这次大爆炸的毫无疑问是英国的大炮,英国用大炮强迫中国输入名叫鸦片的麻醉剂。"[②]马克思这样描述了这场战争的实际影响。他说,"满清王朝的声威一遇到不列颠的枪炮就扫地以尽,天朝帝国万世长存的迷信受到了致命的打击,野蛮的、闭关自守的、与文明世界隔绝的状态被打破了,开始建立起联系,这些联系从那时起就在加利福尼亚和澳大利亚黄金的吸引之下迅速地发展了起来。同时,中国的

---

① Adas M. Machines as the measure of men[M]. London:Cornell University Press,2015:87-88.
② 中共中央马克思恩格斯列宁斯大林著作编译局. 马克思恩格斯全集:第九卷[M]. 北京:人民出版社,1961:109-110.

银币——它的血液——也开始流向英属东印度……在 1830 年以前,当中国人在对外贸易上经常是出超的时候,白银是不断地从印度、不列颠和美国向中国输出的。可是从 1833 年起,特别是 1840 年以来,由中国向印度输出的白银是这样多,以致天朝帝国的银源有枯竭的危险。"①

马克思意识到,这场战争,无疑使当时已经落后于经历了现代化进程的西方的中国社会雪上加霜。他说,"中国在 1840 年战争失败后被迫付给英国的赔款,大量的非生产性的鸦片消费,鸦片贸易所引起的金银外流,外国竞争对本国生产的破坏,国家行政机关的腐化,这一切就造成了两个后果:旧税捐更重更难负担,此外又加上了新税捐。"②多年以后,毛泽东在谈到这场战争对中国社会发展广泛而深刻的重要历史影响时总结道,"自从一八四〇年的鸦片战争以后,中国一步一步地变成了一个半殖民地半封建的社会。"③因此,关于这场战争,历史上有许多不同的解读,但绝大部分研究者都愿意将这场战争的结果,看作是中国"古老文明"与西方"现代化"的战争。而战争的结局,不仅让西方现代化进入了古老的中国大地,也使中国人民不得不反思曾经的历史,从而开启某种社会革新。革新的基础,既摆脱不了既有的历史基础,也必须积极面对西方现代化对中国社会的时代影响。这就意味着,中国社会对现代化的探索,肩负着不同于西方现代化的特殊历史使命。

中国开启现代化的第一个重要特殊使命就是,实现民族解放和独立。毛泽东认为,"帝国主义列强侵略中国,在一方面促使中国封建社会解体,促使中国发生了资本主义因素,把一个封建社会变成了一个半封建的社会;但是在另一方面,它们又残酷地统治了

---

① 中共中央马克思恩格斯列宁斯大林著作编译局. 马克思恩格斯全集:第九卷[M].北京:人民出版社,1961:110.
② 中共中央马克思恩格斯列宁斯大林著作编译局. 马克思恩格斯全集:第九卷[M].北京:人民出版社,1961:111.
③ 毛泽东.毛泽东选集:第二卷[M].北京:人民出版社,1991:626.

中国,把一个独立的中国变成了一个半殖民地和殖民地的中国。"①因此,实现民族解放和独立,这是中国试图开启现代化历史进程首先必须要面对和积极解决的重要历史前提。没有民族解放和独立,一切关于中华民族的发展问题,都缺乏必要的历史基础和历史条件。正是在这个科学、客观的基本历史认识下,中国人民开始了与此之前不同的革命与战争。毛泽东在《中国革命和中国共产党》中提醒中国人民,"中国人民的民族革命斗争,从一八四〇年的鸦片战争算起,已经有了整整一百年的历史了;从一九一一年的辛亥革命算起,也有了三十年的历史了。这个革命的过程,现在还未完结,革命的任务还没有显著的成就,还要求全国人民,首先是中国共产党,担负起坚决奋斗的责任。"②正是如此,中国共产党成为当代中国人民的领导,是历史的选择,是人民的选择。

在此基础上,中国开启现代化的第二个重要特殊使命就是实现中华民族伟大复兴。鸦片战争的出现以及近现代中国的落后,并不意味着中华民族在历史上就没有过曾经辉煌的历史时期。根据历史经济学家研究,从唐宋开始到1820年,中国经济总量在全球经济总份额中曾高达33%左右,可谓三分天下有其一。③ 许多欧洲旅行家来到当时的中国时,都极为惊叹中国社会的发展程度。"早期旅行者的记述一致赞扬中国有大量城墙环绕的城市,这些城市的规模、宽阔、规律布局的街道和拥挤的市场,使欧洲最大的城市中心看起来不过是省级城镇。欧洲游客喜欢参观数量众多、种类繁多的大桥,欣赏故宫和北京宫殿的景观,欣赏中国园林和寺庙的美景。很少有人真正参观过长城,但关于长城的历史和它惊人的长度的报道,强调了中国在纪念性建筑方面的整体成就,这也许

---

① 毛泽东.毛泽东选集:第二卷[M].北京:人民出版社,1991:630.
② 毛泽东.毛泽东选集:第二卷[M].北京:人民出版社,1991:632.
③ Maddison A. The world economy: a millennial perspective/ historical statistics [M]. Paris: OECD Publishing, 2006:169-182.

是这个时代材料发展的最重要的衡量标准。"①阿达斯（Michael Adas）直言道,中国在几千年来的发明创造,在农业、交通、学术等各个领域的技术应用上都表现卓越。② 因此,中国的现代化不是要推倒重来,而是需要实现中华民族伟大复兴。

当马克思主义传到中国后,这种来自异域的文明与中国传统社会"美美与共"的价值观,实现了时代的共鸣。诞生于革命与战争时期的中国共产党人将马克思主义基本原理与中国实际相结合,明确提出中国的现代化还有另外一个更为崇高的理想和历史使命,那就是中国与全世界人民的和平相处,以及共同创造更加美好的人类未来。毛泽东早在革命时期就已经认识到,"国际援助对于现代一切国家一切民族的革命斗争都是必要的"。③ 后来,毛泽东又多次强调:"中国无论何时也应以自力更生为基本立脚点。但中国不是孤立也不能孤立,中国与世界紧密联系的事实,也是我们的立脚点,而且必须成为我们的立脚点。我们不是也不能是闭关主义者,中国早已不能闭关。"④中国人民不会忘记中国是世界的中国,而世界也必然是中国与之相联系的世界。因此,中国的现代化是与世界上其他国家和地区的人民和平相处的现代化。毛泽东强调,"我们是愿意按照平等原则同一切国家建立外交关系的"⑤。"我们的民族将从此列入爱好和平自由的世界各民族的大家庭,以勇敢而勤劳的姿态工作着,创造自己的文明和幸福,同时也促进世界的和平和自由。"⑥这也意味着,以毛泽东为代表的中国共产党人领导中国人民开启的现代化,将有着不同于西方现代化的理论与实践探索。

---

① Adas M. Machines as the measure of men[M]. London：Cornell University Press, 2015：45.
② Adas M. Machines as the measure of men[M]. London：Cornell University Press, 2015：30.
③ 毛泽东. 毛泽东选集：第一卷[M]. 北京：人民出版社,1991：161.
④ 毛泽东. 毛泽东外交文选[M]. 北京：中央文献出版社,1994：16.
⑤ 毛泽东. 毛泽东选集：第四卷[M]. 北京：人民出版社,1991：1435.
⑥ 毛泽东. 毛泽东文集：第五卷[M]. 北京：人民出版社,1996：344.

二、中国现代化的既有探索

要在经历了近百年内外战争的国家探索现代化,实现中华民族伟大复兴不仅不容易,更是一件前所未有的历史创举。从1949年中华人民共和国成立到1978年,中国共产党团结带领中国人民自力更生、发愤图强,完成了社会主义革命,确立了社会主义基本制度,创造了社会主义革命和建设的伟大成就。这是中华民族有史以来最为广泛而深刻的社会变革,它为当代中国一切发展进步,奠定了根本政治前提和制度基础,为中国繁荣富强、中国人民生活富裕奠定了坚实的社会历史基础。这一个历史时期,在中国社会历史发展历程中,最重要的就是在建立了根本国家政治制度基础之后,开始了对于社会主义现代化建设道路的艰难探索。之所以称为艰难探索,是因为当时国际国内形势的复杂性,也是由于现代化的复杂性,尽管我们很早就提出了现代化的目标,但没有能够寻找到科学合理地实现社会主义现代化的道路,没有能够全面、有效地推进中国社会的社会主义现代化。早在1954年,第一届全国人民代表大会第一次会议上,毛泽东就明确提出,我们的总任务是……将我们现在这样一个经济上文化上落后的国家,建设成为一个工业化的具有高度现代文化程度的伟大的国家。

1964年,在第三届全国人民代表大会第一次会议上,周恩来总理根据毛泽东的建议,在政府工作报告中首次提出,在20世纪内,把中国建设成为一个具有现代农业、现代工业、现代国防和现代科学技术的社会主义强国,实现四个现代化目标的"两步走"设想。第一步,用15年时间,建立一个独立的、比较完整的工业体系和国民经济体系,使中国工业大体接近世界先进水平;第二步,力争在20世纪末,使中国工业走在世界前列,全面实现农业、工业、国防和科学技术的现代化。"从第一个五年计划到第十四个五年规划,一以贯之的主题是把我国建设成为社会主义现代化国家。"①遗憾的是,由于缺少足够的思想理论准备,加之极度复杂和多变的国际国内形势,中国现代化的后续发展,在一定历史时期遭遇到了曲折。

1978年底,中国共产党召开了第十一届中央委员会第三次全体会议。在这次会议上,邓小平做了题为《解放思想,实事求是,团结一致向前看》的重要讲话。邓小平认为,"只有解放思想,坚持实事求是,一切从实际出发,理论联系实际,我们的社会主义现代化建设才能顺利进行,我们党的马列主义、毛泽东思想的理论也才能顺利发展。"②随后的1979年3月30日,邓小平在《坚持四项基本原则》一文中指出,要在中国实现四个现代化,必须在思想政治上坚持四项基本原则,这是实现四个现代化的根本前提。这四项基本原则是:第一,必须坚持社会主义道路;第二,必须坚持无产阶级专政;第三,必须坚持共产党的领导;第四,必须坚持马列主义、毛泽东思想。邓小平强调,这四项基本原则并不是新的东西,是我们党长期以来所一贯坚持的。③ 邓小平关于中国现代化探索的基本认识极大地推动了中国的现代化历史进程。

在这种现代化的历史探索中,诞生了一系列标志性事件,这些标志性事件都是第一次出现,都似乎意味着中国现代化有了某种新的理解、认识和实践,也在实践上现实地推进了中国的现代化历史进程。这些事件包括:1977年,中国恢复高考,从而为中国的现代化建设做了相对高端的人才准备。1978年,安徽凤阳小岗村18户农民,自主推进农村生产责任制,探索农村现代化发展之路。1979年,在东南沿海设立经济特区,邓小平希望能够通过经济特区为中国特色的现代化建设"杀出一条血路来"。1982年,全国正式确立家庭联产承包责任制,激活农业和社会生产活力。1984

---

① 习近平.论中国共产党历史[M].北京:中央文献出版社,2021:304.
② 邓小平.邓小平文选:第二卷[M].北京:人民出版社,1994:143.
③ 邓小平.邓小平文选:第二卷[M].北京:人民出版社,1994:164-165.

年，中国政府提出有计划的商品经济，为由计划经济转向市场经济做必要准备。1987年，中国政府明确提出"一个中心、两个基本点"的基本路线，以经济建设为中心，将坚持四项基本原则和坚持改革开放内在结合起来。1992年10月12日至18日，中国共产党在北京召开了第十四次全国代表大会，标志着中国社会主义改革开放和现代化建设事业，已经进入了新的历史发展阶段。

中国共产党第十四次全国代表大会的任务，是以邓小平同志建设有中国特色社会主义的理论为指导，认真总结中国共产党第十一届中央委员会第三次全体会议以来14年的实践经验，确定今后一个时期的战略部署，动员全党同志和全国各族人民，进一步解放思想，把握有利时机，加快改革开放和现代化建设步伐，夺取有中国特色社会主义事业的更大胜利。大会认为，中国共产党第十一届中央委员会第三次全体会议以来，就其引起社会变革的广度和深度来说，是开始了一场新的革命。它的实质和目标，是要从根本上改变束缚中国社会生产力发展的经济体制，建立充满生机和活力的社会主义新经济体制，同时相应地改革政治体制和其他方面的体制，以实现中国的社会主义现代化。以邓小平同志为核心的第二代中央领导集体，领导全党和全国各族人民开始的又一次伟大革命，是要进一步解放和发展生产力，经过长期奋斗，把中国由不发达的社会主义国家变成富强民主文明的社会主义现代化国家，使社会主义优越性在中国充分体现出来。

正是在这次大会上，中国共产党再次坚定地贯彻了经济基础决定上层建筑、生产力决定生产关系的唯物主义原则，决定建立中国特色社会主义市场经济体制。大会强调，中国社会已经开始的改革开放和社会主义现代化建设，不是要改变中国社会已经确立的社会主义根本制度的性质，而是要通过社会主义改革，促进社会主义制度的进一步自我完善与发展。这种历史进程的目标，也不是原有中国经济体制细枝末节的修补，而是要利用社会主义根本制度的优越性和市场经济作为一种现代经济运行手段的优越性，促进中国社会经济体制的根本性变革。大会强调,在中国社会已经出现过的计划经济体制,既有其特殊的历史产生环境,也在历史上发挥了重要的作用。但正如马克思所指出的那样,社会存在决定社会意识。任何具体制度都需要随着时代的改变而改变。在中国探索现代化的历史上,曾经发挥过重要历史作用的计划经济体制,也需要做出某些必要的改变。

在中国共产党第十四次全国代表大会到新世纪的最初几年间,中国社会的现代化探索,尤其是中国社会经济出现令人震惊的飞速发展。在1998年3月5日至19日召开的中华人民共和国第九届全国人民代表大会第一次会议上,江泽民明确提出,"我们的奋斗目标是:到建国一百年时,基本实现现代化,把祖国建成富强民主文明的社会主义国家。到那时,中国将进入世界中等发达国家的行列,中国人民将达到现代化基础上的共同富裕,中华民族将实现伟大的复兴。"2000年10月,中国共产党第十五届中央委员会第五次全体会议提出,今后五到十年,要以发展为主题,以结构调整为主线,以改革开放和科技进步为动力,以提高人民生活水平为根本出发点,全面推进经济发展和社会进步。2001年3月,第九届全国人民代表大会第四次会议批准国民经济和社会发展第十个五年计划纲要。这就为新世纪的中国特色社会主义改革开放和现代化建设,明确了奋斗目标和指导方针。

三、中国现代化的绿色创新

进入新世纪,不仅中国的社会主义改革开放进入一个新的时期,而且其现代化探索也进入了一个新的历史时期。这一时期最突出的特点是,中国共产党团结和领导的中国人民,对中国现代化的要求,不再停留于物质财富的增加,而是赋予了现代化更多的内涵。2002年,江泽民在中国共产党第十六次全国代表大会上明确指出,"必须看到,我国正处于并将长期处于社会主义初级阶段,现在达到的小康还是低水平的、不全面的、发展很不平衡的小康,人民日益增长的物质文化需要同落后的社会生产之间的矛盾仍然是我国社会的主要矛盾。我国生产力和科技、教育还比较落后,实现工业化和现代化还有很长的路要走;城乡二元经济结构还没有改变,地区差距扩大的趋势尚未扭转,贫困人口还为数不少;人口总量继续增加,老龄人口比重上升,就业和社会保障压力增大;生态环境、自然资源和经济社会发展的矛盾日益突出;我们仍然面临发达国家在经济科技等方面占优势的压力;经济体制和其他方面的管理体制还不完善;民主法制建设和思想道德建设等方面还存在一些不容忽视的问题。巩固和提高目前达到的小康水平,还需要进行长时期的艰苦奋斗。"这表明,中国共产党对中国社会的现代化理解,已经不再是对现代化"某种或者某些方面"的理解,而是试图对现代化做出更加全面的理论阐释与实践探索。

2005年10月,中国共产党第十六届中央委员会第五次全体会议在北京召开,会议审议通过了《中共中央关于制定国民经济和社会发展第十一个五年规划的建议》。此次会议明确提出"要按照构建民主法治、公平正义、诚信友爱、充满活力、安定有序、人与自然和谐相处的社会主义和谐社会的要求,正确处理新形势下人民内部矛盾,认真解决人民群众最关心、最直接、最现实的利益问题。"这标志着,中国共产党对中国特色社会主义的现代化建设蓝图,有了更加全面和系统的认识。这种认识的核心是,不仅追求经济的高速增长,更加追求社会的全面、协调和可持续发展。更为突出的特点是,胡锦涛在随后的会议中再次强调,实现人与自然的和谐相处,要科学认识和自觉遵循自然规律。这表明,人与自然的关系这一关系生态环境的根本问题,已经提上中国特色社会主义现代化建设的新日程,并将长期影响中国特色社会主义现代化的历史进程。

时隔一年之后的2006年10月,中国共产党在北京召开了第十六届中央委员会第六次全体会议。此次会议全面分析了当时中国社会主义建设所面临的形势和任务,认为在新世纪新阶段,中国共产党要带领人民抓住机遇、应对挑战,把中国特色社会主义伟大事业推向前进,必须坚持以经济建设为中心,把构建社会主义和谐社会摆在更加突出的地位,审议并通过了《中共中央关于构建社会主义和谐社会若干重大问题的决定》。在这次大会上,中国共产党明确提出,中国特色社会主义建设要"按照民主法治、公平正义、诚信友爱、充满活力、安定有序、人与自然和谐相处的总要求,以解决人民群众最关心、最直接、最现实的利益问题为重点,着力发展社会事业、促进社会公平正义、建设和谐文化、完善社会管理、增强社会创造活力,走共同富裕道路,推动社会建设与经济建设、政治建设、文化建设协调发展。"这表明,中国的现代化正在走向更加全面的现代化。

当中国的改革开放即将进入第三十个年头之时,中国共产党在2007年的金秋十月召开了第十七次全国代表大会。在这次大会上,胡锦涛做了题为《高举中国特色社会主义伟大旗帜为夺取全面建设小康社会新胜利而奋斗》的报告。报告指出,"经过新中国成立以来特别是改革开放以来的不懈努力,我国取得了举世瞩目的发展成就,从生产力到生产关系、从经济基础到上层建筑都发生了意义深远的重大变化,但我国仍处于并将长期处于社会主义初级阶段的基本国情没有变,人民日益增长的物质文化需要同落后的社会生产之间的矛盾这一社会主要矛盾没有变。当前我国发展的阶段性特征,是社会主义初级阶段基本国情在新世纪新阶段的具体表现。强调认清社会主义初级阶段基本国情,不是要妄自菲薄、自甘落后,也不是要脱离实际、急于求成,而是要坚持把它作为推进改革、谋划发展的根本依据。我们必须始终保持清醒头脑,立足社会主义初级阶段这个最大的实际,科学分析我国全面参与经济全球化的新机遇新挑战,全面认识工业化、信息化、城镇化、市场化、国际化深入发展的新形势新任务,深刻把握我国发展面临的新课题新矛盾,更加自觉地走科学发展道路,奋力开拓中国特色社主义更为广阔的发展前景。"这次大会有许多新的亮点词汇,但更令人印象深刻的词汇便是"全面""协调"与"可持续发展"。

当中国的社会主义建设走过新世纪的头十年后,中国社会对现代化有了更为全面、系统和深刻的认识。这种认识突出的表现为,对西方现代化的某种程度的内在批判与反思,而不再是简单地"学着做,跟着跑"。一方面,中国对中国特色社会主义建设提出了更加全面的架构,即形成了中国特色社会主义经济建设、政治建设、文化建设、社会建设和生态文明建设"五位一体"的总体布局。中国共产党和中国人民深刻地认识到,"建设生态文明,是关系人民福祉、关乎民族未来的长远大计。面对资源约束趋紧、环境污染严重、生态系统退化的严峻形势,必须树立尊重自然、顺应自然、保护自然的生态文明理念,把生态文明建设放在突出地位,融入经济建设、政治建设、文化建设、社会建设各方面和全过程,努力建设美丽中国,实现中华民族永续发展。"另一方面,中国已经开始深刻认识到西方现代化所呈现的发展道路的重要历史局限,已经开始下定决心探索一条更适合中国,甚至更加适合全人类可持续发展的人类社会发展道路。大会指出,中国特色社会主义建设必须,"坚持节约资源和保护环境的基本国策,坚持节约优先、保护优先、自然恢复为主的方针,着力推进绿色发展、循环发展、低碳发展,形成节约资源和保护环境的空间格局、产业结构、生产方式、生活方式,从源头上扭转生态环境恶化趋势,为人民创造良好生产生活环境,为全球生态安全作出贡献。"

在中国共产党召开第十八次全国代表大会后,中国的现代化建设已经逐渐呈现出一个鲜明的特征,即在吸收全人类文明成果的基础上,反思包括中国在内的已有国家和地区对现代化的探索,并尝试对某种新的文明形态的探索。习近平在中国共产党第十九次全国代表大会上指出,"十八大以来的五年,是党和国家发展进程中极不平凡的五年。面对世界经济复苏乏力、局部冲突和动荡频发、全球性问题加剧的外部环境,面对我国经济发展进入新常态等一系列深刻变化,我们坚持稳中求进工作总基调,迎难而上,开拓进取,取得了改革开放和社会主义现代化建设的历史性成就。"①大会明确指出,"人与自然是生命共同体,人类必须尊重自然、顺应自然、保护自然。人类只有遵循自然规律才能有效防止在开发利用自然上走弯路,人类对大自然的伤害最终会伤及人类自身,这是无法抗拒的规律。我们要建设的现代化是人与自然和谐共生的现代化,既要创造更多物质财富和精神财富以满足人民日益增长的美好生活需要,也要提供更多优质生态产品以满足人民日益增长的优美生态环境需要。"②这标志着中国的现代化探索,已经具有不同于西方现代化鲜明的颜色,即绿色。

第三节 绿色发展与中国未来

"绿色",是中国迈入新世纪以来,探寻人类社会历史发展道路最为突出的颜色,也是中国在建设中国特色社会主义和探索中国式现代化发展道路中,呈现出的最亮丽的底色。这不仅是中国共产党团结带领中国人民深刻总结与反思西方现代化历史经验与现实教训的结果,更是中国共产党团结和带领中国人民深刻认识和把握人类社会历史运动规律,将马克思主义基本原理与中国实际相结合,探索中国式现代化道路的重要创新性成果。它标志着中国已经开始走出一条不同于西方现代化的发展道路。这条道路既不是通过对内的"圈地运动",完成社会历史发展的原始资本积累,也不是通过对外的"域外入侵",扩张社会历史发展财富的来源渠道,更不是通过牺牲人类赖以生存的生态环境,来获得短暂的社会

---

① 习近平.习近平谈治国理政:第三卷[M].北京:外文出版社,2020:2.
② 习近平.习近平谈治国理政:第三卷[M].北京:外文出版社,2020:39.

财富积累与消费,而是将人与自然视为生命共同体,实现人与自然的和谐相处与永续发展。这种发展不仅是要实现中国社会的发展目标,更是要实现全人类与自然的和谐相处和永续发展。中国式现代化不是要创造一个游离于"世界"之外的中国,而恰恰是要实现与世界上其他国家和地区一道,创造更加美好未来的新型现代化。

一、绿色发展与国家治理

在中国共产党第十九次全国代表大会上,中国共产党描绘了中国特色社会主义现代化的未来蓝图。大会指出,"改革开放之后,我们党对我国社会主义现代化建设作出战略安排,提出'三步走'战略目标。解决人民温饱问题、人民生活总体上达到小康水平这两个目标已提前实现。在这个基础上,我们党提出,到建党一百年时建成经济更加发展、民主更加健全、科教更加进步、文化更加繁荣、社会更加和谐、人民生活更加殷实的小康社会,然后再奋斗三十年,到新中国成立一百年时,基本实现现代化,把我国建成社会主义现代化国家。"[①]大会强化了中国特色社会主义现代化的历史内涵和未来意义,并吹响向中国第二个百年奋斗目标前进的历史号角。大会号召:"从全面建成小康社会到基本实现现代化,再到全面建成社会主义现代化强国,是新时代中国特色社会主义发展的战略安排。我们要坚忍不拔、锲而不舍,奋力谱写社会主义现代化新征程的壮丽篇章!"[②]这不仅意味着,中国特色社会主义建设已经进入新时代,也意味着一条中国式现代化道路已见雏形。

习近平在中国共产党第十九次全国代表大会上所作的报告,再次展现出中国共产党团结带领中国人民中擅长"规划"这一治理

---

① 习近平.习近平谈治国理政:第三卷[M].北京:外文出版社,2020:21.
② 习近平.习近平谈治国理政:第三卷[M].北京:外文出版社,2020:23.

方式所能集中体现的重要优势。中国人民正是在中国共产党的领导下，依靠一个又一个"五年规划"的集体智慧，指引中国社会创造一个又一个中国奇迹和中国之谜。习近平在中国共产党第十九次全国代表大会上所作的报告，不仅对未来五年中国的现代化建设做出了明确的论述，而且对未来三十年的中国社会发展做出了明确的宏观规划，这使得我们多少能够发现中国在未来几十年国家治理的基本目标。报告既从纵向的历史视角给出了中国社会的基本发展目标，也从横向的治理维度给出了中国社会的基本发展目标，即"从二〇二〇年到本世纪中叶可以分两个阶段来安排"①，"第一个阶段，从二〇二〇年到二〇三五年，在全面建成小康社会的基础上，再奋斗十五年，基本实现社会主义现代化。"②"第二个阶段，从二〇三五年到本世纪中叶，在基本实现现代化的基础上，再奋斗十五年，把我国建成富强民主文明和谐美丽的社会主义现代化强国。"③

中国共产党不仅是一个擅长发挥"规划"这一治理方式及其优势的现代政党，同时还是一个擅长进行经验总结和历史反思的马克思主义现代政党，这种政党的治理特质，使得我们有理由对中国社会的未来更加充满信心。2021年11月8日至11日，在北京召开的中国共产党第十九届中央委员会第六次全体会议认为，"总结党的百年奋斗重大成就和历史经验，是在建党百年历史条件下开启全面建设社会主义现代化国家新征程、在新时代坚持和发展中国特色社会主义的需要；是增强政治意识、大局意识、核心意识、看齐意识，坚定道路自信、理论自信、制度自信、文化自信，做到坚决维护习近平同志党中央的核心、全党的核心地位，坚决维护党中央权威和集中统一领导，确保全党步调一致向前进的需要；是推进党的自我革命、提高全党斗争本领和应对风险挑战能力、永葆党的生

---

① 习近平.习近平谈治国理政:第三卷[M].北京:外文出版社,2020:22.
② 习近平.习近平谈治国理政:第三卷[M].北京:外文出版社,2020:22.
③ 习近平.习近平谈治国理政:第三卷[M].北京:外文出版社,2020:23.

机活力、团结带领全国各族人民为实现中华民族伟大复兴的中国梦而继续奋斗的需要。全党要坚持唯物史观和正确党史观,从党的百年奋斗中看清楚过去我们为什么能够成功、弄明白未来我们怎样才能继续成功,从而更加坚定、更加自觉地践行初心使命,在新时代更好坚持和发展中国特色社会主义。"

中国共产党第十九届中央委员会第六次全体会议审议通过的《中共中央关于党的百年奋斗重大成就和历史经验的决议》将中国共产党团结带领中国人民的百年奋斗历程的历史经验概括为"十个坚持",即"坚持党的领导,坚持人民至上,坚持理论创新,坚持独立自主,坚持中国道路,坚持胸怀天下,坚持开拓创新,坚持敢于斗争,坚持统一战线,坚持自我革命。"随后刊发的新华社评论员文章认为,"党的十九届六中全会以宏阔的历史视角和深厚的历史智慧,全面总结了党领导人民进行伟大奋斗的'十个坚持'宝贵历史经验,为全党以史为鉴、开创未来注入强大思想动力……这些经过长期实践积累的宝贵经验,既是'过去我们为什么能够成功'的深刻总结,更是'未来我们怎样才能继续成功'的行动指南,激励我们以更加昂扬的姿态迈向新征程、建功新时代。"这个历史决议的发布表明,中国社会对自己的国家治理,已经有了充分的历史积累和内在信心。

《中共中央关于党的百年奋斗重大成就和历史经验的决议》既总结了历史经验,同时也正视了中国在探寻绿色发展道路方面还面临的问题,宣誓了中国探索绿色发展道路的重大决心。《中共中央关于党的百年奋斗重大成就和历史经验的决议》指出,"改革开放以后,党日益重视生态环境保护。同时,生态文明建设仍然是一个明显短板,资源环境约束趋紧、生态系统退化等问题越来越突出,特别是各类环境污染、生态破坏呈高发态势,成为国土之伤、民生之痛。如果不抓紧扭转生态环境恶化趋势,必将付出极其沉重的代价。"①这种对社会发展代价的深刻认识,不仅是对中国社会发展的历史反思,更是对西方现代化历史进程的理论反思,是对不同国家和地区已有现代化道路的重要的前瞻性基本判断。有了这种基本判断,中国的国家治理就对中国社会未来的治理目标、治理方式、治理途径、治理框架等有了更为明确的指向。在这个意义上,《中共中央关于党的百年奋斗重大成就和历史经验的决议》所宣誓的内容,不仅是历史的深刻总结,更是对中国探索绿色发展道路,推进和实现国家治理体系和治理能力现代化的"绿色宣言"和行动指向。

正是如此,《中共中央关于党的百年奋斗重大成就和历史经验的决议》再次强调,"生态文明建设是关乎中华民族永续发展的根本大计,保护生态环境就是保护生产力,改善生态环境就是发展生产力,决不以牺牲环境为代价换取一时的经济增长。必须坚持绿水青山就是金山银山的理念,坚持山水林田湖草沙一体化保护和系统治理,像保护眼睛一样保护生态环境,像对待生命一样对待生态环境,更加自觉地推进绿色发展、循环发展、低碳发展,坚持走生产发展、生活富裕、生态良好的文明发展道路。"②这将意味着,中国共产党团结带领中国人民,已经树立和践行的绿色发展理念,围绕中国特色社会主义生态文明建设和贯彻落实绿色发展理念的各项治理改革,不仅不会放缓脚步,而且还会更加坚定地加快治理进程,展开更加全面系统的绿色治理。因此,中国共产党团结带领中国人民开展的绿色发展和国家治理,将不再是细枝末节的修改和完善,而是从思想、法律、体制、组织、作风上全面发力,全方位、全地域、全过程加强生态环境保护,推动划定生态保护红线、环境质量底线、资源利用上线,开展一系列根本性、开创性、长远性现代治理。

---

① 中共中央关于党的百年奋斗重大成就和历史经验的决议[N].人民日报,2021-11-17(1).
② 中共中央关于党的百年奋斗重大成就和历史经验的决议[N].人民日报,2021-11-17(1).

二、绿色发展与民族复兴

任何"善治"都不是为了治理而治理,而是为了创造更加美好的未来。中国著名学者俞可平,曾把善治界定为公共利益最大化的公共管理。他说,"善治是政府与公民对社会公共生活的共同管理,是国家与公民社会的良好合作,是两者关系的最佳状态。"① 为此,俞可平列出了善治的十个基本要素,即合法性、法治、透明性、责任、回应、有效、参与、稳定、廉洁、公正②。这种对善治的理解,主要还是从治理的"状态"或者过程视角来理解善治,不无道理。但如果能够既从治理的过程与状态,又能从治理的效用与结果来理解善治,可能就会更为全面和立体,更能体现善治应该有的过程与状态之"善",也能体现善治应该有的效用与结果之"善"。中国共产党团结带领中国人民为何能够赢得中国人民的信赖,创造一个又一个中国奇迹?在庆祝中国共产党成立100周年大会上的讲话中,习近平非常明确地揭示了其基本的奥秘。那是因为,"中国共产党一经诞生,就把为中国人民谋幸福、为中华民族谋复兴确立为自己的初心使命。一百年来,中国共产党团结带领中国人民进行的一切奋斗、一切牺牲、一切创造,归结起来就是一个主题:实现中华民族伟大复兴。"③

中华人民共和国成立之初,面对经过近一个世纪革命与战争的中国,中国共产党就已经深刻认识到自然资源环境的保护对于中华民族伟大复兴的重要意义。1956年3月,党中央和毛泽东向全国人民发出了"绿色祖国"的号召。当时刊发于《人民日报》的中共中央致五省(区)青年造林大会的贺电中指出,"要从1956年开始,在12年内,绿化一切可能绿化的荒地荒山,在一切宅旁、村旁、

---

① 俞可平.论国家治理现代化[M].修订版.北京:社会科学文献出版社,2015:68.
② 俞可平.论国家治理现代化[M].修订版.北京:社会科学文献出版社,2015:68-69.
③ 习近平.在庆祝中国共产党成立100周年大会上的讲话[N].人民日报,2021-07-02(2).

路旁、水旁以及荒地上荒山上,只要是可能的,都要有计划地种起树来。这是一项极其巨大的工程。由于目前我们的技术力量不足,交通条件不够,树苗和种子也感缺乏,就更增加了这项工程的繁重性。要在这种情况下去完成绿化祖国的任务,我们对造林工作就必须有这样的要求,这就是:不但要快造,而且要造好;不但要多栽,而且要栽活;不但要植树,而且要育苗;不但要造林,而且要护林。"党中央还指出,"不只是应该讨论造林问题,还应该全面地讨论水土保持问题,以便更快地实现国家根治黄河水害和开发黄河水利的规划,增加农业生产,加快国家工业发展的速度。"

1973年,中国召开了第一次全国性的环境保护会议。在《关于全国环境保护会议情况的报告》中就指出,保护和改善环境,是关系到保护人民健康和为子孙后代造福的大事,关系到巩固工农联盟和多快好省地发展工农业生产的大事。各地区、各部门要设立环境保护机构,开展环境保护的监督和检查工作。与此同时,国家计划委员会、国家建设委员会和卫生部联合颁布了《工业"三废"排放试行标准》。时隔一年之后的1974年10月,国务院环境保护领导小组正式成立,这是新中国第一个国家环境保护机构。接着各地也相继成立相应机构。这些机构的设立和相关制度的陆续出台,使中国的生态环境保护事业与中华民族伟大复兴,有了更为紧密的实践联系。多年以后回顾那段历史,"追溯党和国家对环境保护初步探索的足迹,愈发感到我国环境保护事业初创意义的重大,而推动这项事业的先驱者们更值得历史永远铭记。"[1]

可见,中国绿色发展的理论与实践,不仅是在中华民族实现民族复兴的历史探索中形成的,更是为了中华民族伟大复兴。习近平在致生态文明贵阳国际论坛2013年年会开幕式上的贺信中指出,"走向生态文明新时代,建设美丽中国,是实现中华民族伟大复

---

[1] 翟亚柳.中国环境保护事业的初创——兼述第一次全国环境保护会议及其历史贡献[J].中共党史研究,2012(8):72.

兴的中国梦的重要内容。"①这封贺信不仅表明了,中国探索绿色发展道路与实现中华民族伟大复兴的内在联系,而且阐明了中国将如何通过绿色发展助力中华民族伟大复兴。习近平在贺信中同时指出,"中国将按照尊重自然、顺应自然、保护自然的理念,贯彻节约资源和保护环境的基本国策,更加自觉地推动绿色发展、循环发展、低碳发展,把生态文明建设融入经济建设、政治建设、文化建设、社会建设各方面和全过程,形成节约资源、保护环境的空间格局、产业结构、生产方式、生活方式,为子孙后代留下天蓝、地绿、水清的生产生活环境。"②这不仅为中华民族伟大复兴注入了鲜明的"绿色"要素,也展示了中华民族伟大复兴的绿色内涵。

习近平在《中共中央关于党的百年奋斗重大成就和历史经验的决议》中指出:"党的十八大以来,党中央以前所未有的力度抓生态文明建设,全党全国推动绿色发展的自觉性和主动性显著增强,美丽中国建设迈出重大步伐,我国生态环境保护发生历史性、转折性、全局性变化。"③绿色发展理念已经得到中国人民和世界人民的深刻认同,生态文明建设已经纳入中国特色社会主义建设"五位一体"的总体布局之中,国土绿化行动、大江大河和重要湖泊湿地及海岸带生态保护和系统治理、生态系统保护和修复等贯彻落实绿色发展理念,推进生态文明建设的制度日渐完善,已经设立以中国国家公园三江源、大熊猫、东北虎豹、海南热带雨林、武夷山等为主体的自然保护地体系,现有保护面积达 23 万平方千米,节约资源和保护环境的空间格局、产业结构、生产方式、生活方式正在形成,全社会生态环境保护意识全面提升,生态文明体制改革不断深化,生态环境治理能力明显增强,绿色而又全面的中华民族伟大复兴历史画卷正在徐徐展开。

与此同时,中国政府在国际上率先提出和实施生态保护红线

---

① 习近平.习近平谈治国理政[M].北京:外文出版社,2014:211.
② 习近平.习近平谈治国理政[M].北京:外文出版社,2014:211-212.
③ 中共中央关于党的百年奋斗重大成就和历史经验的决议[N].人民日报,2021-11-17(1).

制度,初步划定的全国生态保护红线面积不低于陆域国土面积的25%,全国森林覆盖率提升到23.04%,2000年至2017年全球新增绿化面积约1/4来自中国。习近平在2021年10月12日召开的《生物多样性公约》第十五次缔约方大会领导人峰会上发表主旨讲话时强调,中国将率先出资15亿元人民币,成立昆明生物多样性基金,支持发展中国家生物多样性保护事业,为加强生物多样性保护,中国正加快构建以国家公园为主体的自然保护地体系,逐步把自然生态系统最重要、自然景观最独特、自然遗产最精华、生物多样性最富集的区域纳入国家公园体系。这些都表明,中国人民正在中国共产党的团结带领下,秉持绿色发展理念,为创造一个更加清洁、更加美丽的世界努力贡献自己的力量。已经赋予绿色内涵的中华民族伟大复兴,不仅是中华民族自己的伟大复兴,更是惠及世界各族人民,助力全人类解放的新型现代化之路。

三、绿色发展与人类解放

越来越多的人认为,中国正在通过生态文明建设,构建尊崇自然和绿色发展的生态体系,积极推动全人类的可持续发展。中华民族历来就有天下一家的基本思想,主张不同民族的人们都生活在同一个世界。因此,不同民族的人们虽有各种历史文化和风俗习惯等不同,但大家都殊途同归于"仁"。这里的"仁",既有人性之"仁",更有自然之"仁"、天下之"仁",其根本在于人与人、人与自然的和谐共生共长。近现代以来,中华民族虽屡受入侵,但从未放弃天下一家亲的基本思想。2015年9月,习近平在纽约联合国总部出席第七十届联合国大会一般性辩论时发表重要讲话强调,人类生活在同一个地球村,各国相互联系、相互依存、相互合作、相互促进的程度空前加深,国际社会日益成为一个你中有我、我中有你的命运共同体。中国所进行的生态文明建设和绿色发展,并不仅仅是为了中华民族伟大复兴,更是为了全人类走出一条更加适合人类社会生存与发展的未来之路,是为了全人类的共同解放。

马克思认为,人类解放这一命题中的"解放",包含着多重意义上的解放,既有摆脱物质财富制约的物质解放,也有摆脱某些思想束缚的精神解放,既有摆脱某种制度约束的解放,也有摆脱某些现实环境束缚的解放,既有摆脱某个历史时期生产力水平不高的解放,也有摆脱某种束缚人的全面自由发展的解放,等等。但从根本上看,人类的解放,是要实现人与自然关系的和谐共处。历史唯物主义认为,劳动使人从自然界中走出来,但并不意味着人就能够脱离自然界,而恰恰是人依然在自然界,人与自然依然存在着相互影响和相互制约的基本关系,正是这种客观关系的存在,使得人与自然关系的和谐相处自人类社会诞生以来,就成为人类解放的重要内容。马克思说,"任何历史记载都应当从这些自然基础以及它们在历史进程中由于人们的活动而发生的变更出发。"①因为,"任何人类历史的第一个前提无疑是有生命的个人的存在。因此第一个需要确定的具体事实就是这些个人的肉体组织,以及受肉体组织制约的他们与自然界的关系。"②自然界本身的存在是人生存与发展的基本物质前提,人类解放也应该从这个基本的物质前提谈起。

在人类社会早期,人们的活动主要是受到自然界的制约,人在人与自然的关系中主要表现为受动者。马克思曾在对原始宗教的分析中,剖析了这种早期的人与自然的关系。马克思说,"自然界起初是作为一种完全异己的、有无限威力的和不可制服的力量与人们对立的,人们同它的关系完全像动物同它的关系一样,人们就像牲畜一样服从它的权力,因而,这是对自然界的一种纯粹动物式的意识(自然宗教)。"③马克思把这种人与自然的关系,理解为自

---

① 中共中央马克思恩格斯列宁斯大林著作编译局. 马克思恩格斯全集:第三卷[M]. 北京:人民出版社,1960:23-24.
② 中共中央马克思恩格斯列宁斯大林著作编译局. 马克思恩格斯全集:第三卷[M]. 北京:人民出版社,1960:23.
③ 中共中央马克思恩格斯列宁斯大林著作编译局. 马克思恩格斯全集:第三卷[M]. 北京:人民出版社,1960:35.

然宗教对自然界的特殊关系,一种受到当时社会形态、社会历史条件制约的相互作用关系。在这一时期,人们的活动对自然界的影响极其微弱,人与自然的相互影响的关系还极其狭隘。人在自然界的活动结果是"自然界几乎还没有被历史的进程所改变"①,人与自然的关系,还处于一种相对原始的和谐状态。这种和谐,实际上主要还是一种人受自然界原始状态制约的状态,而不是人具有主动地位的状态,不是人的长期活动的结果性状态,而是人的活动尚未完全展开的前提性状态。

近现代以来,随着科学技术等方面的迅猛发展,人类社会逐渐摆脱了自然界对人类活动的部分束缚,从而极大地推进了全人类的解放,但同时也带来了人与自然关系的异化形态。在这种人类社会历史中,"人再生产整个自然界"②,此时的人与自然的关系是围绕生产的人与自然的关系,而不是人与自然和谐共生共长的人与自然的关系。马克思认为,只有到了共产主义社会,人与自然的关系才会获得全面解放,也才能够使人从人与自然关系的异化形态中解放出来,实现人类解放。马克思说,"这种共产主义,作为完成了的自然主义,等于人道主义,而作为完成了的人道主义,等于自然主义,它是人和自然界之间、人和人之间的矛盾的真正解决,是存在和本质、对象化和自我确证、自由和必然、个体和类之间的斗争的真正解决。它是历史之谜的解答,而且知道自己就是这种解答。"③因此,在马克思这里,在共产主义没有实现之前,人类都始终面临着人与自然关系的解放,面临着人类解放的问题。

人类解放问题在现当代的时代内涵及其未来意义,并不仅仅是人与自然关系的异化,促使人们需要不断重新审视人类解放这

---

① 中共中央马克思恩格斯列宁斯大林著作编译局. 马克思恩格斯全集:第三卷[M].北京:人民出版社,1960:35.
② 中共中央马克思恩格斯列宁斯大林著作编译局. 马克思恩格斯全集:第四十二卷[M].北京:人民出版社,1979:97.
③ 中共中央马克思恩格斯列宁斯大林著作编译局. 马克思恩格斯全集:第四十二卷[M].北京:人民出版社,1979:120.

一命题,而更重要的是在这种人与自然关系的异化中,人类赖以生存和发展的生态环境已经遭到了严重破坏。马克思认为,"自然界,无论是客观的还是主观的,都不是直接地同人的存在物相适应的"①,而是在人的生产活动中不断发展变化的自然界,是受到人的活动历史影响而不断改变的自然界。这种自然界既是有着自己历史的自然界,也是有着人的历史活动的自然界。人总是在这种人与自然关系的历史实践中,发生着这样或者那样的历史性变化,并呈现出不同历史时期的自然界和人。"当社会发展到资本主义阶段,出现了人与自然的发展悖论:一方面,人类在自然面前确立了自身的主体或主人地位,成为与自然相互对立的具有极强能动性的存在物;另一方面,由于对自然的过度掠夺,引发了生态破坏、环境污染等诸多问题。"②因此,近现代出现的资本主义社会,不仅没有彻底解决人类解放问题,而且使人与自然的关系出现了新的"断裂"。

解决这一问题的根本路径,不是要放弃生产,放弃人类社会的应有发展,而是要重新审视人类已有的人与自然关系,重新理解人类社会历史发展与人类解放的内在逻辑关系。正如中国研究人类解放的著名专家刘同舫所说,要像马克思一样认识到"人与自然在本质上是融为一体的,人的解放与自然的解放具有同一性"③,认识到"人与自然之间的物质变换是人类生存和发展的基础,但是,自然在向人的需要生成过程中会出现否定的结果,即自然的'非人性化'和'异化',因而,我们必须不断消除异化,实现人的自由解放——人从内在自然和外在自然的束缚中获得解放。"④由此可见,当代中国所进行的中国特色社会主义生态文明建设和绿色发

---

① 中共中央马克思恩格斯列宁斯大林著作编译局.马克思恩格斯全集:第四十二卷[M].北京:人民出版社,1979:169.
② 刘同舫.人类解放何以必要[J].社会科学家,2015(10):23.
③ 刘同舫.人类解放何以必要[J].社会科学家,2015(10):24.
④ 刘同舫.人类解放何以必要[J].社会科学家,2015(10):24.

展,其意义和价值指向就已经不再仅仅只是中国特色社会主义建设的完善与发展,不再仅仅只是中华民族伟大复兴,而是对资本主义基于资本增殖这一基本生产逻辑的理性超越,是对资本主义所塑造的人与自然异化关系的彻底解放,是对人受制于异化的人与自然的关系的彻底解放,走向全面自由发展的人类社会的根本之路。

第二章

中国绿色发展的思想源流

当代中国的绿色发展为什么会取得令人瞩目的重要成就？从思想源流来看，这是因为中华民族是一个擅长学习、兼容并蓄的民族，是因为中国人民在中国共产党的领导下，既继承和发扬了中华优秀传统文化中的绿色基因，又借鉴和吸收了人类文明的一切优秀文化成果，从而孕育了与中国实际相结合的绿色发展理论与实践。这种绿色发展理论有三个基本思想源流：一是中国优秀传统文化中的绿色基因在今天的中国特色社会主义实践中，不断得到自觉继承和发扬光大；二是马克思主义经典作家生态发展等方面的思想，在中国大地不断得到丰富和发展；三是当代中国人民在中国特色社会主义建设实践中，不断孕育了当代中国绿色发展的理论新形态。揭示、挖掘和发展这些思想资源，阐释和论述中国绿色发展的思想源流，对于我们客观认识中国的绿色发展理论与实践，发展中国式现代化，创造人类文明新形态，构建美丽、清洁的新世界，具有重要的理论与实践意义。

第一节　中国绿色发展的传统文化之源①

当代中国的生态文明建设和绿色发展，并非没有思想渊源，而恰恰是中华民族有着深厚的生态文明底蕴，有着丰富的绿色发展思想资源。2018年5月，习近平在全国生态环境保护大会上特别强调，"中华民族向来尊重自然、热爱自然，绵延5000多年的中华文明孕育着丰富的生态文化。"中华民族是世界上历史最悠久的民族之一。勤劳勇敢的炎黄子孙在中华大地用自己的历史实践，创造了博大精深的中华优秀传统文化。这些优秀传统文化，已经饱含了中华儿女理性处理人与自然关系，推动人与自然和谐相处的一些重要思想。这些思想资源，在长达上千年的人类社会历史实践中不断丰富和发展，与当代中国特色社会主义建设实践，与当代全球人类文明相交融，依然发挥着非常重要的积极作用，从而成为当代中国推进绿色发展的重要思想源流之一。

一、"天人合一"的绿色文化基因

"天人合一"的思想，不仅是中华优秀传统文化中的重要思想资源，更是推动当代中国绿色发展理论与实践的重要文化底蕴。中国著名哲学家张岱年在其所著的《中国哲学大纲》中认为，所谓"天人合一"，"有二意义：一天人相通，二天人相类。"②即，中国哲学中所说的天、人二者，既具有相通性，也具有自然分类上的同类性。张岱年先生认为，"天人相通的观念，发端于孟子，大成于宋代

---

① 本节部分内容，华中科技大学哲学学院、国家治理研究院博士研究生张宸晟亦有一定贡献。
② 张岱年.中国哲学大纲[M].北京：中国社会科学出版社，1982：173.

道学。天人相类,则是汉代董仲舒的思想。"①所谓天人相通,有两层基本含义。一是,天人二物具有本质上的统一性,"认为天与人不是相对待之二物,而乃一息息相通之整体,其间实无判隔。"②二是,伦理道德含义,即"认为天是人伦道德之本原,人伦道德出于天。"③根据张岱年先生的阐释,中国哲学中的这种"天人合一"当然有天与人的区分,但更强调天与人的统一性。这就为中华民族尊重大自然、保护大自然留下了最初的"绿色文化基因"。

当代中国另一位哲学家汤一介认为,在中国传统哲学中,"天人合一"不仅是一种根本性的哲学命题,而且构成了中国哲学的一种思维模式。尽管从表面上看,儒家讲"天人合一",在现实层面上多是为了强调维护社会秩序,规范人的道德行为准则,但是其不可避免地涉及了人与自然的关系,这是其立论的基础。当代著名国学大师季羡林先生认为,中国哲学中所讲的"天"和"人","天"就是大自然,"人"就是我们人类。天人关系,实际上就是今天人们所说的人与自然的关系。④ 所谓"天人合一",就是"人与大自然合一"⑤。季羡林先生认为,"'天人合一'的思想是东方思想的普遍而又基本的表露。这种思想是有别于西方分析的思维模式的东方综合的思维模式的具体表现。"⑥因此,东方的思维模式强调"整体与普遍之间的联系",认为人同自然万物是合一的,是处于同一个整体之中,而正相反,西方的思维模式则强调对自然的征服和索取。

在中国思想史上,对"天人合一"的理解,最早大致可追溯到《周易》之中。在中国哲学家郭齐勇主编的《中国古典哲学名著选

---

① 张岱年.中国哲学大纲[M].北京:中国社会科学出版社,1982:173.
② 张岱年.中国哲学大纲[M].北京:中国社会科学出版社,1982:181.
③ 张岱年.中国哲学大纲[M].北京:中国社会科学出版社,1982:181.
④ 季羡林."天人合一"新解[J].传统文化与现代化,1993(1):14.
⑤ 季羡林."天人合一"新解[J].传统文化与现代化,1993(1):15.
⑥ 季羡林."天人合一"新解[J].传统文化与现代化,1993(1):11.

读》中记载:"《象》曰:大哉,乾元! 万物资始,乃统天。"①同时,在其《坤卦》经传中认为,"至哉,坤元! 万物资生,乃顺承天"②,天地乃万物产生的基础,是万事万物存在的本原。在其《乾卦》经传中又讲,"乾道变化,各正性命",强调万事万物应当顺应天道自然,按照其各自的规律生成和发展。《易传》将天人之间的关系纳入其中论述,《系辞上下传》讲:"天地变化,圣人效之"③。在这里,《易经》对天、人做出较为明确的区分,并阐述了基本的天人关系。这里的"天"具有相对的本原之意,而人,从天而生,人必须遵循天之意。《易经》中关于天人关系的论述,既表现出明显的伦理道德意涵,更表现出中国古代思想家在人与自然关系这一问题上的基本态度,即,人唯有尊重自然规律、顺应自然规律而行动才能成为"圣人",才是处理人与自然关系的应有之道。这种关于人与天地自然的观点,对于孔子、对于后世儒家乃至中国传统文化都产生了深远的影响。

孔子对"天人合一"的阐释,更是强调了人尊重自然、遵循自然规律的重要意义。在孔子那里,"天"不仅仅是作为自然意义上的"物质之天",其更多被赋予了意志与主宰力,是有人格的天、地。根据《论语》记载,孔子讲:"君子有三畏,畏天命,畏大人,畏圣人之言。"④在这里,天是人格化的,其自身具有意志力,有自己的善恶惩罚标准。当代中国著名哲学家冯友兰先生也认为,"《论语》中孔子所说之天,亦皆主宰之天也"。⑤ 天能够主宰人的命运,具有其规定性。孔子说:"天何言哉? 四时行焉,百物生焉,天何言哉?"⑥天不言,但是却通过自然万物生长的规律,来展示自己的主宰力。因此,人要认识这种自然规律,更要对这种天命,保持敬畏之心,应

---

① 郭齐勇.中国古典哲学名著选读[M].北京:人民出版社,2005:35.
② 郭齐勇.中国古典哲学名著选读[M].北京:人民出版社,2005:39.
③ 郭齐勇.中国古典哲学名著选读[M].北京:人民出版社,2005:48.
④ 郭齐勇.中国古典哲学名著选读[M].北京:人民出版社,2005:75.
⑤ 冯友兰.中国哲学简史[M].长沙:岳麓书社,2018:44.
⑥ 郭齐勇.中国古典哲学名著选读[M].北京:人民出版社,2005:76.

当听从天命的旨意,时时刻刻对自己的行为进行反省,依照规律去做事。但是,人在天的面前并非全然无措。孔子认为,人能够达到"知天命"。所谓"知天命",冯友兰先生认为,即指"认识世界存在的必然性"①。人是自然界的一部分,人类从事各项基本活动,都有赖于外部条件作为基础,人应当在其能力和范围之内,依照其外部条件和自然界万事万物的自然规律行事。这就意味着天与人在孔子那里也达成了某种"合一"。

根据张岱年先生的观点,中国古代"天人合一"的思想,经过了董仲舒的丰富和发展,形成了宇宙生化万物的天人观,到了宋明时期得到了进一步的发展和深化,这其中最先对其具有深刻发展的是宋代理学家张载。张载的天人合一观点,尽管继承了先秦儒家以来的某些传统,但是与以往的儒家天人合一的观点又有很大的不同之处,代表了张载对天人合一的独特理解。在《正蒙》中,张载问道,"天人一物,辄生取舍,可谓知天乎?"②一方面,天与人都一样,都是客观的实在,不可剥离其一,二者为一个整体,都是依照自然的规律,强调了人与天地万物的统一性。另一方面,人后天又秉受着阴阳二气,人秉气的不同,造成了后天人与人之间身体体质、道德善恶之间的差异。好在人具有其主观能动性,可以通过后天加强自身的学习和道德修养,就能够克服其后天不好的方面,消除人与外物之间的隔阂和界限,保存其"天性",从而实现"天人合一"。

发展到今天的"天人合一"思想,已经在中华民族的实践中演变出多种理论形态,蕴含了人与自然关系的多重当代意义,但其基本内涵仍主要是强调人与自然的辩证统一,强调天人合一中人的主观能动性。王夫之就认为,尽管人与万物一样是自然界的产物,应当遵循自然的规律,但是"鱼之泳游,鸟之翔集,皆其任天者

---

① 冯友兰.中国哲学简史[M].长沙:岳麓书社,2018:44.
② 郭齐勇.中国古典哲学名著选读[M].北京:人民出版社,2005:480-481.

也。"也就是说,动物只能遵循着上天赋予其的特性和规律而生活,但是人与动物不同,"人弗敢以圣自尸,抑岂曰同禽鱼之化哉!"人能够充分发挥自身的主观能动性,根据自身的需求,依照天道的法则,也即按照自然的规律,来改造自然,协助天来治理万物。王夫之对天人合一的理解,剥离了天的神秘主义色彩和主宰力量,同时也更加强调了人的主观能动性,赋予了人以更高的自觉性,人能够同天一道,共同促进,共同发展。因而,王夫之对人与自然的观点,在生态文明的意义上,相较于其他思想家,更显其现实性。

二、"天地人"三维绿色发展路径

中国传统文化中,不仅包含着"天人合一"这样具有总领性的文化理念,还孕育了天、地、人三者合一的绿色发展现实路径。《周易·系辞下》指出,"《易》之为书也,广大悉备。有天道焉,有人道焉,有地道焉。兼三才而两之,故六。"[1]这里的"三才",即为天、地、人。《周易·系辞下》中所说的天、地、人,虽各有其"道",但绝非绝对独立,而是有辩证统一性,故为"三'生'六"。而天、地、人三才所"生"出的"六"的运动,同样具有自身的规律性,所以《周易·系辞下》进一步说"兼三才而两之,故六。六者非它也,三才之道也。"[2]《易经》中的这些基本思想,不仅体现出前述"天人合一"的基本哲学思想,而且使"天人合一"的哲学思想,有了更加明确的现实指向,从而为实现"天人合一"这一基本思想,提供了某种现实路径。因为,在人们对"天人合一"的理解中,人们对"天"的内容所指的理解各有不同,这就给人们理解和践行"天人合一"带来了某种模糊性。但"地"不同,此处的"地",是包括农业文明在内的任何时期人们都很容易理解和把握的基本客观存在和认识对象。

---

[1] 郭齐勇.中国古典哲学名著选读[M].北京:人民出版社,2005:55.
[2] 郭齐勇.中国古典哲学名著选读[M].北京:人民出版社,2005:55.

土地在中国古代思想中的重要性不言而喻。自古以来,精耕细作的小农经济就与土地有着密切的联系。一方面,农业生产本身受到气候环境、地质地貌、土壤肥力等自然地理条件的影响,传统的农业生产本身,对于自然灾害等方面的抵御和防护能力就比较差。另一方面,中国自古以来人口基数大,多山地地形,可耕地面积小,因此需要提高农业单位产量,来满足人们生存与发展的基本粮食需求,以维持生产发展和社会稳定。这在客观上也要求人与自然之间保持着相对稳定和谐的基本关系,以便尽可能地减少农业生产过程中的损失,提高粮食产量,实现较为高效的、稳定的、可持续的发展。中国早期社会这种客观历史条件的存在及其客观需求,孕育了中国古代先贤对"地"的重要性的特有认识,使得"地"这一概念在"天人合一"的哲学思想框架中,具有非常重要的桥梁意义和现实价值。

中国古代先贤管子,在其著名篇章《管子·禁藏》中认为,"夫民之所主,衣与食也。食之所生,水与土也。"这就是说,人民的衣食均是依赖于水土,自然界是人类维持生存与发展的基本物质前提。土地的面积、水利条件、地形条件、土壤的肥力、物产资源等对生产力的发展水平有着极大的影响。管子在《管子·轻重甲》中就认为,"山林、菹泽、草莱者,薪蒸之所出,牺牲之所起也。"因此,在中国古代的国家治理中,中国古代先贤早就十分重视土地等自然资源的调查和统计。《周礼·地官·大司徒》中所载的大司徒之职就是"以天下土地之图,周知九州之地域广轮之数,辨其山林、川泽、丘陵、坟衍、原隰之名物"。大司徒担负着体察各地的物产及其地理特点,根据不同地区的不同地理条件和特点,判断并选择其所适宜的经济发展方式的职能。这一基本岗位的设立,就体现出中国古代国家治理中面对人与自然关系"因地制宜"的基本思想。

在中华传统文化中,"地"的内容显现和概念引入,使天、地、人成为既有客观因素的考量,又有主观能动性显现的和谐统一的整体。在天、人之间引入地,意味着天、地、人同在一个自然界和同个可被理解的框架之内。也就是说,天、地、人的基本思想蕴含着人是在天地间活动这一基本认识。正是在这种认识下,天、地、人并非绝对独立,而都只是自然界不可分割的一部分。人的活动受制于天和地的约束,而天和地也受到人的活动的影响。故天有天道,人有人道,地有地道,则在《易经》中所论的天、地、人三才就是各居其位,各自按照自身内在的规律运行,但是三者之间相互影响、相互作用,共同构成了一个整体。《易经》所表达的这种人与天地之间的关系,实际上就是一种人与自然和谐共生的关系。人与天地自然之间,又绝非是完全屈从于天地自然规律,而是相信人的主观能动性,积极改造自然,使其能够符合人类社会历史发展的需要。因此,中国传统文化中的人与天地,既对立又统一,相互影响,共同发展。

中华传统文化中,"天""地"概念的引入,并不意味着人就失去了其应有的主体地位,而完全受制于天地。中国古代先贤一般都将人同天、地置于一起进行论述,一方面强调了自然界规律的制约作用,要求尊重自然规律,另一方面又特别强调人的主观能动性。于生产发展而言,无论是"天时"还是"地利",都强调人能够参与到物质生产之中,通过自身的生产生活实践,达到对自然规律和地理特点的认识,在尊重客观自然规律的基础上发展生产。中国古代的科技农书,包括《齐民要术》等都强调,在人认识到其经济作物发展的客观因素的基础上,通过人力,利用农业技术积极地参与改造现有的生产条件,以此促进当时社会生产力的发展。故有《淮南子·主术训》中所言:"上因天时,下尽地财,中用人力"。在这里,天、地、人三者有机协调统一,发挥出最大的生产效率,达到人与自然的和谐统一,成为最优的发展方式。

为了在生产和生活中能够达到人与自然和谐统一的理想境界,树立人与自然和谐共处的基本意识,中国古代先贤还对人的行为品德提出了要求,以约束和规范包括君主在内的所有人的行为,使其能够符合"德"的要求。自古以来,中国传统文化就崇尚节俭,反对浪费。孔子将"温、良、恭、俭、让"五德作为人的基本道德标准。"俭"就是其中之一,孔子认为,节俭是一种美德。孔子在《论语·述而》中讲"奢则不孙,俭则固。与其不孙也,宁固",认为铺张浪费就会违背礼的要求,造成社会秩序混乱。在先秦思想家中,墨子更加提倡节俭的思想。墨子在《墨子·节用》中认为"是故古者圣王制为节用之法……诸加费不加民利者,圣王弗为",圣王之治应当是节用的方法。此外,针对儒家部分人的"厚葬"等观点,墨子认为应当"节葬",而将节省下来的社会资源用于富民。包括道家、法家均含有有关节俭的思想,法家甚至认为应当将节俭作为法律固定下来。

尽管中国古代没有太多专门的关于环境保护的法律,但是在其各个朝代有关经济发展和社会生活的各种法令中,都基本包含着有关环境保护和可持续发展的律令。周代的《伐崇令》就被认为是世界上最早的环境保护法规,其中就有"毋坏屋,毋填井,毋伐树木,毋动六畜。有不如令者,死无赦。"从这个法律条文中可以看出,破坏环境最高可被判处死刑,可以说是相当的严苛了。其后,也有类似的相关法律,例如,商鞅变法的举措中,就有向公共场所倾倒垃圾则会被处以断肢的极刑。其后,随着朝代的更替和社会的发展,以及维护社会稳定的需要,类似的严苛法律渐渐被废止,但是不论在以后的哪个朝代之中,皆有有关自然环境和动植物保护,以及节约和爱惜资源的法规和律令。例如,《唐律疏议》中就有对环境保护,继而自然资源的合理利用,以及涵养生态、促进可持续发展的相关法规,动员民众兴修水利,治理河道,而对于因破坏环境而造成民众财产损失的行为,则是处以严重的刑罚。另外《唐书》中也记载,唐朝的历任君主也曾多次下达过"禁采令",以及"禁渔令"等行政命令,禁止过度采伐和捕捞,以实现涵养生态资源,促进可持续发展。这些都体现出,中国传统文化不仅具有"天人合一"的崇高理想,也具有天、地、人三者和谐互动的绿色发展实现路径的基本思想。

三、传统绿色发展文化的当代启示

随着时代的变迁,孕育中华传统文化的许多历史条件已经发生重要改变,但并不意味着中华传统文化中的绿色基因已经失去其现实功能。例如,管子在《管子·七臣七主》中就认为,"故春政不禁则百长不生,夏政不禁则五谷不成,秋政不禁则奸邪不胜,冬政不禁则地气不藏。"显然,这种对于农事自然规律的认识,在今天依然具有重要的实践指导意义。《管子·七臣七主》认为,以上"四者俱犯,则阴阳不和,风雨不时,大水漂州流邑,大风漂屋折树,火暴焚地燋草;天冬雷,地冬霆,草木夏落而秋荣;蛰虫不藏,宜死者生,宜蛰者鸣;苴多螣蟆,山多虫蝈",最后到"六畜不蕃,民多夭死;国贫法乱,逆气下生。"这就是说,不尊重自然、不遵循自然规律的认识和行为,都可能造成严重的后果。中国传统文化中这种倡导尊重自然规律的基本认知,对于我们今天合理利用自然资源,维持自然资源利用与保护之间的生态平衡,实现可持续发展,依然具有重要的现实指导意义。

中国传统文化对当代中国实现绿色发展的基本启示,首先就是不仅不能丢弃中国传统文化中的绿色文化基因,恰恰是要深入挖掘中国传统文化中优秀的绿色文化基因,并结合当代中国绿色发展实践,继承、发展和创造更加优秀的中国绿色发展文化样态。习近平指出,"中华文化源远流长,积淀着中华民族最深层的精神追求,代表着中华民族独特的精神标识,为中华民族生生不息、发展壮大提供了丰厚滋养。中华传统美德是中华文化精髓,蕴含着丰富的思想道德资源。不忘本来才能开辟未来,善于继承才能更好创新。对历史文化特别是先人传承下来的价值理念和道德规范,要坚持古为今用、推陈出新,有鉴别地加以对待,有扬弃地予以继承,努力用中华民族创造的一切精神财富来以文化人、以文育人。"历史就是历史,任何国家和民族的发展都不是无源之水,都不是无本之木,而是有着其历史渊源,割裂这种渊源既不尊重客观规律,也不利于人类社会历史本身的现实发展。因此,推进当代中国的绿色发展,首先就是要继承、创新和发展中国传统文化中的绿色文化基因。

中华传统文化不仅孕育着"天人合一""天、地、人和谐发展"等优秀的绿色发展思想,不仅在人与自然关系的基本认识上强调天、地、人的和谐发展,而且非常强调认识与实践的辩证统一,强调天、地、人在实践上的辩证统一,在本质上体现出知行合一的中国优秀传统文化特质。张岱年认为,"中国哲学在本质上是知行合一的。思想学说与生活实践,融成一片。中国哲人研究宇宙人生的大问题,常从生活实践出发,以反省自己的身心实践为入手处,最后又归于实践,将理论在实践上加以验证。"① 王守仁在其著名的《传习录》篇章中讲道,"知是行的主意,行是知的功夫;知是行之始,行是知之成。若会得时,只说一个知已自有行在;只说一个行已自有知在。"② 中国哲学、中国传统文化中对知行合一的强调,既体现出中华民族在实践中,对人与自然和谐发展的基本理论认识,也体现出中华民族对人与自然和谐发展现实实践的根本强调。在这个意义上,中国传统文化中的绿色文化基因,就不仅仅是某种文化符号,而恰恰是一种绿色发展的重要实践原则。

中国传统文化强调,"天人合一""天地人"和谐发展,或者说人与自然的和谐相处,是需要通过各种现实行动来实现的。在这里,任何知,都需要通过实践,才能转变为某种现实。也就是说,有关绿色发展的知和行,都是绿色发展得以实现的结构中的一部分,任何其一都不是对绿色发展的完整理解。在知行合一的绿色发展框架下意味着,实现绿色发展既需要有相应的知,也需要有相应的行。在不同国家和地区,在不同历史时期,之所以有不同的绿色发

---

① 张岱年.中国哲学大纲[M].北京:中国社会科学出版社,1982:5.
② 郭齐勇.中国古典哲学名著选读[M].北京:人民出版社,2005:531.

展历史进程,从知行合一的绿色发展结构而言,要么有的人有其知而无其行,要么有其知而行少,这些都难以实现真正的绿色发展;有的人,有其行而知不够,则在其行动上往往只是表现出朴素的绿色发展意识形态和现实行为,这些都不能满足绿色发展的实际发展需要。唯有帮助人们构建起与时代发展,与绿色发展实践相统一的,知行合一的绿色发展知识结构和行动方案,才能现实地实现绿色发展。这就是说,实现绿色发展,既需要培育出具有绿色发展理念的人,也需要有绿色发展理念的人有贯彻落实绿色发展理念的现实行为,才能实现绿色发展。因此,关于绿色发展的治理,就成为当代不同国家和地区实现绿色发展的关键。

这就意味着,任何国家和地区有关绿色发展的治理,既受到各自不同的客观现状的制约,也受到不同的历史条件的制约,都是在各自不同的历史传承、文化传统、经济社会发展的基础上所展开的现实运动。我们既不能离开这种历史阶段、历史条件去谈绿色发展,也不能仅仅局限于这种历史条件去谈绿色发展。马克思指出,"历史不外是各个世代的依次交替。每一代都利用以前各代遗留下来的材料、资金和生产力;由于这个缘故,每一代一方面在完全改变了的条件下继续从事先辈的活动,另一方面又通过完全改变了的活动来改变旧的条件。"[①]因此,尊重历史和客观现实,是实现绿色发展的基本前提。在这个意义上,任何国家和地区的绿色发展,都具有历史、现在和未来三重基本的时间维度。也就是说,任何国家和地区的绿色发展,既需要审视已有的发展历史,对已有的发展历史做出必要的经验总结和理论反思,也需要对现有发展阶段、发展状况做出全面系统的评估,更需要对绿色发展的未来做出合理科学的发展展望,并在这个基础上,制定促进绿色发展的各种规章制度,推进绿色发展。

---

① 中共中央马克思恩格斯列宁斯大林著作编译局. 马克思恩格斯全集:第三卷[M]. 北京:人民出版社,1960:51.

因此,中国传统文化对绿色发展的当代启示,并不仅仅是思想理念上的理论启示,更有对绿色发展实践行动的现实启示;不仅有对绿色发展时间维度上历史、现在与未来的治理启示,也有空间维度的山川、河流等方面的治理启示;既有如何处理天、地、人三者基本关系的宏观启示,也有如何面对人的主体能动性、自然规律等开展农业生产、展开现实生活的微观启示;既有对人在自然界中的应有地位等关于人与自然关系的抽象启示,也有不能揠苗助长等在实践中处理人与自然关系的具体生产生活实践的现实启示。这些启示,在时间与空间、宏观与微观、抽象与具体等方面,展现出中华优秀传统文化在当代绿色发展实践中的多维实践价值和实际功能,展现出中华优秀传统文化在当代绿色发展实践中的强大生命力。正如习近平所指出的那样,"我们中华文明传承五千多年,积淀了丰富的生态智慧。'天人合一'、'道法自然'的哲学思想,'劝君莫打三春鸟,儿在巢中望母归'的经典诗句,'一粥一饭,当思来处不易;半丝半缕,恒念物力维艰'的治家格言,这些质朴睿智的自然观,至今仍给人以深刻警示和启迪。"在实践中传承、创新和发展中华优秀传统文化中的绿色文化,仍是当代实现绿色发展应有的重要内容。

第二节 马克思主义与中国绿色发展

当代中国所进行的绿色发展,还有另外一个重要的思想源流,就是马克思、恩格斯以及马克思主义经典作家有关绿色发展的思想,这些思想资源成为当代中国推进绿色发展的第二个重要思想源流。这一思想源流又可以从三个基本方面去理解,一是马克思主义理论的主要创始人马克思论人与自然关系、生态环境保护、经济社会发展等绿色发展的思想;二是恩格斯论人与自然关系、生态环境保护、经济社会发展等绿色发展的思想;三是西方马克思主义中人与自然关系、生态环境保护、经济社会发展等绿色发展的思想。这些思想资源在不同历史时期,都发挥着不同的现实作用,对推进中国特色社会主义生态文明建设和绿色发展,发挥着不同的现实影响,成为当代中国实现绿色发展、创造人类文明新形态的重要思想源流之一。

一、马克思的绿色发展思想

严格来讲,马克思似乎并没有专门去论述"绿色发展"的文献。但是,马克思在对自然、人、劳动、生态、社会历史规律等方面的论述中,所体现的人与自然关系、社会历史发展等方面的思想,却对今天我们探讨绿色发展具有重要的理论与实践价值。马克思在其《1844年经济学哲学手稿》《德意志意识形态》《哥达纲领批判》《资本论》等经典文献中,不仅科学地揭示了人与自然、人与人、人与社会之间的基本关系,区分出自在自然与人化自然、自在世界与属人世界、主观世界与客观世界等,而且科学地阐述了历史唯物主义对人与自然关系、人与社会关系、人与人的关系等方面的内在作用逻辑,从而实现了人与自然的辩证统一,实现了自然史与人类社会历史的辩证统一,实现了人与社会历史发展的辩证统一。

首先,马克思认为,人类社会既有的历史,任何时期人类社会历史的发展的基本逻辑前提,就是现实的个人的存在。马克思说,"我们开始要谈的前提并不是任意想出的,它们不是教条,而是一些只有在想像中才能加以抛开的现实的前提。这是一些现实的个人,是他们的活动和他们的物质生活条件,包括他们得到的现成的和由他们自己的活动所创造出来的物质生活条件。"[①]正是如此,

---

① 中共中央马克思恩格斯列宁斯大林著作编译局. 马克思恩格斯全集:第三卷[M]. 北京:人民出版社,1960:23.

马克思确立了研究和认识人类社会历史应有的科学方法,即"因此,这些前提可以用纯粹经验的方法来确定。"①马克思对人类社会历史的这种唯物主义理解,首先就把人类社会历史发展,框定在了人的感性活动之中,聚焦到了可以被经验把握到的现实的人类实践活动之中,从而在逻辑上和方法上摆脱了纯粹思辨的、纯粹抽象的历史演绎或者某种思维幻象的束缚。这样一来,当我们讨论人类社会历史、讨论人类社会历史的发展时,就不再变得扑朔迷离,这就为祛除人类社会历史理解上的神秘性,科学把握人类社会历史及其发展规律迈出了十分关键的一步。

其次,马克思认为,科学认识和把握人类社会历史发展规律,首先要面对的就是人与自然的关系问题。马克思说,"任何人类历史的第一个前提无疑是有生命的个人的存在。因此第一个需要确定的具体事实就是这些个人的肉体组织,以及受肉体组织制约的他们与自然界的关系。"②马克思在这里所说的人与自然的关系,既不是存在于头脑中纯粹抽象的逻辑观念,也不是天外来物,而是现实的客观存在的感性世界。但是,直接面向现实客观存在的感性世界,并不意味着我们不需要采用抽象的研究方法。因此,马克思说,"当然,我们在这里既不能深入研究人们自身的生理特性,也不能深入研究各种自然条件——地质条件、地理条件、气候条件以及人们所遇到的其他条件。"③而是要采用从具体到抽象的方法,"从这些自然基础以及它们在历史进程中由于人们的活动而发生的变更出发"④,去考察和探究人类社会的历史发展及其规律,

---

① 中共中央马克思恩格斯列宁斯大林著作编译局.马克思恩格斯全集:第三卷[M].北京:人民出版社,1960:23.
② 中共中央马克思恩格斯列宁斯大林著作编译局.马克思恩格斯全集:第三卷[M].北京:人民出版社,1960:23.
③ 中共中央马克思恩格斯列宁斯大林著作编译局.马克思恩格斯全集:第三卷[M].北京:人民出版社,1960:23.
④ 中共中央马克思恩格斯列宁斯大林著作编译局.马克思恩格斯全集:第三卷[M].北京:人民出版社,1960:23-24.

去在历史与现实中认识、把握和处理人与自然的关系。

因此,人与自然的关系,既是具体的、历史的,也是随着时间和空间的改变而改变的。马克思认为,正是人在自然界的现实活动改变了自然界,并使没有人的活动的自在自然界,转变为了人化自然界,塑造出不同社会制度的人类社会,而人们在这种感性世界的活动,又会推动不同社会制度随着历史的改变而改变。这就是说,即使社会制度本身,也只是人类社会活动及其历史运动的产物,它自身也会随着人类社会历史活动的改变而改变。正是如此,马克思说,"其中每一代都在前一代所达到的基础上继续发展前一代的工业和交往方式,并随着需要的改变而改变它的社会制度。"① 在这个意义上,处于人类社会某个历史时期的全部社会存在,相对正在展开和即将开始的人类活动而言,都具有历史上的先在性。马克思的这一历史唯物主义基本思想,揭示了人与自然关系的可变性,同时揭示了自然界相对人类社会历史的客观先在性,即不是先有人类社会历史而后有自然界,而是先有自然界而后才有人类社会历史,不存在没有自然界的人类社会历史。

正是在这个意义上,马克思所讲的历史唯物主义,再次强化了自然界的存在,相对于人类社会历史、相对于人的存在和发展的先在性。马克思说,"周围的感性世界决不是某种开天辟地以来就已存在的、始终如一的东西,而是工业和社会状况的产物,是历史的产物,是世世代代活动的结果"②。但是,人在自然界面前并不是完全的受动者,不是无动于衷的木偶,而是能动的主体,是改变自然界的主体,这蕴含了人与自然界的相互作用关系。马克思说,"人的普遍性正表现在把整个自然界——首先作为人的直接的生活资料,其次作为人的生命活动的材料、对象和工具——变成人的

---

① 中共中央马克思恩格斯列宁斯大林著作编译局. 马克思恩格斯全集:第三卷[M]. 北京:人民出版社,1960:48-49.
② 中共中央马克思恩格斯列宁斯大林著作编译局. 马克思恩格斯全集:第三卷[M]. 北京:人民出版社,1960:48.

无机的身体。"①因此,在马克思这里的人与自然关系,既不是某种主观上单方面的制约关系,也不是某种客观上单向度的作用关系,而是人与自然的相互作用,是处于同一个系统中相互作用的生命共同体。

在马克思看来,人是自然界的人,而自然界只不过是人的无机的身体。马克思说,在实践上,自然界通过人的活动,"作为人的生命活动的材料、对象和工具——变成人的无机的身体。自然界,就它本身不是人的身体而言,是人的无机的身体。人靠自然界生活。这就是说,自然界是人为了不致死亡而必须与之不断交往的、人的身体。所谓人的肉体生活和精神生活同自然界相联系,也就等于说自然界同自身相联系,因为人是自然界的一部分。"②这样一来,不仅人与自然界的统一性就已经昭然若揭,而且人与自然的相互制约其发展的内在逻辑也已经被揭示出来。这就是说,人与自然界都有某种向"生"的内在冲动,而不是与此相反。因此,人与自然的和谐相处,不仅具有抽象思辨上的内在统一性,而且具有历史实践上的辩证统一性。正是如此,人与自然的关系,不是"两者之间"的关系,而其实质是一个系统两个要素之间的关系。

因此,马克思有关人与自然、人与社会发展等思想,对我们实现绿色发展,最重要的启示之一,可能就是我们需要将人与自然视为一个生命共同体,而不是以往部分思想家所认为的某两个主体间的关系,不是不同主体间的关系,而是同一个生命体不同要素之间的关系。这种历史的、具体的人与自然关系现实地表现为,"人作为自然存在物,而且作为有生命的自然存在物,一方面具有自然力、生命力,是能动的自然存在物;这些力量作为天赋和才能、作为欲望存在于人身上;另一方面,人作为自然的、肉体的、感性的、对

---

① 中共中央马克思恩格斯列宁斯大林著作编译局. 马克思恩格斯全集:第四十二卷[M]. 北京:人民出版社,1979:95.
② 中共中央马克思恩格斯列宁斯大林著作编译局. 马克思恩格斯全集:第四十二卷[M]. 北京:人民出版社,1979:95.

象性的存在物,和动植物一样,是受动的、受制约的和受限制的存在物"①。在这个意义上,实现绿色发展,其实质既不是只强调对自然界的保护,走向生态复古主义,也不是只强调对自然界的索取,走向人类中心主义,而是要在人与自然的相互尊重中,走向人与自然的和谐共生、共长。也正是如此,马克思说,"历史本身是自然史的即自然界成为人这一过程的一个现实部分"②,"只要有人存在,自然史和人类史就彼此相互制约"③。

二、恩格斯的绿色发展思想

与马克思一样,恩格斯在《英国工人阶级状况》《反杜林论》《自然辩证法》等经典文献中,同样展现了非常丰富的关于人、自然界、人与自然关系等方面的思想,这为当代中国实现绿色发展,提供了重要的思想资源。与马克思不同的是,恩格斯主要从历史唯物主义视角,揭示人、自然、人与自然的关系等相关问题,而恩格斯更加偏重从辩证唯物主义的视角,揭示人、自然、人与自然的关系等相关问题。恩格斯曾在其经典文献《反杜林论》第三版序言中自述了他与马克思的"自觉分工"。恩格斯说,"马克思和我,可以说是从德国唯心主义哲学中拯救了自觉的辩证法并且把它转为唯物主义的自然观和历史观的唯一的人。可是要确立辩证的同时又是唯物主义的自然观,需要具备数学和自然科学的知识。马克思是精通数学的,可是对于自然科学,我们只能作零星的、时停时续的、片断的研究。因此,当我退出商界并移居伦敦,从而获得了研究时间的时候,我尽可能地使自己在数学和自然科学方面来一个彻底

---

① 中共中央马克思恩格斯列宁斯大林著作编译局. 马克思恩格斯全集:第四十二卷[M].北京:人民出版社,1979:167.
② 中共中央马克思恩格斯列宁斯大林著作编译局. 马克思恩格斯全集:第四十二卷[M].北京:人民出版社,1979:128.
③ 中共中央马克思恩格斯列宁斯大林著作编译局. 马克思恩格斯全集:第三卷[M].北京:人民出版社,1960:20.

的——象李比希所说的——'脱毛',八年当中,我把大部分时间用在这上面。"①

为了科学认识自然界,恩格斯充分利用当时的科学技术成就,阐释了辩证唯物主义的自然观。恩格斯在其经典文献《自然辩证法》中认为,"整个自然界,从最小的东西到最大的东西,从沙粒到太阳,从原生生物到人,都处于永恒的产生和消灭中,处于不断的流动中,处于无休止的运动和变化中。"②恩格斯认为,自然界的万事万物都处于不断变化和发展之中,这种运动变化是永恒的,而以往的那种认为自然界是一成不变的观点,则随着科学技术的进步和发展而变得烟消云散了。恩格斯说,"一切僵硬的东西溶化了,一切固定的东西消散了,一切被当作永久存在的特殊东西变成了转瞬即逝的东西,整个自然界被证明是在永恒的流动和循环中运动着。"③在这个意义上,整个自然界就是一个生命体,是一个统一的有机整体,处于自然界中的任何万物,都只是自然界这个更大的生命体的一部分,它们相互联系、相互依存、相互转化,从而使大自然生生不息。

根据当时的自然科学成就,恩格斯认为,人也只是大自然进化的结果。恩格斯说,"人也是由分化产生的。不仅从个体方面来说是如此——从一个单独的卵细胞分化为自然界所产生的最复杂的有机体,而且从历史方面来说也是如此。"④紧接着,恩格斯认为,是劳动使人从动物界中走出来,从而使人这种动物与其他动物有了本质的区别。然后,"经过多少万年之久的努力,手和脚的分化,

---

① 中共中央马克思恩格斯列宁斯大林著作编译局. 马克思恩格斯全集:第二十卷[M]. 北京:人民出版社,1971:13.
② 中共中央马克思恩格斯列宁斯大林著作编译局. 马克思恩格斯全集:第二十卷[M]. 北京:人民出版社,1971:370.
③ 中共中央马克思恩格斯列宁斯大林著作编译局. 马克思恩格斯全集:第二十卷[M]. 北京:人民出版社,1971:370.
④ 中共中央马克思恩格斯列宁斯大林著作编译局. 马克思恩格斯全集:第二十卷[M]. 北京:人民出版社,1971:373.

直立行走,最后确定下来了,于是人就和猿区别开来,于是音节分明的语言的发展和头脑的巨大发展的基础就奠定了,这就使得人和猿之间的鸿沟从此成为不可逾越的了。"①当人走出猿群,随着生产实践的发展,人手在生产实践中得到了进一步发展,于是,人的生产实践活动也就越来越丰富。人的头脑对于外界的感知也就越来越发达,则由此产生了人对自然界运动规律的理性认识。随着人们对自然规律的认识的深入,掌握的知识越来越多,人就越能利用自然界的资源为己所用。正是这样,就产生了人类历史。

因此,在恩格斯看来,人类社会历史是从自然界"走出"的历史。这种"走出"不是彻底远离自然界,而是创造出了一个不同于"无人介入"的人化自然界。恩格斯认为,人之所以跟其他动物不同,正是因为动物仅仅只能利用外部自然界,但是,人与动物不同,人作为自然界所产生的最复杂的有机体,能够运用工具对自然界进行改造。人采用工具对自然界的影响,与其他动物的"生产"对自然界的影响有着不同的后果。恩格斯说,"动物也进行生产,但是它们的生产对周围自然界的作用在自然界面前只等于零。"②而人能够对自然界地貌、气候等产生更为深远的实际影响。这就意味着,人不仅是自然界的人,而且是对自然界无时无刻不在产生着实际影响的人,即人与"自然"既来自自在自然界,同属一个系统,但又存在着内在的相互作用,并存在着人对自然界的改造,而创造一个新世界的可能。恩格斯发现,"动物仅仅利用外部自然界,单纯地以自己的存在来使自然界改变;而人则通过他所作出的改变来使自然界为自己的目的服务,来支配自然界。"③这就是人与动物对自然的不同作用结果。

---

① 中共中央马克思恩格斯列宁斯大林著作编译局. 马克思恩格斯全集:第二十卷[M].北京:人民出版社,1971:373.
② 中共中央马克思恩格斯列宁斯大林著作编译局. 马克思恩格斯全集:第二十卷[M].北京:人民出版社,1971:373.
③ 中共中央马克思恩格斯列宁斯大林著作编译局. 马克思恩格斯全集:第二十卷[M].北京:人民出版社,1971:518.

恩格斯认为,"人同其他动物的最后的本质的区别,而造成这一区别的还是劳动。"①恩格斯也承认,部分非人类的动物,也具有从事有计划的、经过思考的行动能力,但是,人的劳动不同于非人类动物有计划的行动。人的劳动会制造工具,并使用人所制造的工具进行有目的、有计划的生产生活活动。这种劳动的直接目的就是改造自然,以便更好地利用自然资源为人类的生存和发展服务。因此,人在自然界的劳动存在着一种风险,即打破人与自然的平衡,人与自然的关系从某种平衡最终转变为人对自然界的胜利。恩格斯非常敏锐地意识到并提醒我们,"对于每一次这样的胜利,自然界都报复了我们。每一次胜利,在第一步都确实取得了我们预期的结果,但是在第二步和第三步却有了完全不同的、出乎预料的影响,常常把第一个结果又取消了。"②这种来自自然界的报复,不仅在历史上已经出现,而且在恩格斯去世之后的一百多年来正在日益加剧,这正是人类社会探索绿色发展道路的重要原因。

恩格斯的论述,不仅指出了人与自然关系的可能后果,而且认为人类是可以避免来自自然界的报复的。这主要是因为,自然界有自己的运动规律。人类只要努力认识并尊重自然界的运动规律,"我们一天天地学会更加正确地理解自然规律,学会认识我们对自然界的惯常行程的干涉所引起的比较近或比较远的影响"③,人类就可能避免来自自然界的报复。在这里,恩格斯并不是一位生态复古主义者,也不是一位人类中心主义者或者非人类中心主义者。因为,他跟马克思一样,在人与自然的关系上追求的是人与自然关系的平衡,而不是非此即彼或者孰重孰轻。他提醒人们,"因此我们必须时时记住:我们统治自然界,决不象征服者统治异

---

① 中共中央马克思恩格斯列宁斯大林著作编译局. 马克思恩格斯全集:第二十卷[M]. 北京:人民出版社,1971:518.
② 中共中央马克思恩格斯列宁斯大林著作编译局. 马克思恩格斯全集:第二十卷[M]. 北京:人民出版社,1971:519.
③ 中共中央马克思恩格斯列宁斯大林著作编译局. 马克思恩格斯全集:第二十卷[M]. 北京:人民出版社,1971:519.

民族一样,决不象站在自然界以外的人一样,——相反地,我们连同我们的肉、血和头脑都是属于自然界,存在于自然界的"①。人类需要做的不是远离自然,也根本不可能离开自然,而是要认识与尊重自然界的规律而行动。恩格斯的这种关于人与自然同属于一个系统,且人能够认识和运用自然规律的基本认识,为人类探索绿色发展道路,奠定了重要的理论前提,为实践绿色发展理念,提供了根本的理论遵循和实践可能。

三、生态马克思主义者的探究

马克思、恩格斯逝世之后,资本主义不仅没有很快消亡,而且陆续出现了一些十分重要的新变化。其中之一便是,资本主义社会的发展速度进一步加快,由此带来的生态环境问题也日渐突出。这引起了来自不同领域许多研究者的关注,不仅出现了生态女性主义、生态后现代主义、生态资本主义等,将生态问题与西方传统哲学社会思想相结合的新思潮,而且出现了将马克思主义与生态问题相结合的生态马克思主义、生态社会主义等思潮。中国著名生态马克思主义研究专家王雨辰在其专著《生态学马克思主义与后发国家生态文明理论研究》中,把这种将马克思主义与生态问题相结合的生态马克思主义、生态社会主义和有机马克思主义等理论形象地称之为当代生态问题反思中的"红绿"思潮。王雨辰认为,"'红绿'思潮都是力图把历史唯物主义作为分析和解决生态危机的根源与解决途径,都否定和反对资本主义制度、生产方式和价值体系,是'非西方中心论'的生态文明理论。"②这些"红绿"思潮,不仅是当代西方社会对生态问题进行反思思潮的重要组成部分,更是丰富、创新和发展马克思恩格斯绿色发展思想的重要理论形

---

① 中共中央马克思恩格斯列宁斯大林著作编译局. 马克思恩格斯全集:第二十卷[M]. 北京:人民出版社,1971:519.
② 王雨辰. 生态学马克思主义与后发国家生态文明理论研究[M]. 北京:人民出版社,2017:2.

态和思想资源。

生态马克思主义者普遍认为,马克思、恩格斯等马克思主义者关于生态文明、绿色发展的思想,仍具有重要的当代价值。休斯(Jonathan Hughes)在其《生态与历史唯物主义》一书的导言中,首先就明确阐明了他写作这部著作的基本目的。休斯说,"本书试图捍卫马克思主义的一些核心论题(这些论题构成了历史唯物主义理论),反对环保主义者对其进行的公开指责,同时表明得到恰当诠释的历史唯物主义可以为针对威胁和危害当今社会的环境问题所提出的政治发展对策提供一个解释性和规范性的思考框架。"① 休斯对自己写作目的的阐明,实际上也表明了他自己对待马克思主义者关于生态文明、绿色发展的思想的基本态度。正如休斯在结论中所说,"马克思历史唯物主义理论的主要信念,可以通过与认识环境问题及其制约因素相兼容的方式加以合理地解释。"② 此外,休斯还认为,马克思实际上已经为我们解决生态环境问题,提供了有益的分析框架。休斯说,"马克思对人类社会依赖于自然环境并且受到自然环境影响的解释方式,既在宏观层面上(历史唯物主义)又在微观层面上(劳动过程的概念),为我们提供了一个研究生态问题的原因及其解决办法的有益框架。"③

美国著名生态马克思主义者奥康纳(James O'Connor)等人,发现了历史唯物主义所蕴含的关于生产的基本前提问题,即任何人类生产的延续,都需要有与之相适应的生产条件,这种生产条件并不仅仅是人们早已经非常重视的生产工具,等等,而更重要的前提是与生产相适应的自然资源的条件。奥康纳认为,在资本主义早期之所以会出现较为突出的生态环境问题,是因为在那个时期,人们对人类生产的前提条件并没有较为充分的认识。奥康纳说,"在资本主义早期的粗放型发展阶段,劳动力、土地以及自然资源

---

① 休斯.生态与历史唯物主义[M].张晓琼,侯晓滨,译.南京:凤凰出版传媒集团,2011:1.
② 休斯.生态与历史唯物主义[M].张晓琼,侯晓滨,译.南京:凤凰出版传媒集团,2011:287.
③ 休斯.生态与历史唯物主义[M].张晓琼,侯晓滨,译.南京:凤凰出版传媒集团,2011:287.

是十分丰富并且是现成可得的。只是在资本主义晚期的集约型发展阶段……生产条件的问题才成为一种系统性的而不是零散性的问题。"①奥康纳注意到了马克思的生产力概念本身所蕴含的"生产条件"这一问题,并揭示了资本主义社会生产出现生态环境问题的重要原因之一,就在于忽视了马克思、恩格斯所强调的自然界的存在是人类社会生产的基本物质前提这一基本认识。

莱斯(Willilam Leiss)等生态马克思主义者,也发现了当代资本主义社会生产所存在的认识问题。在莱斯等人看来,当代资本主义社会之所以出现生态危机,首先是因为人们还没有建立起与人类社会历史发展相适应的生态意识(Ecological Consciousness)。所谓生态意识,实际上就是一种以人与自然和谐发展为目标的自然观。这种生态意识在本质上是与人的解放这一最终目标相一致的。莱斯说,人类对自然界的征服和高效利用,有效达到了对自然的控制,这本身的确是包括资本主义在内的人类社会历史发展的一种重要进步。但是,"控制自然的任务应当理解为把人的欲望的非理性和破坏性的方面置于控制之下。这种努力的成功将是自然的解放——人性的解放:人类在和平中自由享受它的丰富智慧的成果。"②莱斯在这里从资本主义社会的社会进步出发,展开人对自然的控制的反思,揭示出资本主义社会对自然的控制的片面理解及其历史局限,重申了马克思、恩格斯关于人与自然辩证统一的基本认识,以及自然、人、人的解放的内在一致性。因此,解决生态环境问题,不是要片面地、绝对地强调人对自然的控制的某些方面,而是要合理展开对自然的控制。

但是,也有一些生态马克思主义者认为,当代西方社会所出现的生态环境问题有着非常复杂的原因,其根本原因在于资本主义制度以及这种制度所衍生出的各种具体制度的不合理,才因此产

---

① 奥康纳.自然的理由:生态学马克思主义研究[M].唐正东,臧佩洪,译.南京:南京大学出版社,2003:235-236.
② 莱斯.自然的控制[M].岳长龄,李建华,译.重庆:重庆出版社,1993:168.

生了当代生态环境问题。美国著名学者马格多夫和福斯特就认为,"目前的全球性的生态环境问题,既不是人类的无知愚昧或天生贪婪所造成的,也不是个别公司、企业的管理者缺乏道德和良知所致;相反,我们必须从经济制度、政治制度和社会制度的运行方式中寻找答案。"①在马格多夫和福斯特看来,"只有改变现有的生产方式,找到一种人类与自然相互协调发展的方法,才能够有效地解决地球和人类共同面临的巨大环境问题。"②在这里,马格多夫和福斯特对生态环境问题的反思与追问,在一定程度上延续了马克思、恩格斯对资本主义制度的批判,这种批判的逻辑指向是引领人们去探求一种更好的社会制度,从而因此摆脱生态环境问题的困扰,走向人与自然的和谐发展。

美国学者史密斯(Richard Smith)似乎进一步发现了资本主义制度之所以会造成生态环境问题的根源,即"要么增长,要么死亡"的市场法则③。这实际上就是马克思、恩格斯在历史唯物主义理论中反复强调的资本逻辑。在资本主义制度下,占有统治地位的资产阶级无法摆脱对资本利润的追逐,这种增长必然会带来对自然资源的无限利用。"因此,我们需要一个完全不同的经济体系,一个不是基于利润,而是基于人类需求、环境需求和一个完全不同的价值体系的非资本主义的经济体系。"④科威尔坚持了马克思、恩格斯对社会主义的理想。科威尔认为,"为了我们的子女、后代、生活以及未来,我们有义务努力建造一种其生产逻辑不会导致

---

① 马格多夫,福斯特.资本主义与环境[M]//徐焕.当代资本主义生态理论与绿色发展战略.北京:中央编译出版社,2015:3.
② 马格多夫,福斯特.资本主义与环境[M]//徐焕.当代资本主义生态理论与绿色发展战略.北京:中央编译出版社,2015:3.
③ 史密斯.超越增长,还是超越资本主义?[M]//徐焕.当代资本主义生态理论与绿色发展战略.北京:中央编译出版社,2015:307.
④ 史密斯.超越增长,还是超越资本主义?[M]//徐焕.当代资本主义生态理论与绿色发展战略.北京:中央编译出版社,2015:316.

积累的社会。"①这就是生态社会主义的核心原则之一。"生态社会主义的主要目标是建构一种必要而合理的生产方式,以解决目前我们所面临的积累危机与生态危机。因此,生态社会主义并不仅仅是对资本主义生产方式的超越;改革本身并不是目的,而是达到目的的手段。"②科威尔的论述,强化了社会主义制度对于实现人与自然和谐统一的重要意义,这种意义并非乌托邦,而是已经可以在当代中国的绿色发展中看到一些现实的希望。

第三节 当代中国马克思主义与绿色发展

当代中国是一个不懈奋斗的中国,更是一个擅长吸收全人类文明成果的中国。一个世纪前,中国人民在革命与战争中迎来了马克思主义,诞生了中国共产党。七十多年前,中国人民在中国共产党的团结带领下建立了工人阶级领导的新政权。四十多年前,中国人民在中国共产党的团结带领下开启了中国社会主义改革开放,走出了一条中国特色社会主义道路。十年前,中国人民在中国共产党的团结带领下将生态文明建设纳入中国特色社会主义建设的总体布局,逐步走出了中国特色社会主义的绿色发展道路。正是在这种背景下,当代中国已经逐步形成既具有中国特色又具有世界意义的绿色发展思想。这些思想体现在毛泽东思想中,也体现在中国特色社会主义理论体系中,更体现在习近平新时代中国特色社会主义思想中。这些关于绿色发展的当代中国马克思主义理论,既是当代中国人民不断吸收人类一切优秀文明成果,推进中

---

① 科威尔.生态社会主义:一种人文现象[M]//徐焕.当代资本主义生态理论与绿色发展战略.北京:中央编译出版社,2015:122.
② 科威尔.生态社会主义:一种人文现象[M]//徐焕.当代资本主义生态理论与绿色发展战略.北京:中央编译出版社,2015:122.

国社会主义建设的实践产物,更是指导中国人民不断开拓绿色发展新境界的重要思想资源。

一、毛泽东思想与绿色发展

毛泽东思想是以毛泽东为主要代表的中国共产党人,把马克思列宁主义基本原理与中国革命、中国建设实际相结合,而诞生的当代中国马克思主义理论,是当代中国人民集体智慧的结晶,是经过实践检验的中国化马克思主义科学理论。毛泽东思想是马克思列宁主义在中国的创造性运用和发展,是被实践证明了的关于中国革命和建设的正确的理论原则和经验总结,是马克思主义中国化的第一次历史性飞跃。毛泽东思想的活的灵魂是贯穿于各个组成部分的立场、观点、方法,体现为实事求是、群众路线、独立自主三个基本方面,为党和人民事业发展提供了科学指引。① 中华人民共和国成立之初,毛泽东就曾号召全国人民,"要使我们祖国的河山全部绿化起来,要达到园林化,到处都很美丽,自然面貌要改变过来。"②毛泽东的这一论述,既反映了当时中国生态环境的特殊情况,同时也表达了中国人民对建设"美丽中国"的美好愿望。之所以要绿化中国,也并不仅仅是因为"好看",并不仅仅是因为某种观赏的需要,而是因为我们知道,自然界是人类生存和发展的前提,是一个社会发展状况的重要标志之一。正是如此,毛泽东号召全国人民,"一切能够植树造林的地方都要努力植树造林,逐步绿化我们的国家,美化我国人民劳动、工作、学习和生活的环境。"③以毛泽东为代表的中国人民在当时就已经认识到,优美的自然生态环境对于推进社会主义建设,以及体现社会主义国家精神风貌有重要意义。从这个意义上说,以毛泽东为代表的中国人民在当

---

① 中共中央关于党的百年奋斗重大成就和历史经验的决议[N].人民日报,2021-11-17(1).
② 中共中央文献研究室.毛泽东论林业[M].新编本.北京:中央文献出版社,2003:51.
③ 中共中央文献研究室.毛泽东论林业[M].新编本.北京:中央文献出版社,2003:77.

时就已经有了走绿色发展道路的思想萌芽。

在当时,以毛泽东为代表的中国人民,对绿色发展的理解,并没有像今天我们对绿色发展的理解那么丰富,这主要是由当时中国社会的发展历史基础所决定的。马克思在其著名的篇章《德意志意识形态》中认为,"意识在任何时候都只能是被意识到了的存在,而人们的存在就是他们的实际生活过程。"①对于半个世纪前的中国而言,急需解决的不是实现什么样的发展问题,而是首先要发展。因此,在发展与绿色发展上,当时的中国社会主要还是发展。即使在这样的情况下,以毛泽东为代表的中国共产党人,还是针对当时中国的实际情况,把人、自然资源看作一个系统来考量,提出了在中国社会的建设中保护生态环境、节约资源等关于绿色发展的基本思想。这些思想对当代中国后来的绿色发展理论与实践探索,提供了重要的思想借鉴和实践基础。

首先,以毛泽东为代表的当时的中国人民,坚持把人、自然资源看作一个系统。正是在这个系统中,人与社会才得以存在和发展。因此,中国进行社会主义建设,就必须要保护生态环境,否则,社会主义建设就可能遇到资源紧缺的困境。毛泽东说,"森林是社会主义建设的重要资源,又是农业生产的一种保障。积极发展和保护森林资源,对于促进我国工、农业生产具有重要意义。"②毛泽东在这里的阐述,自然传承了自然界是人与社会存在和发展的前提与基础这一对人与自然关系的基本认识,同时又结合当时中国社会主义建设的实际,非常具体地阐明森林这样一种自然资源,与中国社会主义建设的紧密关系。后来,在标志着中国共产党团结带领中国人民,开展社会主义建设初步探索的著名篇章《论十大关系》中,毛泽东再次明确认为,"天上的空气,地上的森林,地下的宝

---

① 中共中央马克思恩格斯列宁斯大林著作编译局. 马克思恩格斯全集:第三卷[M]. 北京:人民出版社,1960:29.
② 中共中央文献研究室. 毛泽东论林业[M]. 新编本. 北京:中央文献出版社,2003:78.

藏,都是建设社会主义所需要的重要因素"①。这段论述已经充分表明,毛泽东已经将空气、森林等自然资源与中国的社会主义建设、人口的发展视为一个整体来考虑。在这个视野下,人与自然已经成为一个有机的共同体。

其次,以毛泽东为代表的当时的中国人民,已经认识到,社会发展可能会带来生态环境的破坏。因此,保护生态环境应该纳入国家治理的视野之中。以毛泽东为代表的当时的中国人民,不仅已经把保护生态环境纳入国家治理视野,而且已经对通过制度保护生态环境有了较为初步的基本认识。马克思认为,"如果不研究这些生产方式中的每一种方式和以此为基础的整个社会制度,就不可能了解这些矛盾,而这些矛盾只有通过这种生产方式和这种制度的实际改变,才能得到解决。"②任何国家和地区在任何历史时期的制度,既是这个国家和地区社会存在的历史反映,也是推进国家治理的重要工具。中国的社会主义建设并没有前例可循。即使在这样十分困难的前提下,以毛泽东为代表的中国共产党人还是制定了《关于保护和改善环境的若干规定》《环境保护规划要点和主要措施》《关于环境保护的十年规划意见》等制度。这些努力,既为后来的中国社会主义建设制定更加完善的生态环境保护制度,做出了重要的实践探索,又为构建以制度引领中国绿色发展的基本思想,提供了思想来源。

最后,以毛泽东为代表的当时的中国人民,在当时已经认识到自然资源的有限性。因此,社会主义建设也需要节约资源。历史唯物主义认为,社会存在决定社会意识,但社会意识对社会存在也具有反作用。在一个相对封闭落后的中国进行社会主义建设,很难摆脱长期小农经济社会所形成的"资源无限性"这一基本认识。在小农经济社会中,人们的社会交往相对较少,社会发展所需要的

---

① 毛泽东.毛泽东文集:第七卷[M].北京:人民出版社,1999:34.
② 中共中央马克思恩格斯列宁斯大林著作编译局.马克思恩格斯全集:第三卷[M].北京:人民出版社,1960:612.

自然资源消耗也相对较少,其消耗量基本上都可以通过自然资源的生命周期来弥补。因此,在小农经济社会很容易形成"资源无限性"的认知错觉。然而,毛泽东早在革命时期就反复提醒人们,"必须注意尽一切努力最大限度地保存一切可用的生产资源和生活资料,采取办法坚决地反对任何人对于生产资料和生活资料的破坏和浪费。"① 毛泽东要求全国人民,"在生产和基本建设方面,必须节约原材料,适当降低成本和造价,厉行节约。"② 毛泽东这种对资源有限性的理性认识,与资本主义社会因为资本逐利驱动而认为自然资源可以无限利用的观点形成鲜明的对比。

毛泽东还继承和丰富了马克思、恩格斯关于尊重自然,遵循自然规律进行生产生活实践的基本思想,为当代中国的绿色发展提供了重要思想资源。面对当时还相对落后的中国,毛泽东说,"只要我们更多地懂得马克思列宁主义,更多地懂得自然科学,一句话,更多地懂得客观世界的规律,少犯主观主义错误,我们的革命工作和建设工作,是一定能够达到目的的。"③ 毛泽东在这里的论述承认了自然规律的客观性,同时阐明了正确认识和科学利用自然规律的重要性。他说,"如果对自然界没有认识,或者认识不清楚,就会碰钉子,自然界就会处罚我们,会抵抗。"④ 因此,中国进行社会主义建设,促进人与社会的全面自由发展,首先就必须认识客观规律,然后利用规律推进社会主义建设,从而才能有效地促进人与社会自由而全面的发展。这也就意味着,中国所要追求的发展,既不是竭泽而渔式的发展,也不是某一方面的发展,而是人与自然各方面统筹协调的发展。因此,毛泽东指出,"搞社会主义建设,很重要的一个问题是综合平衡"⑤。

---

① 毛泽东.毛泽东选集:第四卷[M].北京:人民出版社,1991:1316.
② 毛泽东.毛泽东文集:第七卷[M].北京:人民出版社,1999:160.
③ 毛泽东.毛泽东文集:第六卷[M].北京:人民出版社,1999:393.
④ 毛泽东.毛泽东文集:第八卷[M].北京:人民出版社,1999:72.
⑤ 毛泽东.毛泽东文集:第八卷[M].北京:人民出版社,1999:73.

二、邓小平理论、"三个代表"重要思想、科学发展观与绿色发展

中国共产党第十一届中央委员会第三次全体会议之后,以邓小平为主要代表的中国共产党人,团结带领全党全国各族人民,深刻总结新中国成立以来正反两方面经验,围绕什么是社会主义、怎样建设社会主义这一根本问题,借鉴世界社会主义历史经验,创立了邓小平理论。① 中国共产党第十三届中央委员会第四次全体会议后,以江泽民为主要代表的中国共产党人,团结带领全党全国各族人民,坚持党的基本理论、基本路线,加深了对什么是社会主义、怎样建设社会主义和建设什么样的党、怎样建设党的认识,形成了"三个代表"重要思想。② 中国共产党第十六次全国代表大会后,以胡锦涛为主要代表的中国共产党人,团结带领全党全国各族人民,在全面建设小康社会进程中推进实践创新、理论创新、制度创新,深刻认识和回答了新形势下实现什么样的发展、怎样发展等重大问题,形成了科学发展观。③ 在这一时期,中国共产党团结带领中国人民更加深刻地认识到,生态环境对于中国特色社会主义事业全局、对于全人类经济社会长久健康发展的重要意义。

从中国共产党第十一届中央委员会第三次全体会议的召开,到中国共产党第十八次全国代表大会,中国人民所面临的主要任务,是要在已经建立社会主义根本制度的基础上,继续探索中国建设社会主义的正确道路,解放生产力和发展生产力,使人民摆脱贫困,尽快富起来、强起来,为实现中华民族伟大复兴,创造更好的社会历史条件。为此,中国共产党团结带领中国人民,实现了党和国家工作中心的转移,明确了中国人民在社会主义初级阶段的基本路线,科学回答了中国建设社会主义的一系列基本问题,确立并健

---

① 中共中央关于党的百年奋斗重大成就和历史经验的决议[N].人民日报,2021-11-17(1).
② 中共中央关于党的百年奋斗重大成就和历史经验的决议[N].人民日报,2021-11-17(1).
③ 中共中央关于党的百年奋斗重大成就和历史经验的决议[N].人民日报,2021-11-17(1).

全和完善了中国特色社会主义市场经济制度。也正是在这一历史时期,中国的社会主义建设,既创造了"中国奇迹",也日益面临任何国家和地区在飞速发展时期都可能面临的自然资源紧缺等问题。正是如此,中国在进行社会主义改革开放和社会主义现代化建设中,逐渐形成了这一时期有关绿色发展的思想认识。这些思想认识为当代中国开展绿色发展理论与实践奠定了重要的理论基础。

改革开放初期,邓小平就认为,搞好中国的社会主义现代化建设,必须要坚持马克思列宁主义,高举毛泽东思想,统筹考虑中国的社会主义现代化建设。邓小平在深刻总结中国进行社会主义现代化建设的历史经验时明确提出,"我们要在中国实现四个现代化,必须在思想政治上坚持四项基本原则。这是实现四个现代化的根本前提。这四项是:第一,必须坚持社会主义道路;第二,必须坚持无产阶级专政;第三,必须坚持共产党的领导;第四,必须坚持马列主义、毛泽东思想。"[1]这就在根本上肯定和继承了以毛泽东为代表的中国共产党人对中国社会主义建设的探索经验和理论认识。面对当时的中国社会,邓小平说,"现在全国人口有九亿多,其中百分之八十是农民。人多有好的一面,也有不利的一面。在生产还不够发展的条件下,吃饭、教育和就业就都成为严重的问题。我们要大力加强计划生育工作,但是即使若干年后人口不再增加,人口多的问题在一段时间内也仍然存在。我们地大物博,这是我们的优越条件。但有很多资源还没有勘探清楚,没有开采和使用,所以还不是现实的生产资料。土地面积广大,但是耕地很少。耕地少,人口多特别是农民多,这种情况不是很容易改变的。这就成为中国现代化建设必须考虑的特点。"[2]

邓小平认为,中国搞社会主义建设,还必须实施一场"绿色革

---

[1] 邓小平.邓小平文选:第二卷[M].北京:人民出版社,1994:164-165.
[2] 邓小平.邓小平文选:第二卷[M].北京:人民出版社,1994:164.

命"。邓小平明确提出,"'绿色革命'要坚持一百年,二百年。中国也一样,对我们来说,最难解决的不是工业,而是农业。难处是人口多,控制人口生育工作做得不好。到本世纪末,恐怕十二亿人口打不住,这对中国的发展是一个大的障碍。"①邓小平所讲的"绿色革命",既是认为中国的社会主义建设要重视农业发展,同时也是要求正确处理好人口、资源、环境与社会发展的基本关系,要正确处理自然资源利用与经济社会发展的基本关系,尤其是要保护好生态环境,以便更好地进行社会主义建设。邓小平特别强调,"植树造林,绿化祖国,是建设社会主义,造福子孙后代的伟大事业,要坚持二十年,坚持一百年,坚持一千年,要一代一代永远干下去。"②邓小平的这一思想,不仅继承、坚持和发展了以毛泽东为主要代表的中国共产党人"绿化祖国"的美好愿望,也充分体现了一代又一代中国共产党人对中华民族子孙后代的责任担当,同时也体现了以邓小平为主要代表的中国共产党人对社会主义建设和人类社会历史发展规律的深刻认识和更加全面的理性把握,这为中国共产党团结带领中国人民建设更加美好的中国特色社会主义,走绿色发展道路,提供了更加丰富的思想基础。

随着中国改革开放的深入,以江泽民为主要代表的中国共产党人,不仅更加意识到生态环境保护对于中国特色社会主义建设的重大意义,更是将生态环境保护视为关系到全人类健康发展的重要事业。江泽民指出,环境保护"十分重要,关系到人类千秋万代的生存与发展……把中国的环境保护工作做好,本身就是对于世界的一大贡献。"③江泽民对环境保护的这一认识,意味着中国共产党人对生态环境保护的意识,已经提高到了全人类的健康发展上,已经把中国社会主义建设中的生态环境保护与人类社会历

---

① 中共中央文献研究室.邓小平年谱(1975—1997):下[M].北京:中央文献出版社,2004:1271.
② 中共中央文献研究室.邓小平年谱(1975—1997):下[M].北京:中央文献出版社,2004:895.
③ 国家环境保护总局,中共中央文献研究室.新时期环境保护重要文献选编[M].北京:中央文献出版社,2001:148.

史发展规律联系起来。江泽民认为,"破坏资源环境就是破坏生产力,保护资源环境就是保护生产力,改善资源环境就是发展生产力。"因此,搞好中国特色社会主义建设,必须保护好生态环境。否则,中国特色社会主义建设就不可持续,人类社会历史的发展就不可持续。江泽民认为,"在现代化建设中,必须把实现可持续发展作为一个重大战略。要把控制人口、节约资源、保护环境放到重要位置,使人口增长与社会生产力发展相适应,使经济建设与资源、环境相协调,实现良性循环。"①

正是在这种背景下,中国人民的环境保护意识得到了空前提高,可持续发展逐渐成为中国特色社会主义理论体系中的重要内容。江泽民指出,"在社会主义现代化建设中,必须把贯彻实施可持续发展战略始终作为一件大事来抓。可持续发展的思想最早源于环境保护,现在已成为世界许多国家指导经济社会发展的总体战略。经济发展,必须与人口、资源、环境统筹考虑,不仅要安排好当前的发展,还要为子孙后代着想,为未来的发展创造更好的条件,决不能走浪费资源和先污染后治理的路子,更不能吃祖宗饭、断子孙路。"②这就从中国特色社会主义建设的根本战略和实施方略上,肯定了中国实施可持续发展战略的重要意义,并为随后探寻更加绿色的发展道路,奠定了思想基础和工作思路。江泽民认为,"我们要坚持不懈地增强全党全民族的环境意识,实施可持续发展战略,加强对环境污染的治理,植树种草,搞好水土保持,防止荒漠化,改善生态环境,努力为中华民族的发展创造一个美好的环境。"③"人口、资源、环境工作要切实纳入依法治理的轨道。这是依法治国的重要方面。"④

进入 21 世纪以来,人民群众对生态环境的需求迅速提高,转

---

① 江泽民.江泽民文选:第一卷[M].北京:人民出版社,2006:463.
② 江泽民.江泽民文选:第一卷[M].北京:人民出版社,2006:532.
③ 江泽民.江泽民文选:第二卷[M].北京:人民出版社,2006:95-296.
④ 江泽民.江泽民文选:第三卷[M].北京:人民出版社,2006:468.

变经济增长方式,走出一条全面、协调和可持续的发展道路,逐渐提上中国特色社会主义建设的日程。为此,以胡锦涛为主要代表的中国共产党人,团结带领中国人民,立足中国特色社会主义初级阶段基本国情,总结中国发展实践,借鉴国外发展经验,面向中国发展实际,提出了科学发展观这一重大战略思想。胡锦涛指出,"我们提出树立和落实科学发展观,就是要以实现人的全面发展为目标,让发展的成果惠及全体人民;就是要以经济建设为中心,实现经济发展和社会全面进步;就是要统筹城乡发展、统筹区域发展、统筹经济社会发展、统筹人与自然和谐发展、统筹国内发展和对外开放,推进生产力和生产关系、经济基础和上层建筑相协调;就是要促进人与自然的和谐,走生产发展、生活富裕、生态良好的文明发展道路。"[①]胡锦涛强调,"彻底转变粗放型的经济增长方式,使经济增长建立在提高人口素质、高效利用资源、减少环境污染、注重质量效益的基础上。"[②]"要牢固树立人与自然相和谐的观念……保护自然就是保护人类,建设自然就是造福人类。要加倍爱护和保护自然,尊重自然规律。对自然界不能只讲索取不讲投入、只讲利用不讲建设。"[③]

随后召开的中国共产党第十七次全国代表大会,意味着中国人民对生态环境的认识提高到了新的高度。正是在这次会议上,胡锦涛在中国共产党的历史上首次提出"建设生态文明"这一重要任务,并将其列为全面建设小康社会奋斗目标的新要求予以表述。胡锦涛指出,"建设生态文明,基本形成节约能源资源和保护生态环境的产业结构、增长方式、消费模式。循环经济形成较大规模,可再生能源比重显著上升。主要污染物排放得到有效控制,生态

---

① 中共中央文献研究室.十六大以来重要文献选编:中[M].北京:中央文献出版社,2006:113-114.
② 中共中央文献研究室.十六大以来重要文献选编:中[M].北京:中央文献出版社,2006:816.
③ 中共中央文献研究室.十六大以来重要文献选编:上[M].北京:中央文献出版社,2005:853.

环境质量明显改善。生态文明观念在全社会牢固树立。"①回过头看,中国共产党第十七次全国代表大会报告对生态文明建设的认识可能还不尽全面,但"生态文明"这一概念的提出,无论是对于中国特色社会主义建设,还是对于全人类探索更加美好的可持续发展道路,开创新的人类文明形态,都是具有重要的里程碑意义的。这意味着,中国人民对人类文明形态,已经开始注入不同于以往以改造自然、征服自然为基本认知的西方现代化文明理念,并现实地通过中国特色社会主义建设实践,即将开启一种人与自然和谐共生的新人类文明形态。

经过几年的理论与实践,中国共产党第十八次全国代表大会,把生态文明建设纳入中国特色社会主义事业"五位一体"总体布局,首次把"美丽中国"作为生态文明建设的宏观目标,同时,审议通过《中国共产党章程(修正案)》,将"中国共产党领导人民建设社会主义生态文明"写入党章,作为中国共产党的行动纲领。中国共产党第十八次全国代表大会,除了将生态文明建设纳入中国特色社会主义建设"五位一体"总体布局,提升到中国特色社会主义建设战略高度来考虑外,更重要的是让人们对建设生态文明与发展社会主义的内在关系,有了更加全面、更加深刻的系统认识。中国共产党第十八次全国代表大会报告指出,"建设生态文明,是关系人民福祉、关乎民族未来的长远大计。面对资源约束趋紧、环境污染严重、生态系统退化的严峻形势,必须树立尊重自然、顺应自然、保护自然的生态文明理念,把生态文明建设放在突出地位,融入经济建设、政治建设、文化建设、社会建设各方面和全过程,努力建设美丽中国,实现中华民族永续发展。"正是在这种认识框架下,中国人民已经充分认识到生态文明建设,不仅关乎走什么样的道路,坚持什么样的制度等问题,更是关乎中国人民未来幸福生活和中华民族伟大复兴的问题,是中华民族实现永续发展的根本所在。这

---

① 中国共产党第十七次全国代表大会文件汇编[M].北京:人民出版社,2007:20.

就把生态文明建设提升到了前所未有的战略高度,为中国人民进一步探索和实现绿色发展,奠定了重要的思想基础。

三、习近平生态文明思想与绿色发展

习近平生态文明思想是习近平新时代中国特色社会主义思想的重要组成部分。中国共产党第十八次全国代表大会后,以习近平为主要代表的中国共产党人,坚持把马克思主义基本原理同中国具体实际相结合、同中华优秀传统文化相结合,坚持毛泽东思想、邓小平理论、"三个代表"重要思想、科学发展观,深刻总结并充分运用党成立以来的历史经验,从新的实际出发,创立了习近平新时代中国特色社会主义思想,①"从思想、法律、体制、组织、作风上全面发力,全方位、全地域、全过程加强生态环境保护,推动划定生态保护红线、环境质量底线、资源利用上线,开展一系列根本性、开创性、长远性工作"②,"以前所未有的力度抓生态文明建设,全党全国推动绿色发展的自觉性和主动性显著增强,美丽中国建设迈出重大步伐,我国生态环境保护发生历史性、转折性、全局性变化",③不仅在实践上开创了当代中国绿色发展的新境地,而且在思想理论上提出了"绿水青山就是金山银山"④,"环境就是民生,青山就是美丽,蓝天也是幸福"⑤,"我们要坚持节约资源和保护环境的基本国策,像保护眼睛一样保护生态环境,像对待生命一样对待生态环境,推动形成绿色发展方式和生活方式,协同推进人民富

---

① 中共中央关于党的百年奋斗重大成就和历史经验的决议[N].人民日报,2021-11-17(1).
② 中共中央关于党的百年奋斗重大成就和历史经验的决议[N].人民日报,2021-11-17(1).
③ 中共中央关于党的百年奋斗重大成就和历史经验的决议[N].人民日报,2021-11-17(1).
④ 中共中央文献研究室.习近平关于社会主义生态文明建设论述摘编[M].北京:中央文献出版社,2017:12.
⑤ 中共中央文献研究室.习近平关于社会主义生态文明建设论述摘编[M].北京:中央文献出版社,2017:8.

裕、国家强盛、中国美丽"①等著名论断,形成了习近平生态文明思想,为当代中国绿色发展的理论与实践,提供了根本思想遵循和行动指南。

"两山理论"是习近平对当代中国绿色发展理论与实践的重要思想贡献。所谓"两山理论",就是指习近平所讲的绿水青山、金山银山。习近平指出,"我们既要绿水青山,也要金山银山。宁要绿水青山,不要金山银山,而且绿水青山就是金山银山。我们绝不能以牺牲生态环境为代价换取经济的一时发展。"②这就指出了当代中国绿色发展的核心主张,并不是不要发展,也不是不要绿色,而是既要发展,也要绿色,是一种绿色与发展兼具的新发展道路。这条新的发展道路在思想认识上最大的"新",就在于看到了绿水青山与金山银山的内在辩证统一,看到了处理好绿水青山和金山银山关系的重大意义。习近平在参加十二届全国人大二次会议贵州代表团审议时的讲话中强调,"正确处理好生态环境保护和发展的关系,也就是我说的绿水青山和金山银山的关系,是实现可持续发展的内在要求,也是我们推进现代化建设的重大原则。"③这就为中国共产党第十八次全国代表大会以来当代中国的绿色发展理论与实践提供了根本指引。

随着时代的发展,人类社会的历史演变日益加速,中国究竟走向何方,以何种方式实现中华民族伟大复兴等等,令世界瞩目。2018年,习近平在出席推进"一带一路"建设工作5周年座谈会上强调,"当今世界正处于大发展大变革大调整时期,我们要具备战略眼光,树立全球视野,既要有风险忧患意识,又要有历史机遇意识,努力在这场百年未有之大变局中把握航向。"人类社会历史浩

---

① 中共中央文献研究室.习近平关于社会主义生态文明建设论述摘编[M].北京:中央文献出版社,2017:12.
② 中共中央文献研究室.习近平关于社会主义生态文明建设论述摘编[M].北京:中央文献出版社,2017:21.
③ 中共中央文献研究室.习近平关于社会主义生态文明建设论述摘编[M].北京:中央文献出版社,2017:22.

浩汤汤,跌宕起伏,但世界各国和各地区人民,对美好生活的追求没有变,对实现人与自然和谐共生的追求没有变,对实现人与社会自由而全面发展的追求没有变。因此,不同的国家和地区,可能在同一时期面临着不同的发展机遇和困难,可能会采取不同的治理策略和治理措施,但是,人类社会只有一个地球,地球是全人类赖以生存的唯一家园,是世界各国各地区人民共有的唯一家园。不同国家和地区的人们,只有携起手来共同面对人类社会发展中的生态环境问题,才会有助于实现全人类的可持续发展,也才会有一个更加美好的未来。习近平指出,"我们生活在同一个地球村,应该牢固树立命运共同体意识,顺应时代潮流,把握正确方向,坚持同舟共济,推动亚洲和世界发展不断迈上新台阶。"

如何实现绿色发展,不仅是某个国家和地区所面临的问题,更是全人类所需要去解决的重大问题。习近平指出,"人类只有一个地球,保护生态环境、推动可持续发展是各国的共同责任。当前,国际社会正积极落实2030年可持续发展议程,同时各国仍面临环境污染、气候变化、生物多样性减少等严峻挑战。建设全球生态文明,需要各国齐心协力,共同促进绿色、低碳、可持续发展。"习近平的论述,不仅是对当代世界所面临的生态环境问题的事实性揭示,更是对不同国家和地区所面临的不同生态环境问题本质的揭示。当代人类社会不同国家和地区的人们,交往日益频繁,人类活动加剧,不仅使得不同国家和地区人们的不同风俗习惯和历史文化得以广泛传播,而且使得人类社会赖以生存和发展的自然生态环境的改变速度、规模和程度日益加剧。这种加剧,不再像以往的生态环境问题一样仅仅影响某个地区、某个民族或者某个国家,而往往是影响到许多国家和地区人们的现有生产生活,而且影响到许多国家和地区人们的未来发展。因此,今天的生态环境问题,已经不再是地区治理、国家治理中的问题,而是一个全人类需要共同面对的全球治理问题。

实现绿色发展,首先就是要树立人与自然是命运共同体的基本思想认识。长期以来,人们已经习惯用主客二分的基本思维,去思考和处理人与自然的基本关系。在这种思维范式下,人与自然被人为地分割为"两个"主体,即人、自然。实际上,人本身就是自然界的人,它们二者本是"同根生",是处于同一个命运共同体中。最近些年,习近平反复强调,"人与自然是生命共同体。生态环境没有替代品,用之不觉,失之难存。'天地与我并生,而万物与我为一。''天不言而四时行,地不语而百物生。'当人类合理利用、友好保护自然时,自然的回报常常是慷慨的;当人类无序开发、粗暴掠夺自然时,自然的惩罚必然是无情的。人类对大自然的伤害最终会伤及人类自身,这是无法抗拒的规律。"面对中国特色社会主义建设,习近平特别寄语中国的省部级领导干部,"人因自然而生,人与自然是一种共生关系,对自然的伤害最终会伤及人类自身。只有尊重自然规律,才能有效防止在开发利用自然上走弯路。这个道理要铭记于心、落实于行。"这就为新时代的中国社会如何实现绿色发展,提供了根本的思想前提。

  实现绿色发展,不仅要在思想上认识到人与自然的辩证统一,还要在生产生活实践中辩证处理经济社会发展与生态环境保护的辩证关系,将人与自然是命运共同体的思想认识,转变为现实的生产生活实践行动。习近平指出,"我们要以自然之道,养万物之生,从保护自然中寻找发展机遇,实现生态环境保护和经济高质量发展双赢。"习近平的论述,不仅是对中华优秀传统文化"知行合一"思想的继承,更是对当代人类社会实现绿色发展所遭遇的诸多现实问题的客观揭示和方向指引。有学者认为,近年来,生态文明建设引起大家的广泛关注。在公众场合不仅没有人会反对讲生态文明,甚至大家在各种场合都会强调生态文明问题。表面上看来,加强生态文明建设已成为社会各界的共同话题,好像是在口头上最无争议的最大公约数。但各社会成员到底在这方面做了多少、投入了多少,则很难做完备的统计。不知不觉地把生态文明建设变成了一个比较虚空的话题。在这个意义上,习近平的论述,实际上正是抓住了当前人类社会实现绿色发展的根本痛点。

实现绿色发展的根本目的,是要创造更加美好的人类生活世界。20世纪后半个世纪以来,生态环境的保护,日益引起全世界人民的重视。这也使得生态环境的保护、绿色发展等相关议题,迅速成为人类社会政治生活领域的重要内容之一。在许多国家和地区,生态文明、绿色发展甚至被严重政治化,而在一定程度上遮蔽了人类探求绿色发展之路,其实进行生态文明建设的根本目的,在于实现人类社会的可持续发展,创造更加美好的人类社会生活。习近平指出,"人类可以利用自然、改造自然,但归根结底是自然的一部分,必须呵护自然,不能凌驾于自然之上。我们要解决好工业文明带来的矛盾,以人与自然和谐相处为目标,实现世界的可持续发展和人的全面发展。"在这个意义上,中国所要进行的社会主义现代化建设,所要实现的绿色发展道路,已经不再是西方现代化所强调的征服自然、改造自然的现代化,而是人与自然和谐相处的现代化。正是如此,习近平说,"人与自然是生命共同体,人类必须尊重自然、顺应自然、保护自然。我们要建设的现代化是人与自然和谐共生的现代化。"这就从根本上规定了中国绿色发展道路的基本内涵。

推进绿色发展,是一项系统工程。任何意义上的发展,实际上都包含着多重要素,都体现着多个层面的发展。人类所赖以生存和发展的生态环境,是地球生物圈中自然地生成和延续下来的,而文明则是要超越自然。人类文明的发生,就是人和社会作为一种文明形态,从自然界中超拔出来的过程,是对社会人的塑造过程。文明是在发展中的文明,这就意味着,无论是讲生态文明,还是讲绿色发展,都包含着对人类赖以生存和发展的自然界各要素的历史性重构。在这种背景下,任何生态文明建设、任何绿色发展,都不可能是某一方面或者某一个层面的发展,必然是一项系统工程,需要以系统的视角、方法处理相关问题。正是如此,习近平强调,"要用系统论的思想方法看问题,生态系统是一个有机生命躯体,应该统筹治水和治山、治水和治林、治水和治田、治山和治林等。"这就为当代中国的绿色发展,指出了基本方法和治理方略。

因此,中国共产党第十八次全国代表大会以来,中国共产党团结带领中国人民在中国特色社会主义建设实践中还认识到,实现绿色发展,不仅要坚持绿色发展理念,还需要坚持创新、协调、开放、共享的发展理念。习近平在关于《中共中央关于制定国民经济和社会发展第十三个五年规划的建议》的说明中指出:发展理念是发展行动的先导,是管全局、管根本、管方向、管长远的东西,是发展思路、发展方向、发展着力点的集中体现。"坚持创新发展、协调发展、绿色发展、开放发展、共享发展,是关系我国发展全局的一场深刻变革。这五大发展理念相互贯通、相互促进,是具有内在联系的集合体,要统一贯彻,不能顾此失彼,也不能相互替代。"①五大发展理念,既是中国共产党团结带领中国人民进行中国特色社会主义建设发展经验的深刻总结,是关系我国发展全局的一场深刻变革,更是中国共产党团结带领中国人民对人类经济社会发展规律认识的深化,更是中国共产党团结带领中国人民对发展理论的一次重大理论与实践创新。

---

① 中共中央文献研究室.习近平关于社会主义生态文明建设论述摘编[M].北京:中央文献出版社,2017:29.

第三章

中国绿色发展的立体治理

探索不同于既有西方现代化的绿色发展道路,并非易事,尤其是在仍处于社会主义初级阶段的中国社会,探索绿色发展道路,更是一项十分艰巨的系统工程。即使如此,面对人民对美好生活的向往,中国共产党还是坚持以马克思列宁主义、毛泽东思想、邓小平理论、"三个代表"重要思想、科学发展观、习近平新时代中国特色社会主义思想为指导,不断总结中国特色社会主义生态文明建设的历史经验,不断吸收全人类的优秀文明成果,大胆创新,将生态文明建设纳入"五位一体"总体布局,明确提出绿色发展理念,逐步形成了中国特色社会主义的绿色发展制度体系、科技支撑体系和多元共治的立体式治理结构。这既是中国人民探索绿色发展道路的重要历史成就,也是中国特色社会主义建设,继续开拓绿色发展道路新境界,创造人类文明新形态的重要历史基础。

第一节 中国绿色发展的战略构建

中国共产党第十八次全国代表大会以来,中国共产党团结带领中国人民将生态文明建设,提升到关乎人民幸福、民族未来的战略高度,提出五大发展理念,以创新、协调、绿色、开放、共享五大发展理念引领中国发展道路,力图走出一条全新的发展道路,这条道路既是高速的,又是绿色的;既要规模大,又要质量优;既要结构合理,又要功能齐备;既要节约能源,又要保护环境;既要独立自主,又要对外开放;既要全民共建,又要全民共享等等。总之,这条发展道路是一条全新的经济增长与社会生态各方面协调发展的道路。没有严格的制度建设,是无法实现这条道路的发展目标的。习近平指出,"保护生态环境必须依靠制度、依靠法治。只有实行最严格的制度、最严密的法治,才能为生态文明建设提供可靠保障。"[①]为此,中国共产党第十八次全国代表大会以来,中国共产党团结带领中国人民,不断强化中国特色社会主义建设的制度意识,不断创新中国特色社会主义的制度建设,大胆改革中国社会治理机构,完善和发展中国特色社会主义制度,推进国家治理体系和治理能力现代化,为中国社会快速实现绿色发展,提供了重要的制度保障。

一、中国绿色发展的制度意识

中国共产党在团结带领中国人民探索绿色发展道路中,十分重视相关制度的建设,具有强烈的制度意识。有学者就指出,"如果没有制度支持、制度安排,生态文明建设将异常艰难甚至会半途而废。"[②]在习近平看来,制度就是人们生产生活实践最基本的行为规范,制度就是红线。因此,不断完善和发展中国特色社会主义制度,通过各种制度来保护生态环境,实现绿色发展,是实现绿色发展的必然之举。习近平强调,"要精心研究和论证,究竟哪些要

---

① 中共中央文献研究室.习近平关于社会主义生态文明建设论述摘编[M].北京:中央文献出版社,2017:99.
② 杨志,王岩,刘铮,等.中国特色社会主义生态文明制度研究[M].北京:经济科学出版社,2014:29.

列入生态红线,如何从制度上保障生态红线,把良好生态系统尽可能保护起来。列入后全党全国就要一体遵行,决不能逾越。在生态环境保护问题上,就是要不能越雷池一步,否则就应该受到惩罚。"①习近平的论述,既阐明了生态文明制度建设的基本内容及其重要作用,也强调了中国特色社会主义制度,体现其价值和功能的关键在于"一体遵行"。这就为中国社会实现绿色发展,提供了最重要的建设方法和实现方式。为此,习近平明确指出,"有关部门在做好日常性建设投资和管理工作的同时,要拿出更多时间和精力去研究制度建设。"②

中国绿色发展的制度意识,呈现出的第一个特点是系统性。绿色发展涉及人们日常生产生活实践的各个层面,任何绿色发展制度,都需要充分考虑现实生产生活实践的实际情况,并从全局和系统的角度出发,进行顶层设计,制定出相应的政策。面对中国复杂的水资源环境,习近平就指出,"要系统考虑税收和价格手段,区分生产者和消费者、饮用水和污水、地表水和地下水、城市和乡村用水、工业和农业用水等,研究提出实施水资源税、原水水费、自来水费、污水处理费的一揽子方案,从实际出发,分层负责,分步实施。"③习近平的论述,既揭示了当代中国绿色发展制度设计,需要考虑的一般问题,即现实的状况,也需要考虑制度约束和激励对象的特殊性,即治理对象的实际情况。正是在这种系统思考下,最近十年,中国共产党团结带领中国人民,制定了一系列旨在实现绿色发展的制度,并使得这些制度日渐显现出系统性的实际功能。

中国绿色发展的制度意识,呈现出的第二个特点是长期性。马克思指出,"社会的经济结构,是有法律的和政治的上层建筑竖

---

① 中共中央文献研究室.习近平关于社会主义生态文明建设论述摘编[M].北京:中央文献出版社,2017:99.
② 中共中央文献研究室.习近平关于社会主义生态文明建设论述摘编[M].北京:中央文献出版社,2017:105.
③ 中共中央文献研究室.习近平关于社会主义生态文明建设论述摘编[M].北京:中央文献出版社,2017:106.

立其上并有一定的社会意识形式与之相适应的现实基础"①,"物质生活的生产方式制约着整个社会生活、政治生活和精神生活的过程"②。因此,任何社会制度都不可能一蹴而就,不可能一次制定就能管千年,它只能在实践中不断完善和发展。更何况生态环境的保护与改善本身就不是一朝一夕的事,而是需要久久为功,方显成效。为此,中国在制定保护生态环境、实现绿色发展的各项制度时,同样充分考虑了制度的时效性,体现出中国绿色发展的长远考虑。面对节能减排,以及保护生态环境的复杂性和长期性,习近平就指出,"要坚持不懈推进节能减排和保护生态环境,不仅要有立竿见影的措施,更要有可持续的制度安排。"③

中国绿色发展的制度意识,呈现出的第三个特点是针对性。任何制度如果不具有针对性,就难以起到对症下药的治理效果,也就失去了制定制度的基本初衷。在有些制度不够完善的特殊时期,往往因为领导更替、调离和退休等特殊情况,而出现无法追责的情况,最终导致部分领导干部生态环境保护意识不强,责任心欠缺等问题。针对这一问题,习近平指出,"要落实领导干部任期生态文明建设责任制,实行自然资源资产离任审计,认真贯彻依法依规、客观公正、科学认定、权责一致、终身追究的原则。要针对决策、执行、监管中的责任,明确各级领导干部责任追究情形。"④终身追责制,是现代政治运行中一项非常严格的追责制度,它能形成非常有效的威慑力,从而保障制度本身的有效贯彻和落实。在生态环境保护方面,实行终身追责制,不仅彰显了中国社会治理生态

---

① 中共中央马克思恩格斯列宁斯大林著作编译局. 马克思恩格斯全集:第二十三卷[M]. 北京:人民出版社,1972:99.
② 中共中央马克思恩格斯列宁斯大林著作编译局. 马克思恩格斯全集:第二十三卷[M]. 北京:人民出版社,1972:99.
③ 中共中央文献研究室. 习近平关于社会主义生态文明建设论述摘编[M]. 北京:中央文献出版社,2017:107.
④ 中共中央文献研究室. 习近平关于社会主义生态文明建设论述摘编[M]. 北京:中央文献出版社,2017:110-111.

环境问题的坚定决心,同时也体现出中国绿色发展制度所具有的针对性,即,这种终身追责制,在于有效解决人不在岗而无法追责的各种特殊情况。

中国绿色发展的制度意识,呈现出的第四个特点是法治化。法治,是现代人类文明的重要体现,同时更是现代治理的重要特征。中国著名学者俞可平认为,国家治理现代化有5个基本要素,即制度化、民主化、法治、治理效率和协调。在这其中,法治和民主又尤为重要,这是现代国家治理中最本质的要素。[1] 俞可平甚至认为,"国家治理现代化的基本依托,就是现代的国家法治体系。"[2]因此,在保护生态环境,实现绿色发展的制度构建中,不可能不要法治。习近平特别强调,"要深化生态文明体制改革,尽快把生态文明制度的'四梁八柱'建立起来,把生态文明建设纳入制度化、法治化轨道。"[3]"推动绿色发展,建设生态文明,重在建章立制,用最严格的制度、最严密的法治保护生态环境。"[4]"要完善法律体系,以法治理念、法治方式推动生态文明建设。"[5]这不仅体现出中国制定绿色发展制度,促进绿色发展的现代治理手段,同时也体现出中国在绿色发展制度上的法治化进步。

中国绿色发展的制度意识,呈现出的第五个特点是以人民为中心。保护生态环境,实现绿色发展的根本目的是什么,这是制定任何生态文明制度,实现绿色发展必须要回答的基本问题。对这一问题的回答,直接影响着我们制定什么样的制度,以及如何制定制度,等等。对此,习近平指出,"全党全社会要坚持绿色发展理

---

[1] 俞可平.论国家治理现代化[M].修订版.北京:社会科学文献出版社,2015:76.
[2] 俞可平.论国家治理现代化[M].修订版.北京:社会科学文献出版社,2015:76.
[3] 中共中央文献研究室.习近平关于社会主义生态文明建设论述摘编[M].北京:中央文献出版社,2017:109.
[4] 中共中央文献研究室.习近平关于社会主义生态文明建设论述摘编[M].北京:中央文献出版社,2017:110.
[5] 中共中央文献研究室.习近平关于社会主义生态文明建设论述摘编[M].北京:中央文献出版社,2017:110.

念,弘扬塞罕坝精神,持之以恒推进生态文明建设,一代接着一代干,驰而不息,久久为功,努力形成人与自然和谐发展新格局,把我们伟大的祖国建设得更加美丽,为子孙后代留下天更蓝、山更绿、水更清的优美环境。"① 这就指出了中国社会制定绿色发展制度,是为了子孙后代的可持续发展,是为了让这个世界变得更加美好。当代中国的绿色发展,不是为了资本利益,而是为了让人民生活变得更加美好这一根本目的。在这个意义上,当代中国的绿色发展制度,是为了人、服务于人的制度,而绝不是仅仅为了保护自然,而制定生态文明建设和绿色发展制度,更不是为资本利益,这就从根本上与那些为了保护资本利益的绿色发展制度区别开了。

二、中国绿色发展的制度建设

任何社会制度的确立、运行,都有其特殊的社会历史背景,都是人类社会历史的产物。当代中国的绿色发展制度,跟其他社会制度一样,经历了一个从无到有,从个别制度到制度体系,从一般制度到特定制度,等等,不断建立、健全、完善和发展的历史过程。尤其是最近十年以来,中国的生态文明、绿色发展制度建设,更是有了突飞猛进的发展。既完善了中国特色社会主义建设已有的生态环境保护等制度,又建立和强化了最严格的生态环境问题追责制度,等等;既健全和完善了水资源等特殊自然资源的保护和利用等制度,又创新和完善了生态资源调查、生态资源价值评估、生态资源代际补偿等具有全局性的制度;既完善和发展了有关生态文明、绿色发展的组织管理等管理制度,又创新和完善了生态文明和绿色发展数据统计、纪检监察等监督制度。这些制度的建立、完善和发展,不仅体现了中国共产党团结带领中国人民,坚定不移贯彻

---

① 中共中央文献研究室.习近平关于社会主义生态文明建设论述摘编[M].北京:中央文献出版社,2017:123.

新发展理念,推进生态文明建设,实现绿色发展的战略决心,而且在实际行动上,为推进中国特色社会主义生态文明建设,实现绿色发展,建设美丽中国,提供了制度保障,为建设美丽世界贡献了中国力量。

从制度设计的意义上看,当代中国绿色发展制度建设的首要特点是,具有极强的战略意义。这种战略意义,既体现在将生态文明建设纳入中国特色社会主义建设"五位一体"的总体布局上,也体现在中国推进生态文明建设,促进绿色发展具体制度的设计上。习近平指出,"推进生态文明建设,必须全面贯彻落实党的十八大精神,以邓小平理论、'三个代表'重要思想、科学发展观为指导,树立尊重自然、顺应自然、保护自然的生态文明理念,坚持节约资源和保护环境的基本国策,坚持节约优先、保护优先、自然恢复为主的方针,把生态文明建设融入经济建设、政治建设、文化建设、社会建设各方面和全过程,着力树立生态观念、完善生态制度、维护生态安全、优化生态环境,形成节约资源和保护环境的空间格局、产业结构、生产方式、生活方式。"[①]"我们要建立健全资源生态环境管理制度,加快建立国土空间开发保护制度,强化水、大气、土壤等污染防治制度,建立反映市场供求和资源稀缺程度、体现生态价值、代际补偿的资源有偿使用制度和生态补偿制度,健全生态环境保护责任追究制度和环境损害赔偿制度,强化制度约束作用。"[②]习近平的这些论述,既阐明了当代中国建设生态文明,实现绿色发展应有的指导思想,也阐明了当代中国建设生态文明,实现绿色发展应有的制度布局。

从制度设计的原则上看,当代中国绿色发展的制度建设,日渐体现"全方位、全地域、全过程"的基本特点。生态问题本身具有极

---

① 中共中央文献研究室.习近平关于社会主义生态文明建设论述摘编[M].北京:中央文献出版社,2017:19.
② 中共中央文献研究室.习近平关于社会主义生态文明建设论述摘编[M].北京:中央文献出版社,2017:100.

强的复杂性,这种复杂性不仅体现在生态的自然构成上,更体现在生态问题的治理上,要在经济、政治、文化和社会建设等人们生产生活的各个方面、各个过程中,引导和规范人们的日常行为,促进绿色发展。因此,中国特色社会主义生态文明和绿色发展的制度建设,就必须遵循这种特点,构建"全方位、全地域、全过程"的绿色发展制度体系,实施绿色发展的"全方位、全地域、全过程"治理。习近平在山西考察工作时就特别指出,"坚持绿色发展是发展观的一场深刻革命。要从转变经济发展方式、环境污染综合治理、自然生态保护修复、资源节约集约利用、完善生态文明制度体系等方面采取超常举措,全方位、全地域、全过程开展生态环境保护。"[1]这就从根本上指出了中国特色社会主义开展生态文明建设,实现绿色发展的制度设计原则,即"全方位、全地域、全过程"。

从制度设计的内容上看,当代中国绿色发展的制度建设,日渐体现出全覆盖的基本特点。生态环境的保护,在其对象上既涉及大气、水资源、林业、土壤等自然资源的调查、利用等各个方面,也涉及人们自身的安全健康,等等。开展生态文明建设,促进绿色发展,就需要针对这些具体的治理对象和治理内容,进行有针对性的制度设计。习近平在全国卫生与健康大会上的讲话中就指出,"要按照绿色发展理念,实行最严格的生态环境保护制度,建立健全环境与健康监测、调查、风险评估制度,重点抓好空气、土壤、水污染的防治,加快推进国土绿化,治理和修复土壤特别是耕地污染,全面加强水源涵养和水质保护,综合整治大气污染特别是雾霾问题,全面整治工业污染源,切实解决影响人民群众健康的突出环境问题。"[2]这不仅从制度设计的基本内容上,体现了生态环境与人们身体健康的紧密关系,也从根本上强调了中国特色社会主义生态

---

[1] 中共中央文献研究室.习近平关于社会主义生态文明建设论述摘编[M].北京:中央文献出版社,2017:38-39.

[2] 中共中央文献研究室.习近平关于社会主义生态文明建设论述摘编[M].北京:中央文献出版社,2017:90-91.

文明建设,绿色发展的内容指向。

　　从制度设计的方法上看,当代中国绿色发展的制度建设,日渐突显出多种方法并用的特点。任何制度设计既不能十分完善,也不可能一蹴而就。开展生态文明建设,促进绿色发展,相关制度也必然需要因对象、条件等而异。习近平在中央财经领导小组第五次会议上的讲话中,针对空间用途管理的问题时指出,"要落实生态空间用途管制,继续严格实行耕地用途管制,并把这一制度扩大到林地、草地、河流、湖泊、湿地等所有生态空间。"①通过局部制度试点,将制度设计的实际经验,逐步推广到生态文明建设和绿色发展的各个方面,这是中国制度建设的重要优秀传统。习近平的讲话充分体现了对"从试点到推广"这一方法的继承和发展。在解决较为突出的大气污染防治等问题上,习近平强调我们要通过创新来不断发展制度设计,"要加强源头治理,加强生态环境保护,推进制度创新,努力从根本上扭转环境质量恶化趋势。"②在这里,创新不仅是一种制度设计的意识,更是一种完善和发展中国特色社会主义生态文明和绿色发展制度的重要思维方法。

　　当代中国绿色发展的制度建设,既是一个不断继承、发展和完善的历史过程,也是一个从局部到整体逐步演进的历史过程。正是在这个过程中,当代中国的生态文明建设和绿色发展体系变得更加严格,更加详尽,更加完善,从而使中国的生态文明建设和绿色发展成效日渐显现。这个过程,一方面是中国社会的不同个体、群体、整体的社会生产生活能力,不断成长、变化和发展的历史过程;另一方面,这个过程,也是中国人民不断利用制度建设来应对、调节和促进中国特色社会主义建设中生态与经济、生态与政治、生态与文化等各个方面和谐发展的历史过程。"没有制度约束的情

---

① 中共中央文献研究室.习近平关于社会主义生态文明建设论述摘编[M].北京:中央文献出版社,2017:104.
② 中共中央文献研究室.习近平关于社会主义生态文明建设论述摘编[M].北京:中央文献出版社,2017:86.

况下,人们的行动是随机的、偶然和任意的,他们可以依据同样的理由做不同的事,也可以依据不同的理由做同样的事"①。因此,构建更加系统完备的生态文明建设制度和绿色发展制度,始终是中国特色社会主义建设的内在要求和必然路径,同时也是中国共产党团结带领中国人民推进生态文明建设,实现绿色发展的必然方式和关键途径。当代中国绿色发展制度体系的完善和发展,也是中国特色社会主义具体制度,得到进一步完善和发展的重要标志。

三、中国绿色发展的法治保障

将绿色发展纳入法治化轨道,是当代中国保障生态文明和绿色发展制度正常运行的核心特征。绿色发展不同于一般意义上的绿色经济,也不能简单等同于可持续发展。它需要综合生态文明建设与经济社会发展的时代需求进行理论创新,需要综合运用马克思主义哲学、社会利益分析及行为模式变迁等理论,深刻把握当今社会人与自然关系的规律性与本质性内容,深入分析绿色发展对经济社会发展提出的新要求、新挑战,从而提炼出相应的法治基础理论。完善的法律法规是绿色经济发展的必要保障和先决条件。只有建立健全法律法规体系,有法可依,有章可循,才能引导、约束和规范政府、社会、企业和国民的日常生产生活行为,并将绿色发展纳入法治化、秩序化的轨道。改革开放以来,中国共产党团结带领中国人民,以《中华人民共和国宪法》为根本遵循,不断完善《中华人民共和国环境保护法》《中华人民共和国循环经济促进法》《中华人民共和国能源法》等各项法律制度。人们的生产生活实践法律意识不断提升,涉及土地、矿产资源、水资源利用等各个方面的法律法规日渐健全,涉及生态文明和绿色发展的各项制度运行

---

① 鲁鹏.制度与发展关系研究[M].北京:人民出版社,2002:127.

也日渐顺畅,这为当代中国绿色发展的制度运行奠定了良好的法治基础。

当代中国绿色发展的制度运行,首先是以《中华人民共和国宪法》为根本遵循。《中华人民共和国宪法》是中华人民共和国的根本大法,规定拥有最高法律效力。中华人民共和国成立后,曾于1954年9月20日、1975年1月17日、1978年3月5日和1982年12月4日共通过四部宪法,现行宪法为1982年宪法,并历经1988年、1993年、1999年、2004年、2018年五次修订。根据2018年第十三届全国人民代表大会第一次会议通过的修订后的《中华人民共和国宪法》规定,"中国各族人民将继续在中国共产党领导下,在马克思列宁主义、毛泽东思想、邓小平理论、'三个代表'重要思想、科学发展观、习近平新时代中国特色社会主义思想指引下,坚持人民民主专政,坚持社会主义道路,坚持改革开放,不断完善社会主义的各项制度,发展社会主义市场经济,发展社会主义民主,健全社会主义法治,贯彻新发展理念,自力更生,艰苦奋斗,逐步实现工业、农业、国防和科学技术的现代化,推动物质文明、政治文明、精神文明、社会文明、生态文明协调发展,把我国建设成为富强民主文明和谐美丽的社会主义现代化强国,实现中华民族伟大复兴。"同时,《中华人民共和国宪法》规定,由国务院"领导和管理经济工作和城乡建设、生态文明建设""国家保护和改善生活环境和生态环境,防治污染和其他公害。"这就从中华人民共和国的根本大法上,保障了生态文明和绿色发展制度的法治化运行。

在《中华人民共和国宪法》的指引下,中国共产党团结带领中国人民,不仅在国家层面不断建立、完善和发展了各项旨在推进生态文明建设和绿色发展的法律制度,切实保障当代中国绿色发展制度的有效运行,而且各地方也出台了相关法律法规,来确保当代中国绿色发展制度的有效运行。近年来,中国共产党团结带领中国人民,建立健全我国生态与环境保护方面的法律制度体系,不断完善各地方的法律规制,出台了旨在推进生态文明建设和绿色发展的各种工作细则,坚持节约资源和保护环境的基本国策,用最严格的制度、最严密的法治保护生态环境,加强自然资源和生态环境监管,推进环境保护督察,做到像保护眼睛一样保护生态环境,像对待生命一样对待生态环境。尤其是在面对地方生态环境保护和绿色发展中的各种具体问题上,各地方政府实事求是地针对生态文明和绿色发展制度运行中的各种现实障碍,不断从地方法律制度层面加以化解,从立法、执法、司法、守法四大环节的各个小环节层层击破,充分发挥出了中国特色社会主义生态文明建设和绿色发展的制度优势,为保障中国特色社会主义生态文明建设和绿色发展持续、有序、科学、高效地推进,走上生产发展、生活富裕、生态良好的绿色发展道路,提供了重要保障。

  当代中国绿色发展的制度运行,不仅有法治的保障,还有着十分重要的价值内化资源,保障着当代中国绿色发展的制度运行。在现当代国家治理中,他律与自律都有其独特的地位和功能,二者相辅相成,不可偏废。绿色发展的法治约束,凸显的是强制性、约束性、原则性和被动性,思想自觉彰显的是倡导性、鼓励性、互动性和主动性。法治约束以其权威性和强制性规范绿色生产消费行为,以令行禁止、立竿见影的方式实现其刚性作用。思想自觉以其自律性和主动性顺应绿色生产消费行为,以春风化雨、润物无声的方式实现其柔性效应。法治约束是思想自觉的支撑,思想自觉是法治约束的依托,它们如车之双轮、鸟之两翼共同推动绿色发展。在现代治理视域下,推进绿色发展,应把法治约束作为基本实现方式,同时积极引导公众的思想与行为自觉,努力做到儒法并用、刚柔并济。中国研究生态文明制度建设的学者杨志就认为,"生态文明的价值内化为国民共识,既要有强制性的外在制度安排,通过制度的群体、强制,以及规范性和稳定性,为内化提供制度保证,又要高度关注外在制度对内在制度的引领和导向作用。"①为此,习近平在中国共产党第十八届中央政治局第六次集体学习时的讲话中特别强调,"要加强生态文明宣传教育,增强全民节约意识、环保意识、生态意识,营造爱护生态环境的良好风气。"②这就为当代中国保障当代中国绿色发展制度的有效运行,顺利推进中国特色社会主义生态文明建设,实现绿色发展,提供了基础性的内在根本保证。

当代中国绿色发展的制度运行,还力图通过各种生态伦理等方面的教育,提升全国人民的生态环境保护意识,自觉遵守各项旨在推进中国特色社会主义生态文明建设和绿色发展的制度,保障当代中国绿色发展制度的有效运行。在日常生产生活实践中,我们"既不能过分强调外在制度,并以外在制度取代内在制度,又不能片面夸大内在制度的作用而忽视或延缓外在制度的建设"③,而是需要内外兼修,让人们自觉尊重自然,按自然规律办事,实现绿色发展。这样,关于生态文明和绿色发展的宣传教育就必不可少。为此,习近平在十八届中央政治局第四十一次集体学习时的讲话中特别强调,"要加强生态文明宣传教育,把珍惜生态、保护资源、爱护环境等内容纳入国民教育和培训体系,纳入群众性精神文明创建活动,在全社会牢固树立生态文明理念,形成全社会共同参与的良好风尚。"④正是这种生态教育,逐渐培养出人们正确的生态观和价值观,培养了人们自觉保护生态环境,实现绿色发展的内在动力和行动自觉,从而使旨在推进生态文明建设和绿色发展的各

---

① 杨志,王岩,刘铮,等.中国特色社会主义生态文明制度研究[M].北京:经济科学出版社,2014:334.
② 中共中央文献研究室.习近平关于社会主义生态文明建设论述摘编[M].北京:中央文献出版社,2017:116.
③ 杨志,王岩,刘铮,等.中国特色社会主义生态文明制度研究[M].北京:经济科学出版社,2014:334.
④ 中共中央文献研究室.习近平关于社会主义生态文明建设论述摘编[M].北京:中央文献出版社,2017:122.

项制度得以顺利运行,并在各种生产生活实践行动中发挥出应有的实际作用。

第二节　中国绿色发展的科技支撑

通过科技创新,推进中国特色社会主义生态文明建设,实现绿色发展,是当代中国绿色发展的另一个重要特点。早在一百多年前,马克思就在《资本论》中指出,"化学工业提供了废物利用的最显著的例子。它不仅发现新的方法来利用本工业的废料,而且还利用其他工业的各种各样的废料,例如,把以前几乎毫无用处的煤焦油,变为苯胺染料,茜红染料(茜素),近来甚至把它变成药品。"[①]习近平在气候变化巴黎大会开幕式上的讲话中就指出,中国将"通过科技创新和体制机制创新,实施优化产业结构、构建低碳能源体系、发展绿色建筑和低碳交通、建立全国碳排放交易市场等一系列政策措施,形成人和自然和谐发展现代化建设新格局。"[②]为此,中国政府通过对涉及生态环境、绿色发展等方面的科技政策激励,通过一系列科技行动和科技创新活动,为推动当代中国的绿色发展形成了有力支撑。

一、中国绿色发展的科技激励

突破西方工业文明高能耗高污染的科学技术研发与应用,既是人类社会科技进步的重要表现,也是人类社会实现绿色发展的

[①] 中共中央马克思恩格斯列宁斯大林著作编译局. 马克思恩格斯全集:第二十五卷[M]. 北京:人民出版社,1974:118.
[②] 中共中央文献研究室. 习近平关于社会主义生态文明建设论述摘编[M]. 北京:中央文献出版社,2017:31.

重要路径。马克思认为,"一个工业部门生产方式的变革,必定引起其他部门生产方式的变革。"①不同科学技术的应用,不仅会改变不同社会生产的生产效率和生产形式,同时也会对生态环境产生不同的历史影响。同样,不同的科学技术激励体制机制,也会对生态环境产生不同的历史影响。因为不同的科学技术激励体制机制,会影响到人们对不同科学技术的研发、应用的基本态度和行动力等等。历史唯物主义认为,这种影响最终会改变人们现实的生产生活方式。马克思说,"随着新生产力的获得,人们改变自己的生产方式"②,从而使整个社会发生革命性的变革。因此,突破西方工业文明中高能耗高污染的科学技术应用,激励科学技术人才积极研发更加生态化、更加绿色化的科学技术,推进生态化、绿色化科学技术的研发与应用,就成为当代中国推进生态文明建设,实现绿色发展的重要路径。

长期研究中国发展问题的著名专家李佐军认为,"绿色发展的核心在于体现人与自然和谐共生,体现经济、社会和生态的协调发展。具体来说,绿色发展就是要减少二氧化碳排放,控制全球温室气体排放;增加森林覆盖率,构建绿色生态环境;集约节约利用资源,促进循环经济发展;开发绿色新能源,充分利用可再生能源;优化经济结构,促进产业转型升级;培育社会绿色发展能力,提升国家核心竞争力。"③这里所论述的实现绿色发展的哪一个方面,都离不开科学技术的生态化和绿色化,离不开各种形式的科学技术进步。正是如此,习近平在全国科技创新大会、中国科学院第十八次院士大会和中国工程院第十三次院士大会、中国科学技术协会第九次全国代表大会上特别强调,建设中国特色社会主义生态文

---

① 中共中央马克思恩格斯列宁斯大林著作编译局. 马克思恩格斯全集:第二十三卷[M]. 北京:人民出版社,1972:421.
② 中共中央马克思恩格斯列宁斯大林著作编译局. 马克思恩格斯全集:第四卷[M]. 北京:人民出版社,1958:144.
③ 李佐军. 中国绿色转型发展报告[M]. 北京:中共中央党校出版社,2012:1.

明,实现绿色发展,"不仅要从政策上加强管理和保护,而且要从全球变化、碳循环机理等方面加深认识,依靠科技创新破解绿色发展难题,形成人与自然和谐发展新格局。"①这就为通过科学技术的进步,推进中国特色社会主义生态文明,实现绿色发展,提供了根本遵循。

通过科学技术进步,推进中国特色社会主义生态文明,实现绿色发展,既是科学技术发展的历史必然,也是当代中国解决生态环境问题的逻辑必然。有学者就认为,工业文明赖以生存、发展和辉煌的基础是线性结构的科学范式与不可再生能源的高效利用,但是随着人类社会的不断发展,工业文明无法突破环境与资源的瓶颈,发展动力趋弱、发展代价增大成为工业文明的软肋,文明的发展走到了新的路口,转型的压力日趋增大。② 当代中国作为一个后发展中国家,要实现绿色发展,不仅需要通过科学技术的进步,推进社会生产力的迅速发展,更需要通过科学技术的进步,避免西方工业文明所带来的生态环境问题。这就意味着,当代中国的科学技术进步,需要生态化、绿色化,同时也意味着当代中国的生态文明建设和绿色发展,需要充分利用科学技术。因此,正确认识科学技术的进步,对推进当代中国特色社会主义生态文明建设,实现绿色发展的重大意义,并科学激励全体社会成员利用科学技术,推进当代中国特色社会主义生态文明建设,实现绿色发展,就成为历史的必然。

当代中国在推进中国特色社会主义生态文明建设,促进绿色发展中十分重视通过科技激励实现绿色发展。中国人民政治协商会议第十三届全国委员会副主席、时任科学技术部部长万钢,曾从四个方面介绍了当代中国通过科学技术激励绿色发展的基本情况。一是通过制定《国家中长期科学和技术发展规划纲要》《中国

---

① 中共中央文献研究室.习近平关于社会主义生态文明建设论述摘编[M].北京:中央文献出版社,2017:34.
② 郝栋.绿色发展的思想轨迹:从浅绿色到深绿色[M].北京:北京科学技术出版社,2013:105.

应对气候变化科技专项行动》《节能减排全民科技行动方案》《"十二五"国家应对气候变化科技发展专项规划》的编制等工作,为绿色发展的科技支撑提供依据。二是通过大力推进基础科学研究和新技术研发,激励科学技术工作者围绕新材料、新能源、新工艺等原始创新领域开展工作,推动绿色发展。三是通过支持高新技术和传统产业技术相结合的集成创新,促进各生产生活领域的节能减排,推进绿色发展。四是依靠科技培育和发展战略性新兴产业,激发经济内生增长,提供实现持续繁荣的源流,以此推进当代中国的绿色发展。[①] 万钢同时表示,中国政府将继续瞄准世界科学技术发展前沿,通过各种形式的重大基础研究项目、前沿技术研究项目的设立与发布,不断激励科学技术工作者,服务当代中国的绿色发展。

实施生态、绿色科学技术人才激励,也是当代中国通过科学技术进步,推进中国特色社会主义生态文明建设,实现绿色发展的重要途径。最近些年,中国政府还通过大力推进科学技术人才战略,以推动绿色产业来"招才引智",以推进自主创新事业来凝聚人才,实施创新人才推进计划和海外高层次人才引进计划,培养和凝聚高层次创新型创业型人才,增强中国的科学技术自主创新能力,促进当代中国的绿色科学技术进步,为企业等中国特色社会主义建设的各个领域提供智力支持。[②] 在已经发布的《国家中长期人才发展规划纲要(2010—2020年)》中,就明确将生态环境保护方面的专业人才,确定为国家将大力开发经济社会发展重点领域急需紧缺专门人才,在生态环境保护领域实施专业技术人才知识更新工程,依托高等学校、科研院所和大型企业现有施教机构,建设国家级继续教育基地。这些重要的科技努力,体现了中国政府大力

---

① 科学技术部社会发展科技司,中国21世纪议程管理中心.绿色发展与科技创新[M].北京:科学出版社,2011:5-6.
② 科学技术部社会发展科技司,中国21世纪议程管理中心.绿色发展与科技创新[M].北京:科学出版社,2011:6-7.

培养、激励科学技术人才,为推进中国特色社会主义生态文明建设,促进绿色发展,贡献智慧的重要举措,也体现了中国政府通过科学技术人才力量的强化,推进中国特色社会主义生态文明建设,实现绿色发展的长远考虑。

积极开展生态文明、绿色发展相关领域科学技术的国际合作,同样是当代中国通过科学技术进步,推进中国特色社会主义生态文明建设,实现绿色发展的重要组成部分。习近平在二十国集团领导人杭州峰会的讲话中指出,"实现可持续发展,要有新的全球视野。老路走不通,创新是出路。要积极运用全球变化综合观测、大数据等新手段,深化气候变化科学基础研究。要加快创新驱动,以低碳经济推动发展,转变传统生产和消费方式。要以关键技术突破支撑能源、交通、建筑等重点行业战略性减排。要增强脆弱领域适应能力,大力发展气候适应型经济。科技创新只有打破利益藩篱,才能有效服务全人类。"[1]为此,中国政府通过举办各种旨在推进全球不同国家和地区绿色发展的国际交流论坛,推出各种国际合作项目,积极倡导不同国家和地区的人们,打破国际壁垒,进行充分的国际交流和合作,携手面对全人类共同面临的生态环境问题,为建设人类命运共同体而贡献力量。

二、中国绿色发展的科技行动

行动,是当代中国绿色发展的又一个突出的亮点。中国古代先贤墨子曾在著名篇章《墨子·公孟》中讲道,"口言之,身必行之。"意思就是说,任何言语,如果不付诸行动,就失去了其思想和言语的基本意义。当代中国的绿色发展,不仅强调思想、理论的重要性,强调宣传教育等,更强调行动的重要性,强调通过各种科学

---

[1] 中共中央文献研究室.习近平关于社会主义生态文明建设论述摘编[M].北京:中央文献出版社,2017:141.

技术活动,推进中国特色社会主义生态文明建设,实现绿色发展。这种科学技术行动,既不是仅仅强调某一项行动,也不是仅仅强调某一方面的科学技术活动,而是已经形成了旨在推进中国特色社会主义生态文明建设,实现绿色发展的科学技术专业人员的行动(科学技术提升行动、科学技术创建行动、科学技术的专项行动、科学技术的全面行动等)规范,是具有整体性、系统性的生态化、绿色化科学技术活动体系。

当代中国绿色发展的科技行动,首先就强调了科学技术专业人员在科学技术活动中,应有的行动内容和行动担当。习近平在全国科技创新大会、中国科学院第十八次院士大会和中国工程院第十三次院士大会、中国科学技术协会第九次全国代表大会上特别强调,"绿色发展是生态文明建设的必然要求,代表了当今科技和产业变革方向,是最有前途的发展领域。人类发展活动必须尊重自然、顺应自然、保护自然,否则就会受到大自然的报复。这个规律谁也无法抗拒。要加深对自然规律的认识,自觉以对规律的认识指导行动。"①在这里,习近平不仅强调了科技工作人员在推进绿色发展中,应该发挥的认识自然规律的基本责任担当,同时还强调了科技工作人员应该与其他社会成员一道,将认识的自然规律自觉付诸日常行动的应有担当。

当代中国绿色发展的科技行动,首先强调科技活动的历史继承性和发展性,强调通过科学技术的"提升行动",推进中国特色社会主义生态文明建设,实现绿色发展。所谓"提升行动",实际上就是利用新兴绿色化、生态化的科技活动,推进绿色发展。中国政府在2021年发布的《中华人民共和国国民经济和社会发展第十四个五年规划和2035年远景目标纲要》中,就明确提出,"构建市场导向的绿色技术创新体系,实施绿色技术创新攻关行动,开展重点行

---

① 中共中央文献研究室.习近平关于社会主义生态文明建设论述摘编[M].北京:中央文献出版社,2017:34.

业和重点产品资源效率对标提升行动。"①任何国家和地区的科技活动都受到特定历史阶段的必然限制。如同农业文明造就了以家庭为单位的科技活动,工业文明造就了相对分离的社会化生产体系一样,绿色文明需要在以往科技活动方式的基础上,积极开发生态化、绿色化的科学技术产品,在生产生活实践中积极应用这些科学技术成果,提升科学技术活动的生态化和绿色化水平和效率。当代中国的绿色科技提升行动,既是强调既有科技活动基础的继承性,同时更是强调通过更加生态化、绿色化的科技活动,提升整个社会的生态文明建设水平,提升绿色发展效率的重要作用。这就为当代中国通过科技活动,推进中国特色社会主义生态文明建设,实现绿色发展,指明了具体方向。

当代中国绿色发展的科技行动,还强调科技活动的历史丰富性和开创性,强调通过科学技术的"创建行动",推进中国特色社会主义生态文明建设,实现绿色发展。所谓"创建行动",实际上就是鼓励科技人员等各社会成员积极参与各种科技活动,并通过这种科技活动在人员构成、活动方式、活动内容等方面的丰富性,自觉创造新的科技活动样态,自觉利用生态化、绿色化科学技术,创建绿色生产生活新方式,从而推进绿色发展。中国政府在2021年发布的《中华人民共和国国民经济和社会发展第十四个五年规划和2035年远景目标纲要》中同样明确提出,"建立统一的绿色产品标准、认证、标识体系,完善节能家电、高效照明产品、节水器具推广机制。深入开展绿色生活创建行动。"②历史唯物主义认为,人民群众创造历史。毛泽东指出,"人民,只有人民,才是创造世界历史的动力。"③从根本上看,贯彻落实绿色发展理念,不仅是要落实到

---

① 中华人民共和国国民经济和社会发展第十四个五年规划和2035年远景目标纲要[EB/OL].[2021-03-13]. http://www.gov.cn/xinwen/2021-03/13/content_5592681.htm.
② 中华人民共和国国民经济和社会发展第十四个五年规划和2035年远景目标纲要[EB/OL].[2021-03-13]. http://www.gov.cn/xinwen/2021-03/13/content_5592681.htm.
③ 毛泽东.毛泽东选集:第三卷[M].北京:人民出版社,1991:1031.

行动上,更要落实到人民群众生产生活的方方面面,才能形成强大的、可持续的发展动力,产生实际效果。当代中国强调开展人民群众绿色生活创建行动,正是鼓励人民群众自觉将生态化、绿色化的科学技术,应用到日常生产生活之中,创造新的人民群众生产生活方式,从而推进中国特色社会主义生态文明建设,实现绿色发展。

当代中国绿色发展的科技行动,还特别强调科技活动中矛盾的一般性和特殊性,强调通过科学技术的"专项行动",推进中国特色社会主义生态文明建设,实现绿色发展。所谓"专项行动",实际上就是针对某些具有特殊性的具体科学技术发展目标、对象等,展开各项科学技术活动。为了深入贯彻落实习近平新时代中国特色社会主义思想和《国务院关于促进国家高新技术产业开发区高质量发展的若干意见》,中华人民共和国科学技术部就专门印发了《国家高新区绿色发展专项行动实施方案》,通过组织实施"国家高新区绿色发展专项行动",来引领中国社会科学技术活动的生态化、绿色化发展。该方案力图通过降低园区污染物产生量,降低园区化石能源消耗,构建绿色发展新模式,加强绿色技术研发攻关,构建绿色技术标准及服务体系,实施绿色制造试点示范,进一步优化产业结构、完善产业布局,建立绿色产业专业孵化与服务机构,举办绿色产业专业赛事,搭建绿色产业创新联盟,构建绿色产业发展促进长效机制,健全绿色产业金融体系等,深入践行绿色发展理念,巩固提升绿色发展优势,探索生态文明与科技创新、经济繁荣相协调相统一的可持续发展新路径,为引领我国经济、科技、社会、生态全面高质量发展作出新的贡献[1]。

当代中国绿色发展的科技行动,还强调科技活动的全面性和系统性,强调通过全面而系统的各个领域的具体科学技术活动,推进中国特色社会主义生态文明建设,实现绿色发展。面对水资源

---

[1] 科技部关于印发《国家高新区绿色发展专项行动实施方案》的通知[EB/OL].[2021-01-29]. http://www.gov.cn/zhengce/zhengceku/2021-02/02/content_5584347.htm.

问题,习近平在北京考察工作时强调,"要深入开展节水型城市建设,使节约用水成为每个单位、每个家庭、每个人的自觉行动。"①面对人民群众在社会生产生活实践中的能源利用问题,习近平强调,"推动能源消费革命,不仅要成为政府、产业部门、企业的自觉行动,而且要成为全社会的自觉行动。"②面对水资源和能源利用的普遍问题,习近平还为科学合理利用水资源和能源,指出了具体的措施。他说,"实行能源和水资源消耗、建设用地等总量和强度双控行动,就是一项硬措施。"③这些"自觉行动",不仅体现出中国政府通过科学技术教育等科学技术活动,提升全体社会成员的生态化、绿色化科学技术行动意识,推进中国特色社会主义生态文明建设和绿色发展,同时也体现出中国政府通过科学技术行动,推进中国特色社会主义生态文明建设和绿色发展的一个重要特征,即行动自觉。

三、中国绿色发展的科技创新

依靠科技创新,促进绿色发展,是世界上主要国家应对生态环境问题,探索绿色发展道路的重要选择。近年来,许多国家和地区都非常重视以新能源、新材料为代表的绿色低碳产业发展,大力推动生态化、绿色化的科学技术创新活动,推出各种绿色科技计划,加大绿色化科学技术创新活动的经费投入,以期在新一轮国际竞争中赢得先机。当代中国的绿色发展,同样非常强调通过科技创新和体制机制创新,促进中国的绿色发展。习近平在气候变化巴黎大会开幕式上特别向世界庄严宣告,中国将"落实创新、协调、绿

---

① 中共中央文献研究室.习近平关于社会主义生态文明建设论述摘编[M].北京:中央文献出版社,2017:116.
② 中共中央文献研究室.习近平关于社会主义生态文明建设论述摘编[M].北京:中央文献出版社,2017:117.
③ 中共中央文献研究室.习近平关于社会主义生态文明建设论述摘编[M].北京:中央文献出版社,2017:62.

色、开放、共享的发展理念,通过科技创新和体制机制创新,实施优化产业结构、构建低碳能源体系、发展绿色建筑和低碳交通、建立全国碳排放交易市场等一系列政策措施,形成人和自然和谐发展现代化建设新格局。"① 当代中国绿色发展中的科技创新,既强调其前沿性、突破性,也强调其全面性和系统性,既强调科技创新的基础性,也强调科技创新的应用性。

当代中国绿色发展中的科技创新,第一个方面是强调通过加快关键共性技术攻关突破,实现绿色转型发展。在人类社会的农业文明时代,科学技术条件相对落后。工业文明时期的科技创新,主要是以利用自然资源创造更多价值为追求。而绿色文明需要人们迅速转变以前的价值观,使之与生态文明、可持续的发展相适应。因此,绿色生态技术的研发与应用就显得格外重要。中华人民共和国工业和信息化部发布的《"十四五"工业绿色发展规划》明确提出,"针对基础元器件和零部件、基础工艺、关键基础材料等实施一批节能减碳研究项目。集中优势资源开展减碳零碳负碳技术、碳捕集利用与封存技术、零碳工业流程再造技术、复杂难用固废无害化利用技术、新型节能及新能源材料技术、高效储能材料技术等关键核心技术攻关,形成一批原创性科技成果。开展化石能源清洁高效利用技术、再生资源分质分级利用技术、高端智能装备再制造技术、高效节能环保装备技术等共性技术研发,强化绿色低碳技术供给。"②

当代中国绿色发展中的科技创新,第二个方面是强调通过加强产业基础研究和前沿技术布局,实现绿色转型发展。"基础科学的研究是科技创新的重要源流,基础科学的突破是人类科技进步

---

① 中共中央文献研究室.习近平关于社会主义生态文明建设论述摘编[M].北京:中央文献出版社,2017:31.
② 工业和信息化部关于印发《"十四五"工业绿色发展规划》的通知[EB/OL].[2021-11-15]. http://www.gov.cn/zhengce/zhengceku/2021-12/03/content_5655701.htm.

的重要标志。"①中国人民政治协商会议第十三届全国委员会副主席、时任科学技术部部长万钢表示,"近年来,国家重点基础研究发展计划、国家科技支撑计划等国家主体科技计划,安排了一批重大和重点项目,围绕新材料、新能源、新工艺等原始创新领域展开工作,以满足低碳技术、绿色经济的发展需求。"②这种重视并强调通过加强基础研究推动科技创新,促进绿色发展的基本思路,现在依然在延续。中华人民共和国工业和信息化部发布的《"十四五"工业绿色发展规划》明确提出,中国将"加强基础理论、基础方法、前沿颠覆性技术布局,推进碳中和、二氧化碳移除与低成本利用等前沿绿色低碳技术研究。开展智能光伏、钙钛矿太阳能电池、绿氢开发利用、一氧化碳发酵制酒精、二氧化碳负排放技术以及臭氧污染、持久性有机污染物、微塑料、游离态污染物等新型污染物治理技术装备基础研究,稳步推进团聚、微波除尘等技术集成创新。"③

当代中国绿色发展中的科技创新,第三个方面是强调通过加强先进适用技术的创新性应用,实现绿色转型发展。充分发挥科技创新对绿色发展的推动作用,关键在于适用技术的推广与应用。中华人民共和国工业和信息化部发布的《"十四五"工业绿色发展规划》明确提出,中国将"组织制定重大技术推广方案和供需对接指南。优化完善首台(套)重大技术装备、重点新材料首批次应用保险补偿机制,支持符合条件的绿色低碳技术装备、绿色材料应用。鼓励各地方、各行业探索绿色低碳技术推广新机制。"④这就从体制机制上,打通了从生态化、绿色化科学技术研究和发明上的

---

① 科学技术部社会发展科技司,中国21世纪议程管理中心.绿色发展与科技创新[M].北京:科学出版社,2011:5.
② 科学技术部社会发展科技司,中国21世纪议程管理中心.绿色发展与科技创新[M].北京:科学出版社,2011:5.
③ 工业和信息化部关于印发《"十四五"工业绿色发展规划》的通知[EB/OL].[2021-11-15]. http://www.gov.cn/zhengce/zhengceku/2021-12/03/content_5655701.htm.
④ 工业和信息化部关于印发《"十四五"工业绿色发展规划》的通知[EB/OL].[2021-11-15]. http://www.gov.cn/zhengce/zhengceku/2021-12/03/content_5655701.htm.

创新,到生态化、绿色化科学技术应用上的创新的基本通路,使能够推动绿色发展的各种适用性科学技术得到充分利用。习近平在第十八届中央政治局第四十一次集体学习时强调,我们要"下决心把推动发展的立足点转到提高质量和效益上来,把发展的基点放到创新上来,塑造更多依靠创新驱动、更多发挥先发优势的引领型发展。"①

当代中国还把科技创新,视为牵动中国发展全局的牛鼻子,力图通过各种科技创新活动,促进绿色发展。习近平在全国科技创新大会、中国科学院第十八次院士大会和中国工程院第十三次院士大会、中国科学技术协会第九次全国代表大会上强调,"生态文明发展面临日益严峻的环境污染,需要依靠更多更好的科技创新建设天蓝、地绿、水清的美丽中国;能源安全、粮食安全、网络安全、生态安全、生物安全、国防安全等风险压力不断增加,需要依靠更多更好的科技创新保障国家安全。"②因此,习近平指出,"科技创新是核心,抓住了科技创新就抓住了牵动我国发展全局的牛鼻子。"③这意味着,当代中国社会的绿色发展,并不是要回到田园牧歌式的农业社会,也不是只强调科学技术的进步,而是要把科学技术的创新与社会发展、国家建设和人民对美好生活的向往结合起来,而是要实现以人民为中心,以人与自然的和谐发展为准绳的绿色发展,是要通过科技创新,创造人类文明的新样态,创造不同于农业文明和工业文明的绿色文明。

此外,当代中国还力图构建包括新能源、新材料等在内的生态化、绿色化技术群,通过科学技术创新成果的市场化运行,推进中国特色社会主义生态文明建设,实现绿色发展。绿色科学技术创

---

① 中共中央文献研究室.习近平关于社会主义生态文明建设论述摘编[M].北京:中央文献出版社,2017:38.
② 中共中央文献研究室.习近平关于社会主义生态文明建设论述摘编[M].北京:中央文献出版社,2017:71-72.
③ 中共中央文献研究室.习近平关于社会主义生态文明建设论述摘编[M].北京:中央文献出版社,2017:72.

新的前提是，需要有一个与之相适应的社会生态环境，只有建构与之相适应的政府、市场、企业关系，才能实现绿色生态科学技术应用的顺利进行。中华人民共和国工业和信息化部发布的《"十四五"工业绿色发展规划》明确提出，"以市场为导向，鼓励绿色低碳技术研发，实施绿色技术创新攻关行动，在绿色低碳领域培育建设一批制造业创新中心、产业创新中心、工程研究中心、技术创新中心等创新平台，着力解决跨行业、跨领域关键共性技术问题。强化企业创新主体地位，支持企业整合科研院所、高校、产业园区等力量建立市场化运行的绿色技术创新联合体。加速科技成果转化，支持建立绿色技术创新项目孵化器、创新创业基地。加快绿色低碳技术工程化产业化突破，发挥大企业支撑引领作用，培育制造业绿色竞争新优势。支持创新型中小微企业成长为创新重要发源地。"①这些重要举措，就为生态化、绿色化的科学技术创新提供了优良的社会环境。

第三节　中国绿色发展的多元共治

通过全体社会成员的多元共治，推进中国特色社会主义生态文明建设，实现绿色发展，是当代中国绿色发展的又一基本方案。俞可平曾在其著作《论国家治理现代化》中认为，"善治的本质特征，就在于它是政府与公民对公共生活的合作管理，是政治国家与市民社会的一种新颖关系，是两者的最佳状态。"②当代中国如何在推进中国特色社会主义生态文明建设，实现绿色发展中体现善治，是当代中国治理面临的重大理论与现实问题。习近平在中国

---

① 工业和信息化部关于印发《"十四五"工业绿色发展规划》的通知[EB/OL].[2021-11-15]. http://www.gov.cn/zhengce/zhengceku/2021-12/03/content_5655701.htm.
② 俞可平.论国家治理现代化[M].修订版.北京：社会科学文献出版社，2015：28-29.

共产党第十八届中央政治局第四十一次集体学习时指出,"我们要充分认识形成绿色发展方式和生活方式的重要性、紧迫性、艰巨性,加快构建科学适度有序的国土空间布局体系、绿色循环低碳发展的产业体系、约束和激励并举的生态文明制度体系、政府企业公众共治的绿色行动体系,加快构建生态功能保障基线、环境质量安全底线、自然资源利用上线三大红线,全方位、全地域、全过程开展生态环境保护建设。"①这就从根本上为当代中国在推进中国特色社会主义生态文明建设,实现绿色发展中体现善治,提供了基本方案,即包括政府、企业以及社会公众在内的全体社会成员多元共治。

一、中国绿色发展的组织领导

实行全体社会成员的多元共治,不是说不要领导,不要组织,而恰恰是需要科学的组织和有效的领导。这是因为,生态环境治理,实现绿色发展,是一项系统工程,没有科学的组织和有效的领导,是难以完成对生态环境的治理的,自然也就难以实现绿色发展。习近平在第十八届中央政治局第四十一次集体学习时就特别强调,"实践证明,生态环境保护能否落到实处,关键在领导干部。"②他要求,"各级党委和政府要切实重视、加强领导,纪检监察机关、组织部门和政府有关监管部门要各尽其责、形成合力。一旦发现需要追责的情形,必须追责到底,决不能让制度规定成为没有牙齿的老虎。"③习近平的论述,既指出了生态环境治理的关键在于组织领导,也指出了生态环境治理,实现绿色发展中,对有关组

---

① 中共中央文献研究室.习近平关于社会主义生态文明建设论述摘编[M].北京:中央文献出版社,2017:37.
② 中共中央文献研究室.习近平关于社会主义生态文明建设论述摘编[M].北京:中央文献出版社,2017:110.
③ 中共中央文献研究室.习近平关于社会主义生态文明建设论述摘编[M].北京:中央文献出版社,2017:111.

织领导的基本工作要求,这就为当代中国推进中国特色社会主义生态文明建设,实现绿色发展,提供了根本的组织领导遵循,即实施有组织领导的多元共治,而不是没有组织领导的多元共治。

当代中国绿色发展的组织领导,首先是中国共产党的全面领导。中国共产党自成立以来,始终以为中国人民谋幸福,实现中华民族伟大复兴为初心使命,团结带领中国人民经过浴血奋战、百折不挠,创造了新民主主义革命的伟大成就,经过自力更生、发愤图强,创造了社会主义革命和建设的伟大成就,经过解放思想、锐意进取,创造了改革开放和社会主义现代化建设的伟大成就,经过自信自强、守正创新,统揽伟大斗争、伟大工程、伟大事业、伟大梦想,创造了新时代中国特色社会主义的伟大成就。面对中国特色社会主义建设的伟大成就,习近平指出,"中国特色社会主义有很多特点和特征,但最本质的特征是坚持中国共产党领导。"当代中国的绿色发展与世界上其他国家和地区的绿色发展既有共通性,也有特殊性。中国在开展中国特色社会主义生态文明建设,促进绿色发展中,既要充分借鉴世界上其他国家和地区开展生态环境治理,推进绿色发展的可借鉴和推广的一般经验,同时也要充分考虑当代中国的实际情况,坚持中国共产党对生态文明建设和绿色发展的全面领导,走出过度资本化等西方现代化中的资本逻辑,最大限度保障人民群众的根本利益。

在当代中国特色社会主义生态文明建设,实现绿色发展中,坚持中国共产党的全面领导,既是由当代中国特色社会主义建设的历史条件决定的,也是当代中国生态文明建设和绿色发展的必要之举,同时也是当代中国推进中国特色社会主义生态文明建设,实现绿色发展的根本特征。一个世纪前的现代中国相对落后,正是中国共产党团结带领中国人民浴血奋战,实现了民族解放和独立,并在占世界近四分之一人口的中国大地,确立了社会主义制度,团结带领中国人民从此站起来了、富起来了。如今,中国共产党正在团结带领中国人民逐渐强起来。历史证明,"办好中国的事情,关键在党。中国特色社会主义最本质的特征是中国共产党领导,中国特色社会主义制度的最大优势是中国共产党领导。坚持和完善党的领导,是党和国家的根本所在、命脉所在,是全国各族人民的利益所在、幸福所在。"① 因此,当代中国特色社会主义生态文明建设和绿色发展,不能没有中国共产党的全面领导。中国共产党对当代中国特色社会主义生态文明建设和绿色发展的全面领导,不仅保证了当代中国特色社会主义生态文明建设和绿色发展的社会主义本质属性,保证了当代中国特色社会主义生态文明建设和绿色发展的根本发展方向,而且从根本上保障了最广大中国人民的根本利益。

  当代中国绿色发展坚持中国共产党的全面领导,首先体现在中国共产党对最广大中国人民"绿色发展意志"的积极回应上,这是最广大中国人民"绿色发展意志"得到充分体现的重要路径。当代中国,一方面仍处于并将长期处于社会主义初级阶段,仍需要保持相对较高的经济社会发展速度,需要消耗大量天然能源等自然资源。另一方面,当代中国人民和世界上其他国家和地区的人民一样,期望天更蓝、地更绿、水更净,期望中国走出一条不同于西方现代化的绿色发展道路。在这种情况下,开展中国特色社会主义生态文明建设,促进绿色发展,不能没有强大的组织力量和领导核心。只有有了强大的组织力量和领导核心,才可能将中国人民这种"绿色发展意志"转变为国家政策,转变为现实的行为规范,指引全体社会成员走出一条绿色发展道路。早在中国共产党第十七次全国代表大会上,中国共产党就提出将生态文明建设作为国家发展的重要任务。中国共产党第十八次全国代表大会进一步将生态文明建设提升到国家发展战略高度,纳入中国特色社会主义建设"五位一体"的总体布局。中国共产党第十八次全国代表大会则将

---

① 习近平:中国共产党领导是中国特色社会主义最本质的特征[EB/OL].[2020-07-15]. http://www.gov.cn/xinwen/2020-07/15/content_5527053.htm.

"美丽"纳入新时代社会主义现代化建设的奋斗目标,明确提出"在本世纪中叶建成富强民主文明和谐美丽的社会主义现代化强国。"① 正是这样,中国人民的绿色发展意志得到了逐步体现。

当代中国绿色发展坚持中国共产党的全面领导,还体现在中国共产党团结带领中国人民,积极将最广大中国人民的"绿色发展意志",逐渐转变为国家发展意志,这是最广大中国人民"绿色发展意志"得到充分实现的重要保障。早在新世纪初,中国共产党就团结带领中国人民,将建设资源节约型和环境友好型社会写入《中华人民共和国国民经济和社会发展第十一个五年规划纲要》,后又在《中华人民共和国国民经济和社会发展第十二个五年规划纲要》中,单列篇章提出论述"绿色发展 建设资源节约型、环境友好型社会"②。《中华人民共和国国民经济和社会发展第十三个五年规划纲要》更是明确将绿色发展理念列入开篇的"指导思想、主要目标和发展理念"之中,将绿色发展理念渗透到国家建设的方方面面。中华人民共和国国务院发布的《中华人民共和国国民经济和社会发展第十四个五年规划和2035年远景目标纲要》,不仅再次强调坚定不移贯彻绿色发展理念,而且明确将"广泛形成绿色生产生活方式,碳排放达峰后稳中有降,生态环境根本好转,美丽中国建设目标基本实现"列为2035年的国家建设愿景③。这就从根本上使最广大中国人民的"绿色发展意志",现实地转变为国家意志。

中国共产党在当代中国绿色发展中,不仅充分发挥出其强大的领导核心作用,还体现出强大的组织力,这同样是最广大中国人民"绿色发展意志"得到充分实现的重要保障。中国共产党在团结

---

① 习近平:决胜全面建成小康社会 夺取新时代中国特色社会主义伟大胜利——在中国共产党第十九次全国代表大会上的报告[EB/OL].[2017-10-27]. http://www.gov.cn/zhuanti/2017-10/27/content_5234876.htm.
② 国民经济和社会发展第十二个五年规划纲要(全文)[EB/OL].[2011-03-16]. http://www.gov.cn/2011lh/content_1825838_7.htm.
③ 中华人民共和国国民经济和社会发展第十四个五年规划和2035年远景目标纲要[EB/OL].[2021-03-13]. http://www.gov.cn/xinwen/2021-03/13/content_5592681.htm.

带领中国人民,推进中国特色社会主义生态文明建设,促进绿色发展中,非常强调发挥中国共产党各级党组织的组织作用。习近平在全国卫生与健康大会上特别强调,"我们要继承和发扬爱国卫生运动优良传统,发挥群众工作的政治优势和组织优势,持续开展城乡环境卫生整洁行动,加大农村人居环境治理力度,建设健康、宜居、美丽家园。"[①]正是如此,中国共产党不仅是当代中国推进中国特色社会主义生态文明建设,实现绿色发展的领导核心,同时也是当代中国推进中国特色社会主义生态文明建设,实现绿色发展的重要组织保障。

二、中国绿色发展的社会动员

当代中国绿色发展的组织保障,除了坚持中国共产党的全面领导外,还特别强调通过多种形式、多种途径的社会动员,实现全体社会成员共同推进生态文明建设,实现绿色发展。所谓动员,一般是指因为特殊公共事件的出现,国家通过组织的力量,对人力、物力、财力和精神力量等进行调动,使之转化为切实的行动,实现治理目标。中国共产党在长期的历练中,已经练就较为强大的社会动员能力。哈佛燕京学社社长裴宜理就认为,"中国共产党和在现存的社会主义国家中执政的共产党,是通过经年累月、贯穿始终地对广大农民进行动员而取得革命成功的"[②]。甚至,有学者认为,"一部中国共产党的历史,就是中共进行成功的社会动员的历史"[③]。社会动员的出现,不仅是因为社会历史发展的多元化,更是因为现代社会公共事务本身的复杂性。中国特色社会主义生态

---

① 中共中央文献研究室.习近平关于社会主义生态文明建设论述摘编[M].北京:中央文献出版社,2017:91.
② 裴宜理.增长的痛楚:崛起的中国面临之挑战[J].国外理论动态,2014(12):73.
③ 李德成,郭常顺.近十年社会动员问题研究综述[J].华东理工大学学报(社会科学版),2011(6):46.

文明建设和绿色发展,没有切实的行动不行,没有全体社会成员的共同行动更不行。因此,推进中国特色社会主义生态文明建设,实现绿色发展,就不能不进行最为广泛和行之有效的社会动员。中国共产党在团结带领中国人民,推进中国特色社会主义生态文明建设和绿色发展中,也十分强调充分发挥组织的力量,积极开展社会动员,推进中国特色社会主义生态文明建设和绿色发展。

从社会动员的主体看,当代中国推进中国特色社会主义生态文明建设,促进绿色发展中,社会动员的主体主要是中国共产党,主要是由中国共产党动员全体社会成员,共同推进中国特色社会主义生态文明建设,促进绿色发展。所谓社会动员,"从狭义上讲,我们可将社会动员视作一种引导客体进行社会参与的手段,即政党、国家、政府等一系列政治集团为了达到一定的目的或完成一定的任务而借助于某些方式或手段对社会资源、人力和人的精神的动员和发动"[1]。当代中国,能够进行全体社会动员的主体主要是中国共产党,这不仅是历史选择的结果,更是由当代中国的基本国情所决定的。习近平在中国共产党第十八届中央纪律检查委员会第三次全体会议上就强调,"党是我们各项事业的领导核心,古人讲的'六合同风,九州共贯',在当代中国,没有党的领导,这个是做不到的。"[2]推进中国特色社会主义生态文明建设,促进绿色发展,同样不能没有中国共产党这个领导核心作为动员主体。这是因为,中国共产党在中国国家治理现代化的过程中,不仅发挥着重要的领导作用,同样发挥着重要的驱动力,发挥着不可比拟的动员力。当然,在当代中国绿色发展的各种具体实践中,也同样存在着其他主体,这主要体现为政府对社会组织、社区组织和领导对社区成员的社会动员,等等。但从整体上看,当代中国绿色发展的动员

---

[1] 李德成,郭常顺.近十年社会动员问题研究综述[J].华东理工大学学报(社会科学版),2011(6):48.
[2] 习近平:中国共产党领导是中国特色社会主义最本质的特征[EB/OL].[2020-07-15]. http://www.gov.cn/xinwen/2020-07/15/content_5527053.htm.

主体主要还是中国共产党。

从社会动员的对象看,中国共产党推进中国特色社会主义生态文明建设,促进绿色发展中,不仅强调对国内全体社会成员的动员,同时也非常强调对国际社会成员的动员。习近平在2015年参加首都义务植树活动时就指出,"要坚持全国动员、全民动手植树造林,努力把建设美丽中国化为人民自觉行动。"①次年,习近平在参加首都义务植树活动时再次强调,"义务植树是全民参与生态文明建设的一项重要活动。不仅要把全民义务植树抓好,生态文明建设各项工作都要抓好,动员全社会参与。"②此外,习近平还积极呼吁并支持动员全世界不同国家和地区,共同推进全世界的绿色发展,以此带动不同国家和地区相互促进,共同推进全球的绿色发展。习近平在二十国集团领导人杭州峰会上就明确表示,"中方支持潘基文秘书长今年九月在联合国举办高级别会议,动员更多国家交存《巴黎协定》批准文书,中方呼吁二十国集团成员继续发挥表率作用。"③这也意味着,当代中国的绿色发展视野,并不局限于某个国家和地区,而是希望全人类共同走出一条绿色发展道路。

从社会动员的方式看,中国共产党推进中国特色社会主义生态文明建设,促进绿色发展中,尤其注重从宣传教育方面,进行全体社会成员的绿色发展总动员。虽然当代中国特色社会主义生态文明建设和绿色发展的有关制度,已经较为完善。但是,任何社会制度都是历史的产物,都可能存在一定的实践滞后性。"不仅如此,尽管制度规定了提倡什么、禁止什么,但仍然不能保证所有人都能自觉执行制度,总有人超出制度规定,突破制度底线甚至突破道德底线,做出违法犯罪的事情。上述制度特性的弊端表明,不能

---

① 中共中央文献研究室.习近平关于社会主义生态文明建设论述摘编[M].北京:中央文献出版社,2017:119.
② 中共中央文献研究室.习近平关于社会主义生态文明建设论述摘编[M].北京:中央文献出版社,2017:120.
③ 中共中央文献研究室.习近平关于社会主义生态文明建设论述摘编[M].北京:中央文献出版社,2017:141.

过分夸大制度的作用,而应当在制度建设的同时,更加注重文化、道德建设"①,以此形成对全体社会成员无形的社会动员能力。习近平在第十八届中央政治局第六次集体学习时就特别指出,"要加强生态文明宣传教育,增强全民节约意识、环保意识、生态意识,营造爱护生态环境的良好风气。"②习近平在第十八届中央政治局第四十一次集体学习时再次强调,"要加强生态文明宣传教育,把珍惜生态、保护资源、爱护环境等内容纳入国民教育和培训体系,纳入群众性精神文明创建活动,在全社会牢固树立生态文明理念,形成全社会共同参与的良好风尚。"③这就通过宣传教育这种社会动员方式,有效弥补了各种生态文明和绿色发展制度,在引导全社会成员推进中国特色社会主义生态文明建设和促进绿色发展方面可能存在的不足。

从社会动员的目标看,中国共产党在推进中国特色社会主义生态文明建设,促进绿色发展中,所进行的社会动员,更强调将生态文明、绿色发展价值内化为公民行动的生态意识,从而构建更具持久性的生态文明和绿色发展社会动员力。习近平在海南考察时就指出,"经济发展不应是对资源和生态环境的竭泽而渔,生态环境保护也不应是舍弃经济发展的缘木求鱼,而是要坚持在发展中保护、在保护中发展,实现经济社会发展与人口、资源、环境相协调,不断提高资源利用水平,加快构建绿色生产体系,大力增强全社会节约意识、环保意识、生态意识。"④习近平还指出,"全民义务植树的一个重要意义,就是让大家都树立生态文明的意识,形成推

---

① 杨志,王岩,刘铮,等.中国特色社会主义生态文明制度研究[M].北京:经济科学出版社,2014:335.
② 中共中央文献研究室.习近平关于社会主义生态文明建设论述摘编[M].北京:中央文献出版社,2017:116.
③ 中共中央文献研究室.习近平关于社会主义生态文明建设论述摘编[M].北京:中央文献出版社,2017:122.
④ 中共中央文献研究室.习近平关于社会主义生态文明建设论述摘编[M].北京:中央文献出版社,2017:19.

动生态文明建设的共识和合力。"①这就从生态文明和绿色发展价值内化的路径,强化了中国特色社会主义生态文明建设和绿色发展的社会动员能力和持久效力。

三、中国绿色发展的多元协同

正是在中国共产党的团结带领下,进行广泛的社会动员,当代中国的绿色发展呈现出多元协同共治的基本局面。这里的"多元",既是中国共产党领导下推进中国特色社会主义生态文明建设,促进绿色发展中治理主体的多元,也是中国共产党领导下推进中国特色社会主义生态文明建设,促进绿色发展中治理途径、治理方式的多元。当代世界所面临的生态环境问题,从其引起原因看,既不是某个单一因素引起的,也不是某一方面因素引起的;从其发展过程看,既不是仅仅涉及某个单一主体,也不是仅仅涉及某一层面的主体;从其结果或者后果看,往往既不是只影响某个主体或者某个地区,也不是仅仅只是影响某个层面。越来越多的研究者认为,"环境问题具有鲜明的广泛性、动态性、复杂性等特征,单纯依靠政府机制、市场机制抑或是社会机制去解决环境问题难免失之偏颇,无法有效实现供需平衡,全球生态环境的恶化与生态危机的蔓延充分证实了这一点。"②因此,开展生态环境治理,推进中国特色社会主义生态文明建设,促进绿色发展,实现生态文明和绿色发展方面的善治,就必须开展多元协同治理。

从多元协同的基本目标看,中国共产党在推进中国特色社会主义生态文明建设,促进绿色发展中的多元协同,是要实现全体社会成员生态文明建设和绿色发展成果的共治共享。当代中国绿色

---

① 中共中央文献研究室.习近平关于社会主义生态文明建设论述摘编[M].北京:中央文献出版社,2017:121.
② 詹国彬,陈健鹏.走向环境治理的多元共治模式:现实挑战与路径选择[J].政治学研究,2020(2):65-66.

发展的多元协同,是中国共产党领导下的多元协同。这就从基本政治制度和组织保障上,保证了当代中国推进中国特色社会主义生态文明建设,实现绿色发展的全民共享。中国共产党从诞生之日起,就是中国各族人民利益的忠实代表,就把全心全意为人民服务,当作自己的唯一宗旨。由中国共产党团结带领中国人民推进中国特色社会主义生态文明建设,实现绿色发展,从根本政治制度和组织保障上,保证了当代中国推进中国特色社会主义生态文明建设和绿色发展中的多元协同,既不是为了某个利益阶级或者某个利益集团的多元协同,也不是为了某个社会特殊群体或者特殊组织的多元协同,而是为了中国最广大人民根本利益的多元协同。这种多元协同的目标,不是为了满足某个特殊阶层、利益集团或者某个特殊社会组织等社会成员的利益需求,而是要满足最广大中国人民的根本利益,满足人的自由而全面发展这一根本目标,是要实现多元协同共治成果的全体社会成员,甚至是全人类的成果共享。

从多元协同的主体维度看,中国共产党在推进中国特色社会主义生态文明建设,促进绿色发展中的多元协同,不仅包括了中国共产党、各级政府,还包括了市场中的企业、社会组织等主体。现代公共事务治理之所以复杂,从参与社会行为的主体看,主要是因为参与社会行为的主体结构已经非常复杂,各主体间的关系并不是离散、稳定的,而恰恰是处于各种情形的动态变化中。有学者就认为,现代公共事务的治理不仅仅限于工具和技术层面,它更是一种调动资源、协调行为和解决集体行动问题的战略。[1] 因此,推进中国特色社会主义生态文明建设,促进绿色发展,就需要构建政府、企业和社会公众共同参与的多元协同治理格局。习近平在第十八届中央政治局第四十一次集体学习时就强调,"我们要充分认识形成绿色发展方式和生活方式的重要性、紧迫性、艰巨性,加快

---

[1] 李慧凤.制度结构、行为主体与基层政府治理[J].南京社会科学,2014(2):96.

构建科学适度有序的国土空间布局体系、绿色循环低碳发展的产业体系、约束和激励并举的生态文明制度体系、政府企业公众共治的绿色行动体系,加快构建生态功能保障基线、环境质量安全底线、自然资源利用上线三大红线,全方位、全地域、全过程开展生态环境保护建设。"①这正是对当代生态环境多元协同治理的有力回应。

从多元协同的空间维度看,中国共产党在推进中国特色社会主义生态文明建设,促进绿色发展中的多元协同,是要实现全体社会成员,甚至是世界上不同国家和地区的人民的多元协同。习近平在北京市考察工作结束时指出,生态环境治理"要坚持标本兼治和专项整治并重、常态治理和应急减排协调、本地治污和区域协作相互促进原则,多策并举,多地联动,全社会共同行动,聚焦燃煤、机动车、工业、扬尘四大重点领域,集中实施压减燃煤、控车减油、治污减排、清洁降尘措施。"②此外,面对气候变化等全球性生态环境问题,习近平提出,要发挥好巴黎协议的凝聚作用,鼓励全世界不同国家和地区的人民,共同应对全球性生态环境问题。习近平指出,"协议应该在制度安排上促使各国同舟共济、共同努力。除各国政府,还应该调动企业、非政府组织等全社会资源参与国际合作进程,提高公众意识,形成合力。"③在这里,习近平不仅为应对中国境内的生态环境问题指出了治理方略,同时还为治理气候变化等全球性生态环境问题,提供了建设性意见,体现出多元协同应有的人类命运共同体这一重要深意。

从多元协同的时间维度看,中国共产党在推进中国特色社会主义生态文明建设,促进绿色发展中的多元协同,是要实现不同社

---

① 中共中央文献研究室.习近平关于社会主义生态文明建设论述摘编[M].北京:中央文献出版社,2017:37.
② 中共中央文献研究室.习近平关于社会主义生态文明建设论述摘编[M].北京:中央文献出版社,2017:87.
③ 中共中央文献研究室.习近平关于社会主义生态文明建设论述摘编[M].北京:中央文献出版社,2017:134.

会成员代际的多元协同,形成保护生态环境,实现绿色发展的代代相传的可持续发展。生态文明建设和绿色发展是功在当代、利在千秋的伟大事业,它既不能一蹴而就,也不能这代干了,下一代停止,而是要有延续性,实现代代相传,永续发展,方显其效。因此,在推进中国特色社会主义生态文明建设,实现绿色发展的生产生活实践中,积极引导青少年积极参与到生态文明建设和绿色发展中,就显得尤为必要。习近平在对河北塞罕坝林场建设者事迹作出的指示中就指出,"全党全社会要坚持绿色发展理念,弘扬塞罕坝精神,持之以恒推进生态文明建设,一代接着一代干,驰而不息,久久为功,努力形成人与自然和谐发展新格局,把我们伟大的祖国建设得更加美丽,为子孙后代留下天更蓝、山更绿、水更清的优美环境。"[①]这就指出了当代中国推进中国特色社会主义生态文明建设,实现绿色发展,中国应有的时间意识和历史意识。

从本质上看,当代中国绿色发展的多元协同,体现出中国共产党团结带领中国人民,推进中国特色社会主义生态文明建设,实现绿色发展中非常强烈的现代系统治理意识和美美与共的优秀传统。习近平强调,"要用系统论的思想方法看问题,生态系统是一个有机生命躯体,应该统筹治水和治山、治水和治林、治水和治田、治山和治林等。"[②]"各级领导干部要身体力行,同时要创新义务植树尽责形式,让人民群众更好更方便地参与国土绿化,为人民群众提供更多优质生态产品,让人民群众共享生态文明建设成果。"[③]这就从根本上明确阐明了当代中国推进中国特色社会主义生态文明建设,实现绿色发展的多元协同的基本治理方略和最终归宿。

---

① 中共中央文献研究室.习近平关于社会主义生态文明建设论述摘编[M].北京:中央文献出版社,2017:123.
② 中共中央文献研究室.习近平关于社会主义生态文明建设论述摘编[M].北京:中央文献出版社,2017:56.
③ 中共中央文献研究室.习近平关于社会主义生态文明建设论述摘编[M].北京:中央文献出版社,2017:121.

第四章

中国绿色发展的绩效评估

  实现绿色发展,既不应该只是一种认识,也不应该只是一种宣言,更应该是一种实际行动和现实实践。正如习近平所说,"生态文明建设同每个人息息相关,每个人都应该做践行者、推动者。"[①]究竟构建什么样的绿色发展绩效评估理论和实践方案,科学测量和评估绿色发展的历史和现状,有针对性地完善和发展绿色发展理论与实践,就成为当前实现绿色发展的关键所在。近年来,以华中科技大学国家治理研究院院长欧阳康教授为首席专家的中国绿色 GDP 绩效评估研究课题组,以马克思主义理论为指导,通过哲学思辨,在对国内外已经出现的 GDP 核算、绿色 GDP 核算、GEP 核算等进行充分比较的基础上,面向既要绿色又要发展这一"善治"目标,构建三级指标体系,采集国家统计局、国家发展和改革委员会等权威部门公开发布的统计数据,利用自主研发的绿色发展大数据分析平台,在国内外首次实现同时采用 GDP、人均 GDP、绿色 GDP、人均绿色 GDP 和绿色发展绩效指数,对湖北省 17 个地市州和中国大陆 31 个省市自治区展开了以绿色 GDP 为核心的治理绩效综合评估,发布了国内外首个由高校智库公开发布的地方

[①] 中共中央文献研究室.习近平关于社会主义生态文明建设论述摘编[M].北京:中央文献出版社,2017:122.

性、全国性绿色 GDP 绩效评估报告,为我们完善和发展绿色发展的理论与实践,提供了有益参照。

第一节 中国绿色发展的全国评估[①]

当代中国的绿色发展情况究竟如何,对这一问题的回答,不仅是推进中国特色社会主义生态文明建设,实现绿色发展,必须要回答的基本问题,也是完善和发展中国绿色发展治理体制机制,推进国家治理体系和治理能力现代化,完善和发展当代中国绿色发展道路的重要前提。近些年,来自不同领域的研究团队通过不同研究视角、研究路径、研究方法,构建出了多种绿色发展情况的评估方案,既有年度性中国绿色发展指数报告、中国省域生态文明建设评价报告等,也有涉及世界上不同国家的人类绿色发展报告等,还有各种有关绿色发展的分类研究报告,这些研究报告从不同侧面展示了当代中国推进中国特色社会主义生态文明建设,实现绿色发展所取得的重要历史成就,既为当代中国继续推进中国特色社会主义生态文明建设,实现绿色发展提供了重要的科学基础,又为世界上不同国家和地区共同应对全球性生态环境挑战,推进全球不同国家和地区的绿色发展提供了重要借鉴。与既有许多有关中国绿色发展的绩效评估不同的是,以华中科技大学国家治理研究院院长欧阳康教授为首席专家的中国绿色 GDP 绩效评估研究课题组,力图在继承和发展 GDP 这个具有共识性的经济社会评价指标的基础上,优化方案,创新性开展 GDP、人均 GDP、绿色 GDP、人均绿色 GDP 和绿色发展绩效指数"五维指标"的综合评估。

[①] 本节内容,主要根据华中科技大学国家治理研究院中国绿色 GDP 绩效评估研究课题组系列研究成果撰写,感谢对该课题研究提出各种意见、建议等支持的各位专家、学者和相关机构。

一、中国绿色发展的全国测算

以华中科技大学国家治理研究院院长欧阳康教授为首席专家的中国绿色 GDP 绩效评估研究课题组,所开展的中国绿色 GDP 绩效评估研究,是在马克思主义理论、管理学、政治学等跨学科视野下,借鉴环境经济学、生态学、统计学等多学科成果,坚持既要绿色又要发展的核心价值,通过有效区分、精准诊断、科学指引评估对象,服务地方和国家治理与政府决策的新探索。早在十多年前,习近平就指出:"我们已进入新的发展阶段……我们既要 GDP,又要绿色 GDP。"① 绿色 GDP 绩效评估,就是要通过统计和计算 GDP 增长中能源消耗、环境损耗、生态损耗等涉及生态环境和绿色发展方面的价值增量和减量,优化 GDP 指标的内涵指向。这种测算与评估,有助于我们在提高自然资源的利用效率、资源与生态环境保护、树立和引导科学的政绩观和发展观、促进社会的可持续发展、社会的和谐发展等方面,孕育多重新的政策含义和制度创新空间。因此,这种绿色 GDP 绩效评估,对于推进中国特色社会主义生态文明建设,实现绿色发展,建成富强民主文明和谐美丽的社会主义现代化强国具有重要的参考意义。

绿色 GDP 并非新鲜事物,而是人类社会历史发展的产物。美国著名经济学家萨缪尔森(Paul A. Samuelson)认为,GDP 和国民收入账户的其他指标虽然看起来不可思议,但它们的确是 20 世纪的伟大发明之一。GDP 这一指标在指引不同国家和地区的经济社会发展中,发挥了重要的历史作用。不同国家和地区在历史实践中,已经根据 GDP 构建了相对稳定的经济社会评价体系。但是,GDP 也有自身的缺陷。"现行的国内生产总值(GDP)核算没有计量经济过程对环境资源的利用,其计算过程中所扣除的中间

---

① 习近平.之江新语[M].杭州:浙江人民出版社,2007:37.

消耗仅限于以往生产过程生产出的产品,不包括自然环境提供的物质和服务。资本形成体现经济产品直接形成的积累,并不考虑自然环境资源存量的减少。这样的 GDP 核算只反映了经济活动的正面效应,而没有反映其负面效应的影响,容易过高地估计经济规模和经济增长,给人一个不全面的社会经济图像,因此是不完整的、有缺陷的。特别是对依赖于矿产资源、土地资源、水资源和森林资源来获得重要收入的发展中国家和地区来说,这些缺陷尤为突出。"[1]任何国家和地区想要即刻抛弃 GDP,既不现实,也是一种人类智慧和社会成本的极大浪费。也正是如此,世界上的许多研究者都没有放弃 GDP,而是修正和完善 GDP,使之成为绿色 GDP。

华中科技大学国家治理研究院,所开展的中国绿色 GDP 绩效评估研究,不是要替代 GDP,而是要继承和完善 GDP,塑构绿色 GDP。其研究意图在马克思主义理论、经济学、统计学、生态学、管理学、政治学等多学科视野下,建构基于绿色 GDP 的发展绩效评估理论模型,客观描述评估对象的绿色发展现状。它的目标主要在于,通过绿色 GDP 绩效评估,实现对不同评估对象绿色发展现状的有效区分和科学比较,帮助政府找到绿色发展的政策着力点和指挥棒,鼓励先进,促进后进,有效推进不同地区的绿色发展,并通过比较分析和科学诊断,帮助评估对象寻找最适合自身实际的绿色发展模式,为政府决策提供理论参考和现实依据。因此,华中科技大学国家治理研究院所开展的中国绿色 GDP 绩效评估研究,既不同于传统的绿色 GDP 核算,更不是要去替代绿色 GDP 核算、绿色发展绩效指数等相关研究,而是要探索绿色发展、绿色 GDP 研究的新思路、新范式,发展与推进绿色发展研究,并以这种研究为不同地区的绿色发展实践找到科学、可行的指导理论。

华中科技大学国家治理研究院所开展的中国绿色 GDP 绩效

---

[1] 王克强,赵凯,刘红梅.资源与环境经济学[M].上海:复旦大学出版社,2015:78.

评估研究,经过了艰苦的探索。2014年2月,华中科技大学积极回应中国共产党第十八届中央委员会第三次全体会议精神,在国内外率先成立了中国首家以"国家治理"命名的研究院,首任院长由当代中国著名学者、华中科技大学原党委副书记欧阳康教授担任。华中科技大学国家治理研究院在成立后,立即开始思考如何从根本上助力国家治理现代化,与各级地方政府一道探索绿色发展的新模式。2014年4月,欧阳康院长协同中国工程院院士潘垣等向党中央提出《根治华北雾霾的技术方案与综合治理建议》,获得习近平总书记、李克强总理等领导人的重要批示。2014年6月,欧阳康教授在华中科技大学国家治理研究院倡导以探索绿色GDP绩效评估为突破口助力绿色发展。随后,国内外一大批关注生态文明建设和绿色发展的优秀学者,以不同方式参与到该课题的研究中来。2016年5月,课题组发布了由高校智库公开发布的地方性绿色GDP绩效评估报告《中国绿色GDP绩效评估报告(2016年湖北卷)》,受到来自不同领域专家学者的关注和好评。一年之后,课题组又发布了由高校智库公开发布的全国性绿色GDP绩效评估报告《中国绿色GDP绩效评估报告(2017年全国卷)》,产生了一系列重要成果。

华中科技大学国家治理研究院中国绿色GDP绩效评估研究课题组,根据最为严格意义上的"绿色GDP"定义,结合中国相关统计学、能源学、生态学等学科的研究成果对能源的分类办法,以及中国社会长期形成的、可供采用的统计学实践数据,构建了以国内生产总值、常住人口数量等指标为基础的基础数据统计与评价指标体系,以及以能源消耗、环境损耗和生态损耗为基础的绿色GDP绩效评估所需的3个一级指标,以煤类能源消耗、燃气类能源消耗、燃油类能源消耗、废气类污染物排放、固体污染物排放等为基础的11个二级指标,以原煤、无烟煤、液态天然气、原油、生活污水排放等为基础的52个三级指标构成的统计与评价指标体系;构建了以煤炭开采和洗选业、食品制造业、纺织业、医药制造业、化学原料和化学制品制造业、汽车制造业等为基础的 GDP 增长中各种损耗的多个分行业统计与评价指标体系,然后对 GDP 增长中的各种损耗进行分行业的统计与评价,从而构建出不同于以往类似研究中的从上到下垂直的线性指标体系,提出了新的"二维矩阵型"指标体系,最终形成了可以直接使用的 10 个统计与评价数据采集表单,用于绿色 GDP、人均绿色 GDP、绿色发展绩效指数等的科学测算。

为了最大限度克服数据量大、类型繁杂、运算复杂所带来的人为因素干扰,客观呈现中国绿色 GDP 绩效评估结果,华中科技大学国家治理研究院中国绿色 GDP 绩效评估研究课题组,还专门开发了绿色发展科研平台,采用大数据前沿分析技术,开展研究。这一软件平台是华中科技大学国家治理研究院中国绿色 GDP 绩效评估研究课题组,严格根据绿色 GDP 概念内涵以及在该课题组提出的绿色 GDP 矩阵算法的基础上,产生的计算机程序化、实体化成果。该软件平台采用了目前最为流行的 Java 语言,结合最先进的 SQL 数据库技术,运用 28 个基础算法和若干个计算机程序运行所必需的程序算法,实现了除原始数据外,其他过程均由上十万条程序语句自动完成计算、无人干预的大数据跨平台处理。其结果的呈现,采用了既适合于专业人士深度分析,又适合于非专业人士快速理解其意义的柱形图、曲线图呈现方式,非常直观地展现了运算结果。该项研究能够使我们对不同评估对象的 GDP、人均 GDP、绿色 GDP、人均绿色 GDP、绿色发展绩效指数 5 个指标的实际值进行排名,并根据不同的数据结果分析其绿色发展现状、规律与趋势,从而,不仅能够为推进中国特色社会主义生态文明建设和绿色发展,提供最有效的绩效评估,还能为完善和发展中国特色社会主义制度,推进国家治理体系和治理能力的现代化,提供科学数据支撑和决策依据。

二、中国绿色发展的基本情况

多层面呈现中国大陆 31 个省市自治区的绿色 GDP 绩效,是客观反映中国绿色发展状况的重要方式。为此,华中科技大学国家治理研究院中国绿色 GDP 绩效评估研究课题组,从中国统计年鉴、各省市自治区的统计年鉴、中国价格统计年鉴等公开的五百多万个相关数据中,根据编制的绿色 GDP 绩效评估矩阵统计与评价体系,选取了本次计算所需要的 653325 个可采用的公开数据,用以开展中国大陆 31 个省市自治区的绿色 GDP 绩效评估。经过大量的数据处理,课题组得出了 2014 年至 2016 年中国大陆 31 个省市自治区的绿色 GDP、人均 GDP 和绿色发展绩效指数评估结果,完成了 2014 年至 2016 年中国大陆 31 个省市自治区的绿色发展绩效综合排名、2014 年至 2016 年中国大陆 31 个省市自治区的 GDP 绩效排名、2014 年至 2016 年中国大陆 31 个省市自治区的人均 GDP 绩效排名、2014 年至 2016 年中国大陆 31 个省市自治区的绿色 GDP 绩效排名、2014 年至 2016 年中国大陆 31 个省市自治区的人均绿色 GDP 绩效排名,以及 2014 年至 2016 年中国大陆 31 个省市自治区的绿色发展绩效指数年度变化曲线图,共计 38 个数据表,37 个数据分析图。本著限于篇幅,主要以反映 2016 年中国的绿色 GDP 绩效评估结果为重点,提供 2016 年中国大陆 31 个省市自治区的绿色发展绩效指数排名、2016 年中国大陆 31 个省市自治区的 GDP 排名、2016 年中国大陆 31 个省市自治区的人均 GDP 排名、2016 年中国大陆 31 个省市自治区的绿色 GDP 排名、2016 年中国大陆 31 个省市自治区的人均绿色 GDP 排名,以此管窥,简要揭示当代中国绿色发展的基本情况。

根据中华人民共和国国家统计局发布的公开数据,华中科技大学国家治理研究院中国绿色 GDP 绩效评估研究课题组,对中国大陆 31 个省市自治区的 GDP 进行了排名。数据显示,2016 年,中国大陆31个省市自治区的GDP排名依次为广东、江苏、山东、浙江、河南、四川、湖北、河北、湖南、福建、上海、北京、安徽、辽宁、陕西、内蒙古、江西、广西、天津、重庆、黑龙江、吉林、云南、山西、贵州、新疆、甘肃、海南、宁夏、青海、西藏。

根据中华人民共和国国家统计局发布的公开数据,华中科技大学国家治理研究院中国绿色GDP绩效评估研究课题组,对中国大陆31个省市自治区的人均GDP进行了排名。数据显示,2016年,中国大陆31个省市自治区的人均GDP排名依次为北京、上海、天津、江苏、广东、浙江、内蒙古、福建、山东、重庆、湖北、吉林、辽宁、陕西、宁夏、海南、青海、湖南、河北、安徽、黑龙江、江西、新疆、四川、河南、山西、西藏、贵州、广西、云南、甘肃。

根据数据测算,华中科技大学国家治理研究院中国绿色GDP绩效评估研究课题组,对中国大陆31个省市自治区的绿色GDP进行了排名。数据显示,2016年,中国大陆31个省市自治区的绿色GDP排名依次为广东、江苏、山东、浙江、河南、湖北、四川、河北、湖南、上海、福建、北京、安徽、辽宁、江西、陕西、天津、重庆、广西、内蒙古、黑龙江、吉林、云南、山西、贵州、新疆、甘肃、海南、宁夏、青海、西藏。

根据数据测算,华中科技大学国家治理研究院中国绿色GDP绩效评估研究课题组,对中国大陆31个省市自治区的人均绿色GDP进行了排名。数据显示,2016年,中国大陆31个省市自治区的人均绿色GDP排名依次为北京、上海、天津、江苏、广东、浙江、福建、内蒙古、山东、重庆、湖北、吉林、辽宁、陕西、海南、宁夏、河北、湖南、青海、安徽、江西、四川、黑龙江、新疆、河南、西藏、山西、贵州、广西、云南、甘肃。

根据数据测算,华中科技大学国家治理研究院中国绿色GDP绩效评估研究课题组,对中国大陆31个省市自治区的绿色发展绩效指数进行了排名。数据显示,2016年,中国大陆31个省市自治区的绿色发展绩效指数排名依次为上海、浙江、北京、重庆、江苏、广东、福建、海南、湖北、天津、西藏、山东、四川、江西、河北、安徽、广西、贵州、吉林、湖南、云南、河南、青海、陕西、宁夏、黑龙江、内蒙古、辽宁、山西、甘肃、新疆。

从绿色发展的均衡性看,《中国绿色 GDP 绩效评估报告（2018年全国卷）》认为,当代中国绿色发展中的江苏省、广东省、浙江省,都表现出非常强的发展优势。无论是考察绿色发展绩效指数、绿色 GDP、人均绿色 GDP,还是 GDP、人均 GDP,江苏省、广东省、浙江省在上述 5 个指标的评价中均排名前 10 位,且各省的各指标排名之间的差异都不超过 5 个位次。尤其是江苏省绿色发展绩效指数排名第 5 位、人均绿色 GDP 排名第 4 位、绿色 GDP 排名第 2 位、人均 GDP 排名第 4 位、GDP 排名第 2 位,5 个指标均排名前 5 位。这表明,当前的江苏省在绿色发展方面表现最为均衡,其次是广东省和浙江省。

从绿色发展的程度看,《中国绿色 GDP 绩效评估报告（2018年全国卷）》认为,当代中国绿色发展中的甘肃省、山西省、新疆维吾尔自治区还有很大提升空间。无论是考察绿色发展绩效指数、绿色 GDP、人均绿色 GDP,还是 GDP、人均 GDP,甘肃省、山西省、新疆维吾尔自治区在上述 5 个指标的评价中均排名后 10 位。尤其是甘肃省绿色发展绩效指数排名第 30 位、人均绿色 GDP 排名第 31 位、绿色 GDP 排名第 27 位、人均 GDP 排名第 31 位、GDP 排名第 27 位。新疆维吾尔自治区绿色发展绩效指数排名第 31 位、人均绿色 GDP 排名第 24 位、绿色 GDP 排名第 26 位、人均 GDP 排名第 23 位、GDP 排名第 26 位。

从绿色发展的极值表现看,《中国绿色 GDP 绩效评估报告（2018年全国卷）》认为,当代中国绿色发展中的甘肃省、新疆维吾尔自治区、西藏自治区均有指标出现低位运行。甘肃省人均绿色 GDP、人均 GDP 均排名第 31 位。西藏自治区绿色 GDP、GDP 均排名第 31 位。新疆维吾尔自治区的绿色发展绩效指数排名第 31 位。这在一定程度上说明,如果保持当前 GDP 相对稳定增速的情况下，甘肃省的绿色发展主要是缓解绿色GDP规模与人口增量之间的矛盾问题。而西藏自治区的绿色发展面临的最大问题还是"发展"。对新疆维吾尔自治区而言，则面临"发展"与"绿色"的双重压力。这一现象与本课题组对2015年中国大陆31个省市自治区开展的绩效评估结果较为一致。这表明，甘肃省、新疆维吾尔自治区、西藏自治区2014年、2015年、2016年在绿色发展方面的绩效尚未得到充分改观。

从绿色发展的人均指标看，《中国绿色GDP绩效评估报告（2018年全国卷）》认为，当代中国绿色发展中的北京市、上海市、天津市均表现优异。考察人均绿色GDP指标，排名前三位的分别是北京市、上海市、天津市。北京市2016年人均绿色GDP为111104.08元。上海市2016年人均绿色GDP为110731.85元。天津市2016年人均绿色GDP为105252.38元。这表明，北京市、上海市、天津市人均绿色发展效率较高。这一现象与本课题组对2015年中国大陆31个省市自治区开展的绩效评估结果较为一致。

从绿色发展的人均指标看，《中国绿色GDP绩效评估报告（2018年全国卷）》认为，当代中国绿色发展中的甘肃省、云南省、广西壮族自治区尚处于低位运行。考察人均绿色GDP指标，甘肃省、云南省、广西壮族自治区则分别排名最后三位。甘肃省2016年人均绿色GDP为23123.76元。云南省2016年人均绿色GDP为26441.19元。广西壮族自治区2016年人均绿色GDP为28872.96元。本课题组对2015年中国大陆31个省市自治区开展的绩效评估结果显示，贵州省2015年人均绿色GDP为25758.38元。本次评估结果显示，贵州省2016年的人均绿色GDP已经上升为29129.81元，位列中国大陆31个省市自治区人均绿色GDP排名第28位。这表明，甘肃省、云南省、广西壮族自治区在2016年的绿色发展效率相对偏低。人口增长与地区经济社会的绿色发展之间，仍还有很大的发展空间。在这方面，贵州省的情况已经略有改变。

三、中国绿色发展的基本小结

从华中科技大学国家治理研究院中国绿色 GDP 绩效评估研究课题组所进行的 GDP、人均 GDP、绿色 GDP、人均绿色 GDP、绿色发展绩效指数"五维测算"来看，当代中国的绿色发展已经取得显著成就。第一，中国的绿色 GDP 增长速度已经开始超越同期 GDP 增长速度。2016 年，绿色 GDP 经济总量平均增幅达到 7.58%，超越同期 GDP 总量增幅 0.08%。第二，中国的人均绿色 GDP 增长速度稳步增长，成绩喜人。2016 年，中国大陆 31 个省市自治区人均绿色 GDP 平均增幅已经达到 6.79%。第三，当代中国的绿色发展绩效指数稳步提升，各省市自治区均在努力实现绿色发展。2016 年中国大陆 31 个省市自治区的绿色发展绩效指数平均值已经达到 88.69（参考值为 100）。

当然，当代中国的绿色发展也还存在一些"短板"，亟待解决。第一，绿色发展的人均短板突出。GDP、绿色 GDP 增幅均高于同期人均 GDP、人均绿色 GDP 增幅。第二，绿色发展的不平衡问题明显。数据显示，2014 年至 2016 年，中国大陆 31 个省市自治区绿色发展绩效指数，排名在后 10 位的省市自治区主要分布在西北部、东北部。而中国大陆 31 个省市自治区绿色发展绩效指数排名在前 10 位的省市自治区，主要分布在东部沿海地区。第三，绿色发展指标出现不同程度的震荡。数据显示，2016 年，中国大陆 31 个省市自治区中绿色 GDP、人均绿色 GDP 增幅，超越其 GDP、人均 GDP 增幅的省市自治区数量有所减少。2016 年中国大陆 31 个省市自治区中，有 21 个省市自治区的绿色 GDP 增幅高于 GDP 增幅，相比 2015 年减少了 5 个省市自治区。

根据华中科技大学国家治理研究院中国绿色 GDP 绩效评估研究课题组跟踪测算，当前中国绿色发展正在呈现以下新形势、新挑战。第一，绿色化的中国新经济版图正在逐步形成。中国的绿色发展进程正在改变中国大陆31个省市自治区在全国经济总量中的地位，各级政府有必要密切关注不同省市自治区在全国经济社会版图中的结构性变化，大胆推进各省市自治区的功能、地位转变。第二，中国各省市自治区的经济发展机制进入新的调试期。中国大陆31个省市自治区具有非常不同的历史、客观条件，各级政府有必要密切关注不同省市自治区经济增长动力、机制的调试进程，以避免被迫"走回头路"。第三，中国绿色发展进程中的"东中西梯度分布现象"仍将持续一段时间。历史上形成的中国经济东中西梯度分布现象由来已久。各级政府有必要持续增加对西部地区实现绿色发展的支持力度，建议国务院组织专门力量研究并提出"新西部发展战略"。

本课题组认为，当前中国贯彻绿色发展理念，既需要各省市自治区从"小处着笔"，也需要相关政府机构大胆向前，"书写大手笔"；既需要有国内视野，也需要有国际视野；既需要各级党政机关科学决策，也需要各类智库等集体积极互动。在绿色发展的宏观治理方面，课题组认为，国家层面和各省市自治区急需从以下几个主要方面快速推进中国的绿色发展。

推进中国特色社会主义生态文明建设，实现绿色发展，需要继续强化全社会的绿色发展意识。实现绿色发展，是人类社会实现永续发展的必要条件，是人民对美好生活追求的重要体现。实现绿色发展，首要的就是要实现思想认识的转变，将绿色发展理念与绿色发展行动有机结合。只有深刻理解绿色发展的丰富内涵，在全局中准确把握绿色发展的具体要求，才能将绿色发展理念变成积极主动作为的前进动力，开创绿色发展新局面。"绿色"与"发展"不是彼此冲突的，而是内在统一的。因此，有关生态文明、绿色发展的宣传教育绝不能停歇，国家层面有必要组织全国各级党政领导干部，带头强化有关绿色发展的理论学习。各级地方领导需要认真领会绿色发展的基本要义和精神实质，切实处理好"绿色"

与"发展"的关系,让"绿色"与"发展"齐头并进,推进绿色生产方式、生活方式的深刻变革,以"绿色"引领发展,以"绿色"创新发展。

推进中国特色社会主义生态文明建设,实现绿色发展,需要深入推进绿色发展的领导决策改革。当代中国政治体制决定了领导干部对绿色发展的重视程度,是决定绿色发展水平的关键,什么时候重视了,提高了重视的程度,绿色发展问题就有了解决的可能性。如何让各级党委和政府切实重视、加强领导,纪检监察机关、组织部门和政府有关监管部门各尽其责、各司其职,对绿色发展齐抓共管?中国可能需要积极探索并尝试在部分省市自治区的党政领导干部政绩考核中,引入绿色 GDP 绩效考核机制,对全国各地的绿色发展情况,进行年度跟踪排名,用数据来说话。各级政府必须将环境污染控制在一定范围内,形成新的经济社会发展的"指挥棒"。如果有些地方条件不成熟,可以采取成熟一个实施一个的基本策略。有些理论问题不成熟,就积极研究实现方案,逐步推进,但切不可放松。

推进中国特色社会主义生态文明建设,实现绿色发展,需要积极创新绿色发展的治理机制。在推进绿色发展的过程中,中央政府与地方政府之间、中央政府的各个直属部委之间、各个地方政府之间,急需进一步理顺现有的体制机制关系,加强部门之间的协调和沟通,建立部门之间推进绿色发展的长效工作机制,进一步明确事权、明确职权,严格落实绿色发展责任制,将责任落实到具体部门,由专人负责,坚决不能出现"死角"、有些领域都在管、有些领域没人管的现象,更不能出现相互"踢皮球"的现象。各级政府需要将绿色发展置于国家治理体系和治理能力现代化的重要位置,精简政府机构,简化办事流程,提高行政效率,尤其是针对那些绿色技术、绿色企业等应广开"绿灯",提供政策支持,鼓励创新;应在涉及绿色发展的相关领域向地方政府赋权,提高地方政府的积极性和主动性,加强对地方政府施行绿色发展的监管力度,建立绿色发展的奖惩机制,激励先进,鼓励后进;进一步明确绿色发展管理主体和责任主体，做到事出能找到人、事出能追责、事出能溯源，积极推进全国的绿色发展。

此外，推进中国特色社会主义生态文明建设，实现绿色发展，还需要加强政府与智库机构的积极互动。不同层级政府决策机构还应积极完善与智库的良性互动机制，充分利用专家智慧，强化智库研究与国家治理的有效协作，共同推进绿色发展。一是要积极鼓励智库研究工作者，开展跨学科、跨组织、跨地域的绿色发展理论和实践研究，形成绿色发展理论和实践研究的集群，为国家、地方贯彻与落实绿色发展献计献策。二是要建立绿色发展决策支持数据库，强化对全国各地绿色发展状况的精准跟踪监测与大数据分析、评估，帮助各级政府采取有针对性的有效措施，实现绿色发展的精准治理。三是可以以华中科技大学国家治理研究院等相关专业智库机构为依托，积极开展绿色GDP绩效评估及其相关政策开发、应用研究，探索我国各地的绿色发展规律，完善我国促进绿色发展的治理体系。

习近平在第十八届中央政治局第四十一次集体学习时强调，"推动形成绿色发展方式和生活方式，是发展观的一场深刻革命。这就要坚持和贯彻新发展理念，正确处理经济发展和生态环境保护的关系，像保护眼睛一样保护生态环境，像对待生命一样对待生态环境，坚决摒弃损害甚至破坏生态环境的发展模式，坚决摒弃以牺牲生态环境换取一时一地经济增长的做法，让良好生态环境成为人民生活的增长点、成为经济社会持续健康发展的支撑点、成为展现我国良好形象的发力点，让中华大地天更蓝、山更绿、水更清、环境更优美。"[1]习近平的论述，既揭示了绿色发展的重大意义，同时也指明了当代中国绿色发展在思想认识、组织协调等方面的根本要求，这为当代中国继续推进中国特色社会主义生态文明建设，

---

[1] 中共中央文献研究室.习近平关于社会主义生态文明建设论述摘编[M].北京：中央文献出版社,2017:36-37.

实现绿色发展提供了根本遵循,需要第三方智库机构持续开展跟踪绩效评估研究,以期更好地推进当代中国的绿色发展。①

第二节 中国绿色发展的省域评估②

中国地域广阔,各省市自治区历史条件、资源禀赋各有不同。如何进一步深化中国绿色发展绩效评估,揭示中国不同省市自治区的实际情况,继续推进中国特色社会主义生态文明建设,加速当代中国的绿色发展,就成为当代中国在21世纪中叶建成富强民主文明和谐美丽的社会主义现代化强国必须积极面对的重大理论与现实问题。为此,华中科技大学国家治理研究院中国绿色GDP绩效评估研究课题组,面向习近平在第七十五届联合国大会一般性辩论上提出的"中国力争在2030年前达到峰值,努力争取2060年前实现碳中和"这一目标开展了"面向碳达峰碳中和目标的湖北绿色GDP绩效评估研究"。该项研究从省域治理的研究视角,延续和深化了中国绿色GDP绩效评估的相关研究,将研究拓展到中国生态文明建设和绿色发展更为具体的关键问题的治理上,为继续推进中国特色社会主义生态文明建设,实现绿色发展,提供了数据支撑和科学参照。

一、湖北绿色发展的省域测算

湖北省地处中华人民共和国的中部,简称鄂。东邻安徽,南界

---

① 需要更详尽的相关智库支持或政策建议者,可与华中科技大学国家治理研究院院长、中国绿色GDP绩效评估研究课题组组长欧阳康教授联系。
② 本节内容,主要根据华中科技大学国家治理研究院中国绿色GDP绩效评估研究课题组系列研究成果撰写,感谢对该课题研究提出各种意见、建议等支持的各位专家、学者和相关机构。

江西、湖南,西连重庆,西北与陕西接壤,北与河南毗邻。湖北省统计局公开发布的湖北统计年鉴显示,截至 2020 年底,湖北省的常住人口已经达到 5775.26 万人;土地面积 18.59 万平方千米;地区生产总值达 43443.46 亿元,占全国的 4.28%;2020 年第一产业完成增加值 4131.91 亿元,按不变价计算与上年持平;第二产业完成增加值 17023.90 亿元;第三产业完成增加值 22287.65 亿元,占全国的 4.02%;人均地区生产总值 74440 元,相当于全国的 103.39%;出口总额 390.61 亿美元,占全国的 1.51%;城镇居民人均可支配收入 36706 元,相当于全国的 83.74%;农村居民人均可支配收入 16306 元,相当于全国的 95.18%。湖北省经济社会发展产业结构复杂,对全国的经济社会发展具有重要影响。从长期看,湖北的未来发展不仅影响近六千万湖北百姓的生存和发展,更影响着中部崛起、长江经济带等重大国家战略布局、战略目标的实现。因此,课题组选取了湖北省作为试点省份,开展面向碳达峰碳中和目标的湖北绿色 GDP 绩效评估研究,以此进一步揭示当代中国绿色发展的基本情况。

在进行面向碳达峰碳中和目标的湖北绿色 GDP 绩效评估研究前,课题组梳理了湖北省已经制定的有关绿色发展目标。"十三五"时期,"湖北省面对异常严峻复杂的外部环境和艰巨繁重的改革发展稳定任务,在以习近平同志为核心的党中央坚强领导下,省委、省政府团结带领全省人民深入学习贯彻习近平新时代中国特色社会主义思想,坚决贯彻落实党中央、国务院决策部署,全省经济社会发展取得新的重大成就。"[1]"十四五"时期是湖北省"全面建成小康社会之后,乘势而上开启全面建设社会主义现代化新征程的第一个五年,也是谱写新时代湖北高质量发展新篇章的关键五年。进入新发展阶段,发展不平衡不充分仍然是我省最大的实

---

[1] 湖北省第十四个五年规划和二〇三五年远景目标纲要[EB/OL].[2021-04-12]. http://www.hubei.gov.cn/zwgk/hbyw/hbywqb/202104/t20210409_3461316_1.shtml.

际,抓发展仍然是第一要务,必须坚持以习近平新时代中国特色社会主义思想为指导,深入贯彻落实习近平总书记考察湖北、参加湖北代表团审议时的重要讲话精神,胸怀'两个大局',贯彻新发展理念,服务构建新发展格局,加快'建成支点、走在前列、谱写新篇'进程,以疫后重振和高质量发展的实际成效体现湖北担当、展现湖北作为。"①

《湖北省国民经济和社会发展第十四个五年规划和二〇三五年远景目标纲要》指出,"十四五"结束,湖北省的综合实力迈上新台阶,全省经济总量跨越6万亿元;改革开放赢得新优势,开放型经济突破性发展,跨区域合作深度拓展,大陆开放新高地基本形成;生态文明建设取得新成效。国土空间开发保护格局不断优化,"三江四屏千湖一平原"生态格局更加稳固,"水袋子""旱包子"问题有效解决。长江经济带生态保护和绿色发展取得显著成效,资源能源利用效率大幅提高,主要污染物减排成效明显,生态环境持续改善,生态文明制度体系更加健全,城乡人居环境明显改善。②到2035年,全省"将基本实现社会主义现代化"③"广泛形成绿色生产生活方式,生态环境根本好转,美丽湖北基本建成。"④

为实现美丽湖北的建设目标,《湖北省国民经济和社会发展第十四个五年规划和二〇三五年远景目标纲要》指出,湖北省必须"加快构建以产业生态化和生态产业化为主体的生态经济体系,全面提高资源利用效率,倡导简约适度、绿色低碳的生活方式,探索

---

① 湖北省第十四个五年规划和二〇三五年远景目标纲要[EB/OL].[2021-04-12]. http://www.hubei.gov.cn/zwgk/hbyw/hbywqb/202104/t20210409_3461316_1.shtml.
② 湖北省第十四个五年规划和二〇三五年远景目标纲要[EB/OL].[2021-04-12]. http://www.hubei.gov.cn/zwgk/hbyw/hbywqb/202104/t20210409_3461316_1.shtml.
③ 湖北省第十四个五年规划和二〇三五年远景目标纲要[EB/OL].[2021-04-12]. http://www.hubei.gov.cn/zwgk/hbyw/hbywqb/202104/t20210409_3461316_1.shtml.
④ 湖北省第十四个五年规划和二〇三五年远景目标纲要[EB/OL].[2021-04-12]. http://www.hubei.gov.cn/zwgk/hbyw/hbywqb/202104/t20210409_3461316_1.shtml.

协同推进生态优先和绿色发展的新路径。"①其中包括加快建立生态产品价值实现机制,推动资源节约绿色发展,加快形成绿色生活方式,推进钢铁、电力等行业低碳发展,开展碳达峰和碳中和路径研究,明确碳达峰时间表和路径图,支持有条件的地方提前达峰。实施近零碳排放区示范工程、"碳汇+"交易工程,推进碳惠荆楚工程建设,建成全国碳排放权注册登记系统,等等。

与此同时,湖北省已经开始多措并举,探索湖北省的低碳绿色发展模式。一是通过建设近零碳排放区示范工程,积极引导全省域的降能减排,推动美丽湖北建设。二是通过建设城镇、园区、社区、校园、商业5个领域近零碳排放区试点,打造低碳生产生活样板。三是通过完善和发展碳交易市场、交易体系,充分发挥市场的基础作用,推动湖北"双碳目标"的实现。湖北省生态环境厅公开发布的《湖北省近零碳排放区示范工程实施方案》指出,"近零碳排放区示范工程是指在一定区域范围内,通过能源、产业、建筑、交通、废弃物处理、生态等多领域技术措施的集成应用和管理机制的创新实践,实现该区域内碳排放快速降低并逐步趋近零的综合性示范工程。"②"到 2020 年底,选择若干有代表性的城镇、园区、社区、校园及商业场所,组织开展首批示范工程项目建设。到 2022年底,完成首批示范工程项目建设,推进近零碳排放技术创新研发与应用,组织对试点地区实施效果进行动态跟踪评价。研究制定全省碳普惠制实施方案,探索建立全省统一的碳普惠制推广平台。到 2025 年底,宣传推广全省近零碳排放区建设经验,在全社会各行业领域引领近零碳排放发展新风尚,形成中部地区、长江经济带乃至全国可复制、可推广的样板。"③这些重要举措,都反映出湖北

---

① 湖北省第十四个五年规划和二〇三五年远景目标纲要[EB/OL].[2021-04-12].http://www.hubei.gov.cn/zwgk/hbyw/hbywqb/202104/t20210409_3461316_1.shtml.
② 省生态环境厅关于印发湖北省近零碳排放区示范工程实施方案的通知[EB/OL].[2020-09-07].http://sthjt.hubei.gov.cn/fbjd/zc/zcwj/sthjt/tzgg/202009/t20200903_2885588.shtml.
③ 省生态环境厅关于印发湖北省近零碳排放区示范工程实施方案的通知[EB/OL].[2020-09-07].http://sthjt.hubei.gov.cn/fbjd/zc/zcwj/sthjt/tzgg/202009/t20200903_2885588.shtml.

省贯彻落实绿色发展理念,扎实推进生态文明建设,实现绿色发展的坚定决心。

为进一步探究湖北省绿色发展的实际情况,前瞻性分析湖北省绿色发展的可能走势,为进一步推进生态文明建设和绿色发展提供政策建议,课题组根据已经构建的绿色GDP绩效评估指标体系,经过查询历年中国大陆31个省市自治区公开发布的统计年鉴、环境状况公报、中国统计年鉴、中国价格统计年鉴、中国物价统计年鉴、中国能源统计年鉴、国家发展和改革委员会数据简报等公开数据,采集2008年至2017年湖北省公开发布的国内生产总值、常住人口数量等基础数据,以及公开发布的原煤、无烟煤、液态天然气、原油、生活污水排放等数据和以煤炭开采和洗选业、食品制造业、纺织业、医药制造业、化学原料和化学制品制造业、汽车制造业等为基础的GDP增长中各种损耗的45个分行业统计数据,利用已经建立的绿色发展大数据科研平台,开展了面向碳达峰碳中和目标的湖北绿色GDP绩效评估研究,重点探究了湖北省在不同统计年度的GDP、绿色GDP与能源消耗、环境变化和生态损耗之间可能具有的内在关联性,从碳排放等方面,揭示了湖北省的绿色发展状况,前瞻性阐释了湖北省到2025年可能的碳排放等绿色发展情况,从而为推进湖北省的生态文明建设,降低碳排放,实现绿色发展,提供了更加精准的科学数据和决策支持。

二、湖北绿色发展的省域情况

课题组的初步测算表明,湖北省经济社会发展中的绿色程度正在稳步提升,湖北省的绿色GDP总量增幅已经开始高于GDP总量增幅,人均绿色GDP增幅也开始高于人均GDP增幅,绿色发展绩效指数也在稳步提升。从经济总量来看,湖北省2017年的绿色GDP总量为32669.74亿元,居于中国大陆31个省市自治区绿色GDP总量排名的第7位;GDP总量为35478.09亿元,居于中国大陆31个省市自治区GDP总量排名的第7位。2014年,湖北省的GDP总量为27379.22亿元,排名第9位;绿色GDP总量为24619.27亿元,排名第8位。2014年至2017年,湖北省GDP总量的平均增幅为9.03%,绿色GDP总量的平均增幅为9.62%。湖北省的绿色GDP总量增幅高于GDP总量增幅0.59%。

从经济总量的人均值来看,湖北省2017年的人均绿色GDP已达55353.68元,居于中国大陆31个省市自治区人均绿色GDP排名的第10位;人均GDP值为60111.98元,居于中国大陆31个省市自治区人均GDP排名的第11位。2014年,湖北省的人均GDP值为47075.69元,排名第13位;人均绿色GDP值42330.24元,排名第13位。2014年至2017年,湖北省人均GDP的平均增幅为8.47%,人均绿色GDP的平均增幅为9.22%。湖北省的人均绿色GDP平均增幅高于人均GDP平均增幅0.75%。

华中科技大学国家治理研究院中国绿色GDP绩效评估研究课题组提出的绿色发展绩效指数,是评价某一地区绿色发展程度的重要指标,其基本算法为:绿色发展绩效指数＝绿色国内生产总值(GGDP)×100／国内生产总值(GDP)。根据已公开数据的初步测算,湖北省2017年的绿色发展绩效指数为92.08,居于中国大陆31个省市自治区绿色发展绩效指数排名的第7位。湖北省2014年至2017年连续四年的绿色发展绩效指数平均值为91.30。其中,2014年,湖北省的绿色发展绩效指数为89.92,排名第10位。2015年,湖北省的绿色发展绩效指数为91.19,排名第11位。2016年,湖北省的绿色发展绩效指数为92.02,排名第9位。2017年,湖北省的绿色发展绩效指数为92.08,排名第7位。

经进一步测算,湖北省经济社会发展中的绿色含量提升程度,已经开始超越全国绿色发展的增幅。本课题组将湖北省的GDP、人均GDP、绿色GDP、人均绿色GDP、绿色发展绩效指数与全国对应指标的平均值相比较,可发现,2014年至2017年,湖北省GDP的平均增幅为9.03%,比中国大陆31个省市自治区同期

GDP 的平均增幅 6.98%,高出 2.05%;人均 GDP 的平均增幅为 8.47%,比中国大陆 31 个省市自治区同期人均 GDP 的平均增幅 5.97%,高出 2.50%;绿色 GDP 的平均增幅为 9.62%,比中国大陆 31 个省市自治区同期绿色 GDP 的平均增幅 2.88%,高出 6.74%;人均绿色 GDP 的平均增幅为 9.22%,比中国大陆 31 个省市自治区同期人均绿色 GDP 的平均增幅 5.92%,高出 3.30%;绿色发展绩效指数平均增幅为 0.80%,与中国大陆 31 个省市自治区同期绿色发展绩效指数的平均增幅 0.82%,基本持平。

与此同时,本课题组根据湖北省已经公开可查可算的 GDP、人均 GDP、绿色 GDP、人均绿色 GDP、绿色发展绩效指数,初步测算得出,按湖北省现有条件和治理惯性,到 2025 年,湖北省的绿色 GDP 有可能达到 43.30 千亿元;人均绿色 GDP 有可能达到 7.26 万元;绿色发展绩效指数可能达到 95.32。按中国既有情况,到 2025 年,中国大陆 31 个省市自治区 GDP 总量有可能达到 105.49 万亿元;人均 GDP 有可能达到 7.21 万元;绿色 GDP 有可能达到 94.03 万亿元;人均绿色 GDP 有可能达到 6.61 万元;绿色发展绩效指数可能达到 91.45。到 2025 年,湖北省的 GDP 总量将占全国 GDP 总量的 4.37%;人均 GDP 超过全国人均 GDP 0.49 万元;绿色 GDP 总量将占全国绿色 GDP 总量的 4.60%;人均绿色 GDP 超过全国人均绿色 GDP 0.65 万元;绿色发展绩效指数超过全国平均值 3.87。

从 GDP 这个经济总量指标来看,回顾各统计部门已经公开发布的相关数据可知,2014 年,湖北省的 GDP 总量为 27379.22 亿元,占全国 GDP 总量的 4.00%;2015 年,湖北省的 GDP 总量为 29550.19 亿元,占全国 GDP 总量的 4.09%;2016 年,湖北省的 GDP 总量为 32297.91 亿元,占全国 GDP 总量的 4.16%;2017 年,湖北省的 GDP 总量为 35478.09 亿元,占全国 GDP 总量的 4.19%。由此可见,湖北省的 GDP 总量占全国 GDP 总量的比例虽然总体呈上升趋势,但与中部崛起、长江经济带中应有的湖北地位,与习近平总书记对湖北"建成支点、走在前列、谱写新篇"的政治嘱托相比,其经济总量在全国经济总量中占比之少表明,湖北省的经济增长还有很大的努力空间。

从人均 GDP 指标来看,2014 年,湖北省的人均 GDP 为 47075.69 元,低于全国人均 GDP 3326.25 元。2015 年,湖北省的人均 GDP 为 50500.20 元,低于全国人均 GDP 2262.19 元。2016 年,湖北省的人均 GDP 为 54881.75 元,低于全国人均 GDP 1719.37 元。2017 年,湖北省的人均 GDP 为 60111.98 元,首次高于全国人均 GDP 494.66 元。人均 GDP,是人们了解和把握一个国家或地区宏观经济运行状况的有效工具,常作为发展经济学中衡量经济发展状况的重要指标,也是表征人均经济发展水平最重要的宏观经济指标。根据本课题组的最新测算,到 2025 年,湖北省的人均 GDP 有可能超过全国人均水平 0.49 万元,这也意味着湖北省的社会公平和经济平等,将可能进一步得到更加有效的改善。

从绿色 GDP 这个绿色经济总量指标来看,2014 年,湖北省的绿色 GDP 总量为 24619.27 亿元,占全国绿色 GDP 总量的 3.95%;2015 年,湖北省的绿色 GDP 总量为 26947.07 亿元,占全国绿色 GDP 总量的 4.13%;2016 年,湖北省的绿色 GDP 总量为 29719.28 亿元,占全国绿色 GDP 总量的 4.25%;2017 年,湖北省的绿色 GDP 总量为 32669.74 亿元,占全国绿色 GDP 总量的 4.28%。如果按此发展趋势,到 2025 年,湖北省的绿色 GDP 总量也只占全国绿色 GDP 总量的 4.60%。同样表明,这一数据与党中央对湖北的期待相比,可能还有较大努力空间。

从人均绿色 GDP 指标来看,2014 年,湖北省的人均绿色 GDP 为 42330.24 元,低于全国人均绿色 GDP 768.49 元。2015 年,湖北省的人均绿色 GDP 为 46051.56 元,低于全国人均绿色 GDP 1529.13 元。2016 年,湖北省的人均绿色 GDP 为 50500.00 元,低于全国人均绿色 GDP 355.51 元。2017 年,湖北省的人均绿色 GDP 为 55353.68 元,首次高于全国人均绿色 GDP 2743.18 元。

预计到 2025 年,湖北省的人均绿色 GDP 有可能达到 7.26 万元。由此亦可见,湖北省经济发展中的"人均绿色化水平",即绿色发展人均效率正在稳步提升。

从绿色发展绩效指数来看,2014 年,湖北省的绿色发展绩效指数为 89.92,超过绿色发展绩效指数全国平均值 3.07。2015 年,湖北省的绿色发展绩效指数为 91.19,超过绿色发展绩效指数全国平均值 2.29。2016 年,湖北省的绿色发展绩效指数为 92.02,超过绿色发展绩效指数全国平均值 3.33。2017 年,湖北省的绿色发展绩效指数为 92.08,超过绿色发展绩效指数全国平均值 3.26。到 2025 年,湖北省的绿色发展绩效指数,有可能超过全国平均值 3.87,则意味着这一数据将再次证明湖北省的绿色发展得到稳步推进,湖北省深入贯彻绿色发展理念,亦将再次得到有效验证。

综合已经公开发布的有关数据,以及展望并对标 2025 年全国 GDP、人均 GDP、绿色 GDP、人均绿色 GDP、绿色发展绩效指数,则可以表明,按照现有条件和发展趋势,湖北深入贯彻落实绿色发展理念的施政效果将会有效显现,但与中部崛起、长江经济带中的湖北地位,与习近平总书记对湖北"建成支点、走在前列、谱写新篇"的政治嘱托相比,仍有较大努力空间。由此,我们也能发现湖北省委原书记应勇在指导编制"湖北十四五规划"、省委党校(省行政学院)举行 2020 年秋季学期开学仪式等讲话中所强调的"发展不够仍是湖北最大的实际"[①]这一基本认识的应有深意及其科学性。

综合以上分析,也再次证明,当前,湖北的发展仍处于需要加快发展步伐,紧抓发展不够这个"湖北最大的实际",加速实现产业结构升级,更加坚定自觉地把创新、协调、绿色、开放、共享理念,贯穿发展全过程和各领域,转变发展方式,努力实现更高质量、更有

---

① 应勇:提高解决实际问题能力 在大战大考中再立新功[EB/OL].[2020-10-13] https://baijiahao.baidu.com/s?id=1680400841431964148&wfr=spider&for=pc.

效率、更加公平、更可持续、更为安全的发展,始终坚守既要绿色,也要发展,绝不能顾此失彼。

三、湖北绿色发展与碳达峰碳中和

当前,中国特色社会主义建设已经开启全面建设社会主义现代化国家新征程,全力向第二个百年奋斗目标进军,中国社会正在逐步转向高质量绿色发展的新阶段,湖北省的发展既面临着新的机遇,也面临着新的挑战。这就需要湖北省在新的历史阶段育先机,于变局中开新局。湖北省地处我国中部,位置优越,拥有丰富的自然生态资源。同时,湖北省拥有良好的产业基础、完备的城镇建设体系和众多科研院校机构,产业优势和人才优势突出。近些年来,在国家的大力支持和湖北省委、省政府的领导下,湖北省各地实施了一系列推动绿色发展的战略性举措,绿色发展成效显著、潜力巨大,在生态环境综合治理、产业结构调整等众多影响绿色发展的领域,取得了丰硕的成果。

以华中科技大学国家治理研究院院长欧阳康教授为首席专家的中国绿色GDP绩效评估研究课题组,连续多年的跟踪研究表明,湖北省近几年的绿色GDP、人均绿色GDP、绿色发展绩效指数等绿色化发展指标连年攀升。截至2017年,湖北省的绿色GDP就已经攀升至全国同指标的第7位;人均绿色GDP就已经攀升至全国同指标的第10位;绿色发展绩效指数已经攀升至全国同指标的第7位。这些数据都表明,湖北省的绿色发展水平,已经开始逐步提升,湖北省委、省政府连续几年重视绿色发展的治理已初见成效。

然而,当前湖北省仍处于亟待发展时期,由于历史原因,资源消耗型企业分布占比较大、绿色环保型高新技术产业发展相对落后、自主创新发展有待强化、产业结构调整压力较大、绿色发展相关政策不完善、区域之间绿色发展不协调等涉及绿色发展能力不足等问题，依然在阻碍着湖北省绿色发展的前进。尤其是在碳达峰碳中和发展目标的双重压力下，湖北省的绿色发展仍需加大努力。

本课题组认为，解决碳达峰碳中和问题的关键治理之策，应该是推进能源绿色低碳转型。为此，课题组专门针对湖北省的能源消费与GDP、绿色GDP增长的关系进行了大数据推算。经初步推算，按湖北省现有经济社会发展需要和发展趋势，预计到2025年，湖北省能源消耗而造成的二氧化碳排放量可能为389.63百万吨。其中，排在前三位的依次是：原煤能源消耗，造成的二氧化碳排放量为113.65百万吨；其他石油制品能源消耗，造成的二氧化碳排放量为48.52百万吨；原油能源消耗，造成的二氧化碳排放量为45.55百万吨。湖北省森林面积可能自然中和二氧化碳的量为11.91百万吨。可见，湖北省要保障实现国家碳达峰碳中和目标，仅靠增加森林面积，采用生态碳汇消碳等常规治理路径，显然是不够的。为此，面向国家"双碳目标"以及湖北省绿色低碳发展目标，湖北省必须从思想认识、治理方式、制度建设等方面，勇于创新，积极推进，奋力谱写湖北省绿色发展的新篇章。

第一，湖北省需要从战略高度强化绿色发展理念的贯彻落实，把绿色发展与"控碳"，统筹到湖北省的发展全局中来考虑。为此，湖北省或许可以尽快成立由湖北省委书记、湖北省省长牵头的"湖北绿色低碳发展推进工作小组"，形成由地方领导组织，专家协同，企业等各社会组织和人民群众实施的推进湖北绿色低碳发展的"三位一体"新型协同治理体系，破解"各方"都难以以单方力量推进绿色低碳发展的治理难题，形成工作合力；邀约第三方智库机构对湖北省各地开展定期跟踪评估和督促检查，及时发现问题，解决问题，通过组织力量切实将"双碳目标"纳入全省高质量发展大局中统筹考虑，纳入全省各地发展规划、国土空间规划、专项规划、区域规划和地方各级规划中，强化绿色低碳发展规划引领；将碳达峰碳中和相关指标纳入经济社会发展综合评价体系，增加考核权重，加强指标约束，实施湖北省地市州"一把手"绿色低碳发展任期绩效考核、奖励制度，让绿色低碳发展理念，加速进入全省经济社会发展的各项中长期规划和人民群众生产生活实践中，全面加速推进湖北经济社会发展的全面绿色转型。

第二，推进湖北的绿色发展，顺利实现碳达峰碳中和等绿色发展目标，需要强化制度创新。要进一步完善规模以上企业碳排放定期监测、报告制度，规范重点调查对象的碳排放定期监测、报告制度，并依法按全部公开、特定对象公开、特定用途公开等方式，不同程度公开相关监测报告，公开相应监测和核查数据，接受社会监督，健全企业、金融机构等碳排放报告和信息披露制度，并将其监测、核查和社会评估结果，作为地方政府政绩考核、企业减免税收等重要参考性指标予以使用，切实推进国家碳达峰碳中和目标和湖北省绿色发展目标的实现。要进一步分解国家碳达峰碳中和目标和湖北省绿色发展目标之下的碳排放目标，做好相关碳排放权注册登记系统工作，研究和制定湖北省分阶段的二氧化碳排放总量控制和配额分配制度、履约考核制度和市场交易制度，建立市场行为、政府监管、社会监督的碳交易制度和碳交易市场，推动碳交易市场信息透明公开，政府和市场"双轮协同驱动"，提高碳交易市场的治理运行效率。

第三，推进湖北的绿色发展，顺利实现碳达峰碳中和等绿色发展目标，需要重点突破。当前，湖北的经济社会发展能源需求量大，在能源供给方面，湖北仍需严格控制化石能源消费，实施非化石能源消费地方有条件补贴政策，坚决改革以煤炭等化石能源为主体的能源消费结构，分阶段、分梯队，积极引入国内外著名低碳新能源企业，尽快改善湖北因经济发展而必需的低碳能源"外引"供给缺口，扩大湖北本地绿色低碳产品供给，协同华中科技大学、武汉大学、中国科学院武汉分院等科研机构，采用"揭榜挂帅"机制，开展低碳零碳负碳和储能新材料、新技术、新装备攻关，加大风电、光伏发电等适应湖北发展的可再生低碳能源开发、利用，建立完善绿色低碳技术评估、交易体系和科技创新服务平台，切实打通可再生低碳能源利用的最后应用环节，加速缩短低碳能源进入生产生活实践的落地周期。在能源消费端，湖北需要逐步减少电力、燃气及水生产和供应业、化学原料和化学制品制造业、非金属矿物制品业等二氧化碳高排放行业的占比，增加铁路船舶航空航天等制造业的比例，尤其是要增加智能制造、大数据应用与开发、人工智能＋生态产业、文旅等节能低碳排放行业的占比，尽最大努力发展绿色第二产业和第三产业，增大节能低碳新业态、新产业在全省经济总量中的比例，逐步分阶段、分步骤，有序降低湖北省经济社会发展对化石类等高碳排放能源的消耗占比。

此外，推进湖北的绿色发展，顺利实现碳达峰碳中和等绿色发展目标，同样需要社会成员的全体行动。湖北省需要进一步完善和统筹社区、企业等方面的绿色发展制度，完善湖北省低碳生活方式的社区、企业激励制度，开展绿色低碳社会行动示范创建系列活动，充分通过全民行动促进国家"双碳目标"和绿色发展目标的实现。各级政府部门要积极鼓励不同社区、企业以不同方式因地制宜，开展促进国家"双碳目标"和绿色发展目标实现的各种节能降碳科技创新与技能竞赛激励、生活方式激励、小微企业税收减免激励等激励制度，树立践行绿色低碳生产生活方式的价值导向和社会风尚，将碳达峰碳中和作为基层社区等各级干部教育培训体系重要内容，增强各级领导干部推动绿色低碳发展的本领，组织开展绿色低碳社会行动示范创建系列活动，探索有效模式和有益经验，积极探索和开展森林、湿地、土壤等碳汇本底调查和碳储量评估，发掘和宣传绿色低碳发展的新时代英雄典型；基于已经开展的省级低碳社区试点工程、低碳产业园工程、近零碳排放区示范工程，对其加以整合和重构，通过总结经验、理论提炼等方式，加速不同试点绿色低碳生产生活实践的模式抽象，分阶段将试点变为可推广的方案，将分散的试点探索凝练为可推广的系列样板，逐步建立节能降碳与生态环境协同治理的湖北生产生活实践模式，促进国家"双碳目标"和湖北省绿色发展目标的双重实现。①

第三节　中国绿色发展的综合评估

绿色,象征着生命与希望,象征着健康与发展。绿色发展,既是当代人类社会实现可持续发展的必经之路,也是当代中国持续创造中国式现代化新道路,创造人类文明新形态的伟大创举。中国共产党在通过的《中共中央关于党的百年奋斗重大成就和历史经验的决议》中指出,"改革开放以后,党日益重视生态环境保护。同时,生态文明建设仍然是一个明显短板,资源环境约束趋紧、生态系统退化等问题越来越突出,特别是各类环境污染、生态破坏呈高发态势,成为国土之伤、民生之痛。如果不抓紧扭转生态环境恶化趋势,必将付出极其沉重的代价。党中央强调,生态文明建设是关乎中华民族永续发展的根本大计,保护生态环境就是保护生产力,改善生态环境就是发展生产力,决不以牺牲环境为代价换取一时的经济增长。必须坚持绿水青山就是金山银山的理念,坚持山水林田湖草沙一体化保护和系统治理,像保护眼睛一样保护生态环境,像对待生命一样对待生态环境,更加自觉地推进绿色发展、循环发展、低碳发展,坚持走生产发展、生活富裕、生态良好的文明发展道路。"②《中共中央关于党的百年奋斗重大成就和历史经验的决议》科学客观论述了当代中国绿色发展的历史与现状,为我们科学总结和综合评估当代中国绿色发展的历史进步、动力机制与整体前瞻,提供了根本指南。

---

① 需要更详尽的相关智库支持或政策建议者,可与华中科技大学国家治理研究院院长、中国绿色GDP绩效评估研究课题组组长欧阳康教授联系。
② 中共中央关于党的百年奋斗重大成就和历史经验的决议[N].人民日报,2021-11-17(1).

一、中国绿色发展的历史进步

当代中国的绿色发展理论与实践,既是中国人民追求可持续发展的历史展开,也是当代中国人民探索人类社会历史发展模式的重大历史进步。马克思和恩格斯曾在著名篇章《神圣家族》中指出,"历史不过是追求着自己目的的人的活动而已。"① 在不同的历史阶段,人们的活动又不得不受制于不同历史阶段的自然环境、人类认识等各种历史因素的影响。因此,人类社会历史总是只能在既有的历史基础上创造新的历史。马克思就指出,"人们自己创造自己的历史,但是他们并不是随心所欲地创造,并不是在他们自己选定的条件下创造,而是在直接碰到的、既定的、从过去承继下来的条件下创造。"② 因此,对任何国家和地区的历史发展展开评估,既需要考虑到既有发展的历史条件,同样需要看到既有发展的历史进步。当代中国从一个半殖民地半封建社会,经过浴血奋战获得民族解放和独立,确立社会主义制度,到今天深入贯彻落实绿色发展理念,走出中国式现代化新道路,在占世界近四分之一人口的中华大地创造人类文明新形态,这毫无疑问既是中国人民探索人类社会历史发展模式的重大历史进步,更是人类社会历史的一个重大进步。

当代中国绿色发展的第一个重大历史进步,是中国人民逐渐认识到西方现代化的历史局限,更加坚定不移走自己的绿色发展道路。当代中国并没有经过像传统西方国家一样的工业革命,而是从具有悠久历史的农耕文明,直接参与到现代化、绿色化的当代全球竞争中,这无疑给当代中国的绿色发展带来了巨大的现实挑

---

① 中共中央马克思恩格斯列宁斯大林著作编译局. 马克思恩格斯全集:第二卷[M]. 北京:人民出版社,1957:118-119.
② 中共中央马克思恩格斯列宁斯大林著作编译局. 马克思恩格斯全集:第八卷[M]. 北京:人民出版社,1961:121.

战。这种挑战既表现为生产力水平不高,物质财富贫乏,科学技术落后等方面的挑战,更表现为人们小农经济意识根深蒂固,生产力水平赶超意识强烈等急功近利的思想冲击。在这样的历史环境中,展开生态文明建设,并非易事。然而,中国共产党团结带领中国人民在短短百年间,从实现民族解放和独立,到全面建成小康社会,到今天积极探索绿色发展道路,表面上看,这是生产力水平的极大提高,实际上,这更是人们发展意识的历史性进步。正是在这个一百年间,人们逐渐认识到,"西方的现代化看起来是成功的,并成为世界上发展中国家所普遍追求的目标、追赶的对象,但是它也付出了巨大的、看不见的代价,其消耗了比其人口比例高得多的世界的能源和资源,占据了比其人口比例高得多的二氧化碳排放的比例。它既具有负外部性又具有外溢性,致使全世界承担这一后果。所以这条道路实质上是不成功的,也是不可重复的,是造子孙孽,断子孙路。"①中国的发展绝不能走这条道路。

当代中国绿色发展的第二个重大历史进步,是中国人民日渐走出西方现代化的发展怪圈,探索出了一条更适合中国自己的绿色发展道路。认识到,不意味着就做到了。知与行,本身就是两回事。中国人民认识到西方现代化发展道路的历史局限,并不意味着中国人民就必然能走出西方现代化发展道路先污染后治理的发展怪圈、治理怪圈。半个世纪前,中国人民跟世界上许多相对落后的发展中国家和地区一样,对西方现代化所呈现的工业文明,物质财富的相对丰富等表现出十分自然的羡慕与模仿。但是,中国人民很快在羡慕与模仿的历史实践中发现,不仅西方的现代化道路不适合中国,就连其他社会主义国家的发展道路也不一定适合当代中国。经过几十年建设社会主义的实践探索,中国共产党团结带领中国人民及时总结历史经验,不断开拓进取,把生态文明建设提升到战略高度,纳入中国特色社会主义建设"五位一体"总体布

---

① 胡鞍钢.中国:创新绿色发展[M].北京:中国人民大学出版社,2012:9.

局,全面探索中国式现代化新道路,并向世界庄严宣告,"我们要走绿色发展道路,让资源节约、环境友好成为主流的生产生活方式。"①这条道路,既不是一条先污染后治理的西方现代化发展道路的翻版,更不是一条为资本服务的人类异化发展道路,而是一条坚持四项基本原则,坚持以人民为中心,坚持走生产发展、生活富裕、生态良好的新形态文明发展道路。

当代中国绿色发展的第三个重大历史进步,是中国人民日益完善中国特色社会主义制度,构建出中国特色社会主义绿色发展的制度体系。"绿色发展是一个全新的发展道路,既没有现成的发展模式,也没有成熟的发展经验,这就需要中国自主创新、大胆创新、科学创新。"②尤其是在中国这样一个拥有十四亿人口和拥有悠久历史文化传统的发展中国家探索绿色发展道路,没有相对健全、完善的制度体系是不行的。短短不到一百年间,中国共产党团结带领中国人民,从"绿色祖国"的全国号召,到中国第一个保护生态环境文件的正式出台,再到如今相对健全的中国特色社会主义生态文明建设制度体系,以及确保绿色发展理念贯彻落实的若干规定,当代中国的绿色发展制度体系,日渐健全和完善。与此同时,因为已经将生态文明建设纳入中国特色社会主义建设"五位一体"总体布局之中,生态文明制度的健全和完善,又带来了中国特色社会主义若干相关制度的发展与完善,这就形成了中国特色社会主义生态文明、绿色发展相关制度的协同发展与完善,从而成功构建起旨在推进中国特色社会主义生态文明建设,实现绿色发展的制度屏障,确保了中国特色社会主义生态文明建设和绿色发展行进在科学正确的道路上。

当代中国绿色发展的第四个重大历史进步,是中国人民逐渐完善中国特色社会主义理论,形成中国特色社会主义生态文明建

---

① 中共中央文献研究室.习近平关于社会主义生态文明建设论述摘编[M].北京:中央文献出版社,2017:26.
② 胡鞍钢.中国:创新绿色发展[M].北京:中国人民大学出版社,2012:67.

设和绿色发展理论。早在一百多年前,恩格斯就指出,"一个民族想要站在科学的最高峰,就一刻也不能没有理论思维。"①建设中国特色社会主义生态文明,实现绿色发展,同样一刻也不能没有科学理论思维,不能没有理论指导。习近平指出,"这是一个需要理论而且一定能够产生理论的时代,这是一个需要思想而且一定能够产生思想的时代。"正是在短短百年间,中国共产党团结带领中国人民,坚持把马克思主义基本原理与不同历史时期的中国经济社会发展实际相结合,产生了毛泽东思想、邓小平理论、"三个代表"重要思想、科学发展观和习近平新时代中国特色社会主义思想,为当代中国推进中国特色社会主义生态文明建设,实现绿色发展,提供了根本思想理论指导。"当代中国的伟大社会变革,不是简单延续我国历史文化的母版,不是简单套用马克思主义经典作家设想的模板,不是其他国家社会主义实践的再版,也不是国外现代化发展的翻版"②,而是中国人民在吸收人类社会已有优秀文明成果基础上的重大理论创新。

当代中国绿色发展的第五个重大历史进步,是中国人民通过自己的理论与实践,创造了人类文明新形态。人类社会已经走过农业文明、工业文明等形态,创造了丰富的人类文明成果。当前,已经出现的全球性生态危机,从未像今天这样威胁到人类自身的生存与发展。中国人民在中国共产党的团结和带领下,深刻总结人类社会历史发展的已有经验,充分发挥主观能动性,尊重自然,遵循自然规律,创造了物质文明、政治文明、精神文明、社会文明、生态文明协调发展的文明新形态。短短百年间,中国人民实现了从盲目发展变为自觉发展,从模仿发展变为自主发展的历史性转变,"这一发展路径实质上是通过人类发展模式的主动转变,实施绿色政策,发展绿色技术,开展绿色合作,以提前进入人类新的绿

---

① 中共中央马克思恩格斯列宁斯大林著作编译局. 马克思恩格斯全集:第二十卷[M]. 北京:人民出版社,1971:384.
② 中共中央关于党的百年奋斗重大成就和历史经验的决议[N]. 人民日报,2021-11-17(1).

色文明阶段。"[①]因此,当代中国所推进的中国特色社会主义生态文明建设和绿色发展,不仅是中国社会的历史性进步,更是人类文明的历史性进步。

二、中国绿色发展的动力机制

任何国家和地区实现绿色发展,都需要构建起与之相适应的动力机制。一方面,构建绿色发展的动力机制,是由绿色发展本身所具有的长期性所决定的。任何国家和地区的绿色发展,都不可能一蹴而就,而必然是一个长期的历史过程,甚至还可能会经历一个相对困难的转型过程。如果没有相对持久的动力供给,没有相对成熟的动力机制,绿色发展就可能成为昙花一现的历史运动,甚至开历史的倒车,回到曾经的发展道路上去。另一方面,构建绿色发展的动力机制,是由绿色发展本身必然具有的复杂性所决定的。任何国家和地区的绿色发展,都与其经济、政治、文化等因素密切相关。如果没有构建起与之相应的动力机制,其绿色发展就可能受到经济、政治、文化等其他社会历史因素的影响,而最终致使绿色发展成为一种空洞的时代口号。20 世纪 70 年代以来,在西方社会就出现过许多旨在保护生态环境,实现绿色发展的现代政党。这些政党在推进全世界不同国家和地区的人们共同积极应对全球性生态环境危机等方面发挥了重要的历史作用。但是,这些政党在自己所在的国家和地区,同样也面临着这样或者那样的实际困难,而致使其生态环境治理难以收到令人满意的成效,使得其绿色发展进展缓慢。其中一个非常重要的原因,就是这些政党所主张的绿色发展,难以在全社会构建起与之相应的动力机制,致使生态环境治理、绿色发展难以落到实处。当代中国绿色发展,之所以能够在较短时间内取得令人瞩目的历史成就,就是因为中国共产党

[①] 胡鞍钢.中国:创新绿色发展[M].北京:中国人民大学出版社,2012:61.

团结带领中国人民,已经在中国特色社会主义建设中,构建起了相对稳定的绿色发展动力机制。

人民对美好生活的向往,是当代中国实现绿色发展的根本动力源。"追求美好生活是人类文明的天性。"①不同国家和地区的人们,都有对美好生活的向往,但不同国家和地区的人们,对美好生活内涵的理解和界定又各有不同。这种不同既是由不同国家和地区的人们的主观因素所决定的,也是由不同国家和地区的人们所处的历史环境等客观因素所决定的。当代中国人民在中国共产党的领导下,经过百年奋斗,已经实现"全国八百三十二个贫困县全部摘帽,十二万八千个贫困村全部出列,近一亿农村贫困人口实现脱贫,提前十年实现联合国二〇三〇年可持续发展议程减贫目标,历史性地解决了绝对贫困问题,创造了人类减贫史上的奇迹。"②"随着时代发展和社会进步,人民对美好生活的向往更加强烈,对民主、法治、公平、正义、安全、环境等方面的要求日益增长。"③尤其是人民对蓝天、碧水、净土等优美生态环境的日常需求,对可持续发展的长远发展需求日益高涨,人民的生态文明意识日趋强烈,这就为当代中国建设中国特色社会主义生态文明,为当代中国实现绿色发展,提供了不可或缺的民意基础和持久重要的内在动力。

中国共产党对人民美好生活向往的积极回应,是当代中国实现绿色发展的关键动力。在中国这样一个拥有十四亿人口的大国,在中国这样一个拥有几千年悠久历史文化的文明古国,探索前所未有的绿色发展道路,没有坚强的领导是不可能完成的。习近平在庆祝中国共产党成立95周年大会上就特别强调,"办好中国的事情,关键在党。中国特色社会主义最本质的特征是中国共产党领导,中国特色社会主义制度的最大优势是中国共产党领导。"

---

① 袁祖社.公共价值的信念与美好生活的理想[J].中国社会科学,2019(12):28.
② 中共中央关于党的百年奋斗重大成就和历史经验的决议[N].人民日报,2021-11-17(1).
③ 中共中央关于党的百年奋斗重大成就和历史经验的决议[N].人民日报,2021-11-17(1).

中国共产党审议通过的《中共中央关于党的百年奋斗重大成就和历史经验的决议》指出,"中国共产党自一九二一年成立以来,始终把为中国人民谋幸福、为中华民族谋复兴作为自己的初心使命,始终坚持共产主义理想和社会主义信念,团结带领全国各族人民为争取民族独立、人民解放和实现国家富强、人民幸福而不懈奋斗,已经走过一百年光辉历程。"①"一百年来,党领导人民经过波澜壮阔的伟大斗争,中国人民彻底摆脱了被欺负、被压迫、被奴役的命运,成为国家、社会和自己命运的主人,人民民主不断发展,十四亿多人口实现全面小康,中国人民对美好生活的向往不断变为现实。"②这些都是得益于中国共产党始终坚持以人民为中心,始终坚持全心全意为人民服务的根本宗旨,坚持把人们对美好生活的向往,当作自己的奋斗目标,才使中国人民的绿色发展愿望得以实践。

　　中国共产党以及全体中国人民,实现中华民族伟大复兴的中国梦,是当代中国实现绿色发展的社会动力。"我们的民族是伟大的民族。在五千多年的文明发展历程中,中华民族为人类文明进步作出了不可磨灭的贡献。"③近现代以来,西方社会的迅猛发展逐渐超越了同一时期的中国,并使中国一步一步沦为半殖民地半封建社会。无数仁人志士前赴后继、顽强奋斗,其目的都是为了中华民族伟大复兴,为了把贫穷落后的旧中国变成繁荣富强的新中国,让中华儿女过上更加美好的生活。习近平在致生态文明贵阳国际论坛2013年年会的贺信中指出,"走向生态文明新时代,建设美丽中国,是实现中华民族伟大复兴的中国梦的重要内容。中国将按照尊重自然、顺应自然、保护自然的理念,贯彻节约资源和保护环境的基本国策,更加自觉地推动绿色发展、循环发展、低碳发

---

① 中共中央关于党的百年奋斗重大成就和历史经验的决议[N].人民日报,2021-11-17(1).
② 中共中央关于党的百年奋斗重大成就和历史经验的决议[N].人民日报,2021-11-17(1).
③ 习近平在十八届中央政治局常委同中外记者见面时强调　人民对美好生活的向往就是我们的奋斗目标[N].人民日报,2012-11-16.

展,把生态文明建设融入经济建设、政治建设、文化建设、社会建设各方面和全过程,形成节约资源、保护环境的空间格局、产业结构、生产方式、生活方式,为子孙后代留下天蓝、地绿、水清的生产生活环境。"这就为当代中国实现绿色发展提供了重要的社会动力。

中国共产党对绿色发展动力机制本身的系统建设,更是使得当代中国的绿色发展动力,源源不断,常用常新。习近平在围绕贯彻中国共产党第十八届中央委员会第五次全体会议精神做好当前经济工作的讲话中强调,"保护生态环境,要更加注重促进形成绿色生产方式和消费方式。保住绿水青山要抓源头,形成内生动力机制。要坚定不移走绿色低碳循环发展之路,构建绿色产业体系和空间格局,引导形成绿色生产方式和生活方式,促进人与自然和谐共生。"①在积极应对全球性气候变化时,习近平指出,"巴黎协议应该着眼于强化二○二○年后全球应对气候变化行动,也要为推动全球更好实现可持续发展注入动力。"②这些都展现出中国共产党团结带领中国人民实现绿色发展中,对内外两个大局中绿色发展动力机制的高度重视以及积极应对。正是在人民对美好生活的向往、中国共产党对人民美好生活愿望的积极回应,以及全体中国人民对中华民族伟大复兴的内在动力驱动,以及全人类对绿色发展的期待的外在动力驱动下,当代中国已经构建起内外呼应、稳定系统的绿色发展动力机制,从而使当代中国的绿色发展必将阔步向前,稳步向富强民主文明和谐美丽的社会主义现代化强国迈进。

---

① 中共中央文献研究室.习近平关于社会主义生态文明建设论述摘编[M].北京:中央文献出版社,2017:31-32.
② 中共中央文献研究室.习近平关于社会主义生态文明建设论述摘编[M].北京:中央文献出版社,2017:134.

三、中国绿色发展的整体前瞻

对当代中国的绿色发展,展开整体性前瞻分析,具有十分重要的意义。这主要是因为,一方面,当代中国经济社会发展迅速,中国从未像今天这样接近世界舞台的中心。当代中国绿色发展的方方面面,都会对世界上不同国家和地区的历史发展,产生越来越重要的历史影响,更何况当代中国已经在绿色发展方面取得了若干重要的历史成就。美国著名外交智库专家赖特(Thomas Wright)公开转述美国总统气候问题特使克里(John Kerry)的观点时认为,与中国合作是在气候问题上取得进展的关键,而气候问题目前是美中关系中最重要的问题……其他的一切,包括与中国的地缘政治竞争……都是次要的。另一方面,当代中国不仅拥有占世界近四分之一的人口,而且中国在2020年的全年国内生产总值已达1015986亿元,是世界第二大经济体、世界第一贸易大国、世界第一大外汇储备国、世界第一大钢铁生产国和世界第一大农业国、世界第一大粮食总产量国以及世界上经济增长最快的国家之一。同时,中国还是当今世界第二大吸引外资国、世界许多国际组织的重要成员,被认为是潜在超级大国之一,等等。这些已有的历史条件,都使得世界上不同国家和地区的人们,应对全球性生态环境问题,探索更适合全人类的可持续发展道路,不能不关注当代中国绿色发展的未来走向,这些都需要对当代中国的绿色发展作出科学理性的整体性前瞻。

当代中国社会的社会主义根本制度,是我们对当代中国绿色发展的未来充满信心的第一个重要理由。对当代中国的绿色发展作出科学理性的整体性前瞻,首先要考虑的是当代中国社会的根本制度。一个国家和地区在不同历史时期的社会根本制度是怎样的,从根本上决定了这个国家和地区,在一个相当长的历史时期所制定的若干具体制度。这倒不是说制度决定了社会发展,而是因为制度对社会历史发展具有强烈的反作用。尤其在和平与发展时期,稳定的社会根本制度,必然会通过若干具体制度,对这个国家和地区的经济社会发展,产生非常强烈的历史影响。马格多夫和福斯特在对资本主义社会出现的全球性生态危机进行分析时就认为,"资本主义要求增长的必然规律刺激人们的消费、海外扩张、滥用自然资源而不为子孙后代考虑等特征,正是资本主义制度对环境产生危害的直接原因。在资本主义制度背后还隐含着种种社会矛盾和社会不公,这些社会矛盾和社会不公成为解决生态问题的根本障碍。"①当代中国社会的根本制度是社会主义制度。《中华人民共和国宪法》规定,"中华人民共和国是工人阶级领导的、以工农联盟为基础的人民民主专政的社会主义国家。""社会主义制度是中华人民共和国的根本制度。""禁止任何组织或者个人破坏社会主义制度。"这就从国家根本大法上保证了中国绿色发展,是行进在社会主义根本制度下的绿色发展,从根本制度上确保了当代中国绿色发展的制度优势。

当代中国社会,中国共产党的组织领导,是我们对当代中国绿色发展的未来充满信心的第二个重要理由。对当代中国的绿色发展作出科学理性的整体性前瞻,接着要考虑的是当代中国社会的组织领导。实现绿色发展,需要不同社会成员的集体努力,而绝不是某个个人或者某个组织可以达到其发展目标的,这就需要有坚强的组织领导。《中华人民共和国宪法》规定,"中国共产党领导是中国特色社会主义最本质的特征。"2021 年 11 月 11 日中国共产党第十九届中央委员会第六次全体会议通过的《中共中央关于党的百年奋斗重大成就和历史经验的决议》指出,"党中央强调,生态文明建设是关乎中华民族永续发展的根本大计,保护生态环境就是保护生产力,改善生态环境就是发展生产力,决不以牺牲环境为

---

① 马格多夫,福斯特.资本主义与环境[M]//徐焕.当代资本主义生态理论与绿色发展战略.北京:中央编译出版社,2015:12.

代价换取一时的经济增长。"①这就既从当代中国的根本大法,又从中国共产党的历史决议中,保障了中国共产党的领导,保证了中国共产党领导的中国特色社会主义是"绿色的",所走的道路是绿色发展道路,是"生产发展、生活富裕、生态良好的文明发展道路"②。因此,从当代中国绿色发展的组织领导看,当代中国的绿色发展,不仅会行进在社会主义制度下,而且中国共产党的领导,能够从组织领导上,充分保障当代中国绿色发展持续推进,这就从组织领导方面为当代中国绿色发展的美好未来,提供了重要的组织领导保障。

当代中国社会,最广大中国人民的集体意愿,是我们对当代中国绿色发展的未来充满信心的第三个重要理由。对当代中国的绿色发展作出科学理性的整体性前瞻,不能不考虑的是当代中国社会的人民意愿。恩格斯在《致约·布洛赫》中指出,"历史是这样创造的:最终的结果总是从许多单个的意志的相互冲突中产生出来的,而其中每一个意志,又是由于许多特殊的生活条件,才成为它所成为的那样。这样就有无数互相交错的力量,有无数个力的平行四边形,而由此就产生出一个总的结果,即历史事变,这个结果又可以看作一个作为整体的、不自觉地和不自主地起着作用的力量的产物。"③毛泽东在其著名篇章《论联合政府》中指出,"人民,只有人民,才是创造世界历史的动力。"④恩格斯和毛泽东两位马克思主义经典作家的论述,非常明确地阐明了人民群众创造历史的基本观点。当代中国绿色发展前景如何,同样需要考虑人民群众的意愿。当前,中国人民已经在中国共产党的团结带领下,实现了站起来、富起来,解决了基本的生存问题。人民群众的生态文明

---

① 中共中央关于党的百年奋斗重大成就和历史经验的决议[N].人民日报,2021-11-17(1).
② 中共中央关于党的百年奋斗重大成就和历史经验的决议[N].人民日报,2021-11-17(1).
③ 中共中央马克思恩格斯列宁斯大林著作编译局.马克思恩格斯全集:第三十七卷[M].北京:人民出版社,1971:461-462.
④ 毛泽东.毛泽东选集:第三卷[M].北京:人民出版社,1991:1031.

意识逐渐增强,对生态环境的要求越来越高,对美丽中国的期待越来越大,这就从人民群众意愿方面,为持续推进当代中国的绿色发展,提供了重要的群众基础和内在动力。从这一点来看,我们同样有理由对当代中国的绿色发展保持乐观前瞻。

此外,相对稳定的国际环境,以及全人类对可持续发展的历史需求,同样是我们对当代中国绿色发展,保持乐观前瞻的重要理由。一方面,当人类社会在20世纪经历了两次世界大战,以及若干次局部战争后,全世界的人们可能从未如此渴望世界和平,从未如此渴望在和平中谋求自己国家和地区的发展。正是如此,20世纪后半期以来,和平与发展成为时代的主题。这为当代中国实现绿色发展创造了重要的历史机遇。另一方面,随着全球性生态危机的出现,人们越来越感受到保护生态环境的重要性和严峻形势。越来越多的人意识到,"当前,生态危机日益严重,从根本上威胁了人类的生存和发展,是一个涉及全球的战略性问题。"①解决这一问题的根本出路,不在于某个国家和地区的努力,而是需要全世界人民的共同努力。习近平在接受路透社采访时就指出,"气候变化是全球性挑战,任何一国都无法置身事外。"②全世界不同国家和地区的人民,只有携起手来共同探索可持续发展的绿色发展道路,才可能较好地应对全球性生态危机,实现全人类的可持续发展。在这个意义上,当代中国的绿色发展,也是保证全人类实现可持续发展的重要体现。因此,从相对稳定的国际环境,以及全人类对可持续发展的根本需求来看,我们同样有理由对当代中国绿色发展的未来充满信心。

---

① 徐焕.当代资本主义生态理论与绿色发展战略[M].北京:中央编译出版社,2015:1.
② 中共中央文献研究室.习近平关于社会主义生态文明建设论述摘编[M].北京:中央文献出版社,2017:132.

第五章

中国绿色发展的世界意义

当代中国绿色发展所取得的伟大成就,对于人类社会历史发展具有重大的世界意义。中国驻马来西亚大使欧阳玉靖认为,一百年前的中国还积弱积贫,如今的"中国用占全球9%的耕地养活了占世界近20%的人口,国内生产总值从1952年的679.1亿元跃升至2020年的101.6万亿元,占全球经济比重超过17%,稳居世界第二大经济体。1979年至2020年,中国经济年均增长9.2%。自2006年起,中国连续15年成为世界经济增长的最大贡献国,平均贡献率超过30%。"[①]"近20年来,中国新增植被覆盖面积约占全球新增总量的25%,是全球增加森林资源最多的国家。2020年国内生产总值能耗和碳排放分别比2015年下降13.2%、18.8%,是世界节能进步最快的国家。"[②]这些都是当代中国在探索绿色发展中,所取得的伟大成就。这些数据表明,当代中国已经开始的中国特色社会主义生态文明建设和绿色发展,不仅没有放缓中国社会的发展速度,相反的是,当代中国已经在促进经济社会发展与保

---

① 中国全面小康的世界意义——驻马来西亚大使欧阳玉靖在马媒体发表署名文章[EB/OL].[2021-11-11]. https://www.fmprc.gov.cn/web/gjhdq_676201/gj_676203/yz_676205/1206_676716/1206x2_676736/202111/t20211111_10446867.shtml.

② 中国全面小康的世界意义——驻马来西亚大使欧阳玉靖在马媒体发表署名文章[EB/OL].[2021-11-11]. https://www.fmprc.gov.cn/web/gjhdq_676201/gj_676203/yz_676205/1206_676716/1206x2_676736/202111/t20211111_10446867.shtml.

护生态环境，实现可持续的绿色发展方面，走出了自己的道路。这条道路的理论与实践，已经为人类社会历史发展，作出了新的当代理论贡献，为世界上不同国家和地区的人民实现绿色发展，提供了新的治理借鉴，为全人类实现全面解放，提供了新的时代智慧。

第一节　中国绿色发展的历史贡献

尽管世界上不同国家和地区的人们，越来越意识到实现绿色发展的重要性。但是，世界上不同国家和地区，究竟如何走出一条绿色发展道路，如何在不同国家和地区践行绿色发展理念，我们应该依据什么样的科学理论指导不同国家和地区的绿色发展实践等等，这些问题的答案都还在探索之中。英国可持续发展领域的著名专家霍普伍德（Bill Hopwood）、梅勒（Mary Mellor）和奥布莱恩（Geoff O'Brien）注意到，"无论是过去还是现在，与解决环境、经济社会问题相关的理论的目标与方式都存在着很大争议，这些争论不可避免地融入到可持续发展的思想之中。"[1]这就更增加了不同国家和地区，探索和实践绿色发展道路的复杂性和不确定性。马克思在其著名篇章《关于费尔巴哈的提纲》中指出，"人的思维是否具有客观的真理性，这并不是一个理论的问题，而是一个实践的问题。人应该在实践中证明自己思维的真理性，即自己思维的现实性和力量，亦即自己思维的此岸性。"[2]当代中国已经取得重要历史成就的绿色发展实践，则为世界上不同国家和地区的人们实现绿色发展，提供了重要的理论借鉴。

---

[1] 霍普伍德,梅勒,奥布莱恩.可持续发展思想的分类与脉络[M]//徐焕.当代资本主义生态理论与绿色发展战略.北京:中央编译出版社,2015:330.
[2] 中共中央马克思恩格斯列宁斯大林著作编译局.马克思恩格斯全集:第三卷[M].北京:人民出版社,1960:3.

一、中国绿色发展提供现代化新道路

现代化,是当代人类社会历史发展的重要创造,也是人类社会文明的重要体现。它兴起于17、18世纪的西方社会,经过几百年的发展,世界上的现代化已经先后形成了多种主导模式。例如,本来意义上的欧洲模式,以西欧尤其是英国发展模式为代表,后来形成了美国模式,以"五月花号公约"为其密码,继而有了苏东的大一统模式,后来有了东亚模式,强调权威主义和儒家伦理,还有拉美模式,以"华盛顿共识"为指导等等。这些现代化模式产生于不同的国度、背景和时代,各有其应用范围和特点,中国在发展中都不断地予以学习借鉴。但中国特色社会主义现代化发展模式,不是任何现代化发展模式的简单照搬,而是立足于中国实际,将各方面的积极因素内在有机组合与创造,走出了一条既具有中国特色又具有世界意义的中国式社会主义现代化绿色发展道路。① 这条现代化绿色发展道路,既借鉴了世界上其他国家和地区现代化发展道路的历史经验,又依托于中国自己的特殊历史与现实,开创了中国式现代化绿色发展新道路。这条道路的出现,为世界上其他国家和地区,探索新的现代化道路,提供了重要的理论参照。

中国式现代化绿色发展新道路,立足中国国情,经历了艰辛的探索历程,实现了对西方现代化从灰色文明到绿色文明的历史性超越。近代以来,帝国主义凭借着西方现代化造就的洋枪洋炮打开了中国的国门,中华民族遭受了前所未有的劫难,丧权辱国,割地赔款,国家蒙辱、人民蒙难、文明蒙尘,中国一步步沦为半殖民地半封建社会。为了拯救民族危亡,中国人民奋起反抗,仁人志士奔走呐喊,太平天国运动、戊戌变法、义和团运动、辛亥革命接连而

---

① 赵泽林,欧阳康.现代化视域中的中国共产党百年伟业——访华中科技大学国家治理研究院院长欧阳康教授[J].马克思主义理论学科研究,2021(8):13.

起,各种救国方案轮番出台,但都以失败而告终。中国共产党在马克思主义引领下,团结带领中华民族谋求伟大复兴,通过百年艰辛努力,创造了新民主主义革命、社会主义革命和建设、改革开放和社会主义现代化建设和新时代中国特色社会主义四个伟大成就,中华民族迎来了从站起来、富起来到强起来的伟大飞跃,中华民族伟大复兴进入了不可逆转的历史进程。中国现代化的最大成功就是,在中国共产党的领导下,在中国创造出了经济快速发展和社会长期稳定这两个世所罕见的奇迹,全面建成小康社会,从根本上解决了绝对贫困,走上了全面建设社会主义现代化国家新征程。

中国式现代化绿色发展新道路,开创出不同于西方现代化发展道路的新发展动力。西方式的现代化是以资本的力量,作为推动社会生产的根本动力,利润的最大化,是社会发展的根本目的,资本的运行逻辑统摄着社会运行的逻辑,这可能获得资本对于效率的强劲推动,也可能会牺牲社会公平,在资本的盲目驱动下导致经济危机。而中国式现代化绿色发展新道路,始终坚持以人民为中心的发展思想,把人的价值和人民对美好生活的向往作为发展的目的,在发挥资本力量允许一部分人先富起来的同时,注意协调公平与效率的关系,在社会发展到一定程度后重视缩小贫富差距,通过社会主义的制度优势从根本上消除绝对贫困,全面建成小康社会,全面开启社会主义现代化国家建设新征程,努力在推进共同富裕方面取得实质性成就。习近平在主持召开中央财经委员会第十次会议时就指出,"共同富裕是社会主义的本质要求,是中国式现代化的重要特征"。中国式现代化绿色发展新道路,不是为一部分人的富裕,而是为了共同富裕,这就在中国式现代化绿色发展新道路的根本目标和根本动力上,与西方现代化发展道路彻底区别开来。

中国式现代化绿色发展新道路,开创出不同于西方现代化发展道路的新运行机制。西方式现代化重视市场作用,按照价值规律来运行,把社会经济发展托付给"看不见的手",其优势是可以更好发挥市场在资源配置中的选择性和调节性作用,其短板是经常遭遇市场经济波动以至经济危机,难以防范化解重大风险。中国式现代化绿色发展新道路,注重市场经济和政府宏观调控的内在有机结合,一方面积极发挥市场在资源配置中的决定性作用,另一方面更好发挥政府根据经济和社会运行规律而实施的宏观调控,把"有效市场"与"有为政府"内在结合起来,既能尊重价值规律,激发市场活力,又能防止失序混乱,防范化解重大风险,特别是在必要时集中力量办大事、要事、难事,走出了一条中国特色社会主义现代化绿色发展道路。面对当代气候治理等全球性问题,习近平呼吁,"除各国政府,还应该调动企业、非政府组织等全社会资源参与国际合作进程,提高公众意识,形成合力。"①中国式现代化绿色发展新道路,不是政府运行的独角戏,更不是社会某个组织或者特殊利益阶级的自我表演,而是政府、市场、社会等不同社会主体间的多元协同发展,是一条全社会不同社会成员共同发展的绿色发展道路。

中国式现代化绿色发展新道路,开创出不同于西方现代化发展道路的新发展目标。西方现代化发展道路,以资本逐利为目标,建立在对其他落后国家和地区的侵略和殖民基础之上,巨量侵吞弱小国家和落后民族的财富,甚至对其造成巨大灾难,造就了一个特殊的残酷的殖民主义时代,构建起霸权主义世界体系,这也使得很多后发国家,很难既促进经济快速发展,又能保持自身独立。中国式现代化绿色发展新道路,以实现全人类自由而全面的发展为根本目标,以民族独立和人民解放为前提,从来没有欺负、压迫、奴役过其他国家人民,彻底破除了帝国主义对于中国的一切不平等条约,对内坚持独立自主,自力更生,把生存和发展的命运,牢牢地掌握在自己的手中,对外高举和平、发展、合作、共赢旗帜,奉行独

---

① 中共中央文献研究室.习近平关于社会主义生态文明建设论述摘编[M].北京:中央文献出版社,2017:134.

立自主的和平外交政策,坚持走和平发展道路,推动建设新型国际关系,反对霸权主义和强权政治。中国在推动自身实现绿色发展的历史过程中,也在积极主动履行国际义务,以中国的新发展为世界提供新机遇,通过共同推进"一带一路"建设,与相关国家共商共建共享,合作共赢,共同推动构建人类命运共同体,彰显中国式现代化绿色发展新道路及其世界意义,走出了一条中国特色和平的现代化绿色发展道路,引领人类文明发展的健康方向。①

中国式现代化绿色发展新道路,倡导绿水青山就是金山银山的生态理念,全方位推进资源节约型和环境友好型社会建设,最近中国提出的2030年碳达峰和2060年碳中和,更是表明了中国式现代化绿色发展新道路所蕴含的特殊的责任意识和人类情怀,体现出中国式现代化新道路,不同于西方现代化新道路的靓丽颜色。习近平在日内瓦出席"共商共筑人类命运共同体"高级别会议上呼吁,"我们要倡导绿色、低碳、循环、可持续的生产生活方式,平衡推进二〇三〇年可持续发展议程,不断开拓生产发展、生活富裕、生态良好的文明发展道路。"②这些都体现出,当代中国所开创的中国式现代化绿色发展新道路,不同于西方现代化发展道路的责任意识和人类情怀。在这个意义上,已经绿色化、生态化的当代中国式现代化发展道路,不仅拓展了人类实现现代化,超越西方现代化的全新发展途径,给世界上那些既希望加快发展又爱好和平的国家和地区,提供了全新的发展道路选择,而且为世界上不同国家和地区实现高质量的绿色发展,提供了可供参考的理论借鉴。

二、中国绿色发展创造人类文明新形态

所谓文明,是人们对一定历史时期人类社会生产生活实践状

---

① 欧阳康.中国式现代化新道路新在哪里[N].光明日报,2021-07-19.(有改动)
② 中共中央文献研究室.习近平关于社会主义生态文明建设论述摘编[M].北京:中央文献出版社,2017:144.

态及其发展水平的一种评价和描述。恩格斯认为,文明是实践的事情,是一种社会品质①,这种社会品质,在本质上是对人们生产生活方式的反映。因此,任何语境下的文明,既具有实践性,也具有历史性。正是如此,我们说,人们在农业社会产生了农耕文明,在工业社会产生了工业文明;在古代社会产生了古代文明,而在现代社会产生了现代文明。人类历史上,不同国家和地区的人们,各自在不同的历史时期,有着非常不同的生产生活实践,由此就创造了具有不同特征的人类文明形态。而当代中国在绿色发展实践中,所创造的人类文明形态,之所以是一种新的文明形态,正是因为当代中国人民的绿色发展实践,是在当下形成的,在本质上,体现为一种新的生产生活方式。与以往的各种文明形态不同的是,当代中国绿色发展,所创造的人类文明形态集中表现为,中国共产党把为中国人民谋幸福和为中华民族谋复兴作为初心和使命,统筹推进"五位一体"总体布局和协调推进"四个全面"战略布局,走共同富裕的道路,致力于建成富强民主文明和谐美丽的社会主义现代化强国,积极构建人类命运共同体,赋予了世界现代化更丰富内涵和更高精神境界,从而构建起了人类文明新形态②。

当代中国绿色发展,所创造的人类文明新形态,第一个新是新的经济文明形态。实现绿色发展,首先是要保证有所发展。要发展,首先就是指经济上有发展,不仅要有增量,还要有高质量的绿色的增量。也正是如此,世界上不同国家和地区在探讨如何实现绿色发展时,不得不涉及对经济建设、经济增量的探讨。罗马俱乐部引起全世界广泛关注的第一个研究报告,就是严肃地探讨了经济增长与生态环境的关系。英国生态经济学家史密斯在探讨资本主义制度与经济增长、生态环境的关系后认为,"我们需要一个完

---

① 中共中央马克思恩格斯列宁斯大林著作编译局. 马克思恩格斯全集:第一卷[M]. 北京:人民出版社,1956:666.
② 欧阳康. 中国式现代化新道路新在哪里[N]. 光明日报,2021-07-19.(有改动)

全不同的经济体系,一个不是基于利润,而是基于人类需求、环境需求和一个完全不同的价值体系的非资本主义经济体系。"①当代中国的经济文明,是绿色发展理念指引下的经济文明,这种经济文明,"把生态文明建设放到更加突出的位置,强调要实现科学发展,要加快转变经济发展方式。"②这种经济文明,力图摆脱工业文明已经出现的先污染后治理的历史路径,"更加自觉地推动绿色发展、循环发展、低碳发展,决不以牺牲环境为代价去换取一时的经济增长,决不走'先污染后治理'的路子。"③因此,这种新的经济文明是绿色化、生态化的新形态的经济文明。

当代中国绿色发展,所创造的人类文明新形态,第二个新是新的政治文明形态。历史唯物主义认为,文明不是脱离历史的文明。在阶级社会中,不同的阶级创造了体现不同阶级利益的文明。封建地主阶级创造了代表封建地主阶级的文明,资产阶级创造了代表资产阶级的文明。当代中国的绿色发展,是中国共产党团结带领中国人民所进行的绿色发展,其体现的是当代中国最广大人民根本利益的文明。这种政治文明坚持中国共产党的领导,坚持人民至上,坚持理论创新,坚持独立自主,坚持中国道路,坚持胸怀天下,坚持开拓创新,坚持敢于斗争,坚持统一战线,坚持自我革命,坚持把生态环境治理,把绿色发展看作是最大的政治问题。习近平在中国共产党第十八届中央政治局常务委员会会议上关于2013年第一季度经济形势的讲话中就指出,雾霾天气、一些地区饮水安全和土壤重金属含量过高等严重污染问题,"既是重大经济

---

① 史密斯.超越增长,还是超越资本主义[M]//徐焕.当代资本主义生态理论与绿色发展战略.北京:中央编译出版社,2015:316.
② 中共中央文献研究室.习近平关于社会主义生态文明建设论述摘编[M].北京:中央文献出版社,2017:5.
③ 中共中央文献研究室.习近平关于社会主义生态文明建设论述摘编[M].北京:中央文献出版社,2017:20.

问题,也是重大社会和政治问题。"①"我们要积极回应人民群众所想、所盼、所急,大力推进生态文明建设,提供更多优质生态产品,不断满足人民日益增长的优美生态环境需要。"这种政治文明,不同于资本驱动的政治文明,其既是一种绿色化、生态化的中国特色社会主义政治文明,更是一种以人民的根本利益为中心的中国特色社会主义政治文明。

当代中国绿色发展,所创造的人类文明新形态,第三个新是新的文化文明形态。文化与文明既有区别,又有紧密的联系。所谓文化,实际上指的是人们在一定历史时期,对人所进行的教化行为所呈现的样态,这种教化的目标是使人类社会更加文明。文化跟文明一样,同样是历史的、具体的,是对人类生产生活实践的描述与表征。在阶级社会中,不同的阶级同样创造着体现不同阶级生产生活实践的各种文化。因此,我们常常说,有资产阶级文化,也有社会主义文化。科威尔认为,资本主义的社会生产生活实践,塑造了一种不惜一切代价进行积累的文化,而社会主义则可以超越资本主义,因为社会主义可能塑造一种实现生态环境保护,绿色化的文化。② 当代中国的绿色发展,在中国共产党的领导下,中国人民把保护生态环境,实现绿色发展的基本理念,融入中国特色社会主义文化建设之中,强调通过宣传教育,通过文化工作的开展,引导全体社会成员树立和巩固绿色发展理念,培养人民群众的生态环境保护意识,建立生态环境保护红线,通过各种形式的中国特色社会主义文化建设,塑造出生态化、绿色化的生产生活实践文化文明新形态。

当代中国绿色发展,所创造的人类文明新形态,最根本的是体现为一种新的绿色化、生态化的社会主义整体性文明。社会主义

---

① 中共中央文献研究室.习近平关于社会主义生态文明建设论述摘编[M].北京:中央文献出版社,2017:4.
② 科威尔.生态社会主义:一种人文现象[M]//徐焕.当代资本主义生态理论与绿色发展战略.北京:中央编译出版社,2015:122.

这一基本主张,已经在世界上经历了超过五百年的历史,不同国家和地区都对其进行过艰苦的探索,有成功的经验,也有失败的教训。当代中国特色社会主义建设,积极回应人民诉求,与时俱进,不断完善和发展中国特色社会主义制度,走出了一条中国特色社会主义道路,创造了中国特色社会主义理论,为推进中国特色社会主义生态文明建设,实现绿色发展,提供了重要的社会历史环境。在中国共产党的领导下,中国人民"坚持节约资源和保护环境的基本国策,把生态文明建设放到现代化建设全局的突出地位"①,"更加自觉地推动绿色发展、循环发展、低碳发展,把生态文明建设融入经济建设、政治建设、文化建设、社会建设各方面和全过程"②。节约资源、保护环境的空间格局、产业结构、生产方式、生活方式日渐形成,从根本上扭转了生态环境因为经济增长可能恶化的趋势,为确保中华民族的永续发展,为全球生态安全创造了更加文明的社会环境。同时,这种绿色化、生态化的社会主义整体性文明的时代性塑造,也使人类社会形态呈现出新的面貌,呈现出更加积极健康的新希望。

三、中国绿色发展推进人类全面解放

人类解放是一个永恒的话题,也是人类社会不懈追求的基本目标。马克思认为,"任何一种解放都是把人的世界和人的关系还给人自己。"③在人类社会早期,人的生存与发展,基本完全受制于所生存的各种自然环境。此时,人不仅在物质基础条件上受制于"人的世界",也因此受制于人与人所构成的人的关系。近现代以

---

① 中共中央文献研究室.习近平关于社会主义生态文明建设论述摘编[M].北京:中央文献出版社,2017:43.
② 中共中央文献研究室.习近平关于社会主义生态文明建设论述摘编[M].北京:中央文献出版社,2017:20.
③ 中共中央马克思恩格斯列宁斯大林著作编译局.马克思恩格斯全集:第一卷[M].北京:人民出版社,1956:443.

来,随着人类社会生产力水平的提高,人类社会的物质财富不断增加,所创造的精神财富也逐渐丰富。但是,这并不意味着人类已经实现全面的解放。在马克思看来,"只有当现实的个人同时也是抽象的公民,并且作为个人,在自己的经验生活、自己的个人劳动、自己的个人关系中间,成为类存在物的时候,只有当人认识到自己的'原有力量'并把这种力量组织成为社会力量因而不再把社会力量当做政治力量跟自己分开的时候,只有到了那个时候,人类解放才能完成。"[1]因此,在马克思看来,实现人的解放,不仅是一个历史过程,而且只能是一个从局部到整体、从个人到全人类的历史过程。在这个历史过程中,人的解放,不仅要实现物质上的解放,更要实现精神上的解放,同时还要实现人的"原有力量"的解放,只有到了那个时候,才可能完成人类解放。也正是如此,在当代社会历史中,人类解放既是一种理想,也是一种现实的历史过程。

当代中国绿色发展,为推进人类物质解放,提供了新的历史条件。人类解放,首先要实现的是物质解放。所谓物质解放,既是指人类逐渐摆脱相对贫乏的物质资源和物质财富的制约的解放,也是指人类逐渐摆脱被物化的生存与发展境地的解放。人类要实现全面的解放,首先不仅要创造丰富的物质财富,同时更需要将物对人的控制,转变为人与物的和谐相处,这种和谐相处,既不是人对物的控制,更不是物对人的控制。以往既有的人类社会历史,主要是实现了第一个层面的物质解放,主要是创造了丰富的物质财富。但是,这种物质生产活动,也使人自身陷入了被物化的生存境地,从而遮蔽了人的"原有力量"。在这种情形下,"人进行生产只是为了自己占有;他生产的物品是他直接的、自私自利的需要的物化。因此,人本身——在未开化的野蛮状态下——以他自己直接需要

---

[1] 中共中央马克思恩格斯列宁斯大林著作编译局. 马克思恩格斯全集:第一卷[M]. 北京:人民出版社,1956:443.

的量为他生产的尺度,这种需要的内容直接是他所生产的物品本身。"①当代中国所进行的绿色发展,是在中国特色社会主义根本制度之下进行的物质生产,这种物质生产,虽然也保护合法的私有财产,但其根本目的不是保护私有制,而是为整个人类社会创造物质财富,这就为人类社会,实现更加全面的物质解放,提供了新的历史条件。

当代中国绿色发展,为推进人类精神解放,提供了新的历史条件。人类解放,不仅是物质上的解放,也包括精神上的解放。所谓精神解放,是指人从正在束缚人的自由而全面发展的各种精神活动中解放出来,实现人在精神层面自由而全面的发展,使人能够自由而全面地进行各种精神活动。人类社会在漫长的历史长河中,创造了各种各样的精神产品,这些精神产品都是一定历史时期的产物。它在一定历史时期内,可能有利于人类的解放,但也可能因为其滞后于物质生产的发展历史,而束缚人类在精神层面的解放。人们的精神活动就可能受到"怪影""枷锁""最高存在物""概念""怀疑"等假想中的意识形态的束缚,"即关于经验的束缚和界限的观念;生活的生产方式以及与之相联系的交往形式是在这些束缚和界限的范围内运动着的。"②"正是头脑的解放才使手脚的解放对人具有重大的意义;大家知道,手脚只是由于它们所服务的对象——头脑——才成为人的手脚。"③当代中国在中国特色社会主义根本制度下的绿色发展,就是要通过人与物的和解,通过更加和谐的物质生产,解放束缚人自由而全面发展的意识形态,使人的精神摆脱被物化的制约和控制,使人的精神世界从物化、异化等精神枷锁中解放出来,从而展现出人的精神活动的"原有力量",使人实

---

① 中共中央马克思恩格斯列宁斯大林著作编译局. 马克思恩格斯全集:第四十二卷[M]. 北京:人民出版社,1979:33.
② 中共中央马克思恩格斯列宁斯大林著作编译局. 马克思恩格斯全集:第三卷[M]. 北京:人民出版社,1960:36.
③ 中共中央马克思恩格斯列宁斯大林著作编译局. 马克思恩格斯全集:第一卷[M]. 北京:人民出版社,1956:83.

现人对自身、人对物的历史性超越。这种人对自身、人对物的超越,不是说要彻底脱离物质的存在,而进行精神活动,而是已经摆脱物的控制的精神枷锁,实现精神世界与物质世界相辅相成而又自由的活动,这就为人类社会实现更加全面的物质与精神解放,提供了新的历史条件。

当代中国绿色发展,为推进人类社会的全面解放,提供了新的历史条件。马克思认为,"人的本质并不是单个人所固有的抽象物,实际上,它是一切社会关系的总和。"①人之所为人,不仅是因为任何人都需具备一定的生理基础,具有一定的自然属性,更是因为人只有在社会生产生活实践中,才能体现人的类特征,使之成为类的存在物,只有在这种社会环境中、在人的社会生活中,人才成为人类中的个体。正是如此,马克思指出,"社会生活在本质上是实践的。凡是把理论导致神秘主义方面去的神秘东西,都能在人的实践中以及对这个实践的理解中得到合理的解决。"②人的解放也是一样,人只有在不断进步和完善的社会生产生活实践中,人的解放才能得以实现。当代中国的绿色发展,坚持人与自然的和谐相处,既体现人自由而全面的物质解放需求,又充分考虑到人自由而全面的精神解放需求,把生态文明和绿色发展理念,融入中国特色社会主义建设的经济建设、政治建设、文化建设和社会建设的各方面和全过程中,创造出比以往人类社会,更能实现人的物质解放和精神解放的社会历史环境,这就为实现人类社会的全面解放,提供了新的社会历史条件。

当代中国绿色发展,为推进全人类自由而全面的解放,提供了新的历史条件。历史唯物主义认为,人类解放不是某个人、某个民族的解放,而是全人类的解放。马克思在其著名篇章《论犹太人的

---

① 中共中央马克思恩格斯列宁斯大林著作编译局.马克思恩格斯全集:第三卷[M].北京:人民出版社,1960:5.
② 中共中央马克思恩格斯列宁斯大林著作编译局.马克思恩格斯全集:第三卷[M].北京:人民出版社,1960:5.

问题》中指出,"作为人,你们应该为人类解放奋斗。而你们所受的特种压迫和耻辱,不应该看成通则的例外,相反地,应该看成通则证实。"①人类社会经过漫长的历史锤炼,已经创造了丰富的物质财富和精神财富。但是,不同国家和地区的人们,仍都只是以各种不同的方式,行进在人类解放的道路上。不同国家和地区的人们所面临的问题,在其他国家和地区可能同样存在。当代人类社会所面临的全球性生态环境问题也一样,是不同国家和地区的人们共同需要面对的问题。当代中国的绿色发展,不仅强调"我们要认识到,山水林田湖是一个生命共同体,人的命脉在田,田的命脉在水,水的命脉在山,山的命脉在土,土的命脉在树。"②而且强调全世界不同国家和地区的人们都是一个命运共同体,强调通过共商共建共享,保护好地球,建设人类命运共同体③,实现全人类自由而全面的解放,为推进全人类自由而全面的解放,提供了新的历史条件。

第二节 中国绿色发展的全球启示

2021年11月11日,中国共产党第十九届中央委员会第六次全体会议通过的《中共中央关于党的百年奋斗重大成就和历史经验的决议》指出,"党的十八大以来,党中央以前所未有的力度抓生态文明建设,全党全国推动绿色发展的自觉性和主动性显著增强,美丽中国建设迈出重大步伐,我国生态环境保护发生历史性、转折

---

① 中共中央马克思恩格斯列宁斯大林著作编译局. 马克思恩格斯全集:第一卷[M]. 北京:人民出版社,1956:419.
② 中共中央文献研究室. 习近平关于社会主义生态文明建设论述摘编[M]. 北京:中央文献出版社,2017:47.
③ 中共中央文献研究室. 习近平关于社会主义生态文明建设论述摘编[M]. 北京:中央文献出版社,2017:141.

性、全局性变化。"①这种可喜的历史性、转折性、全局性变化,不仅是当代中国特色社会主义建设的伟大成就,使中国人民的天更蓝了、地更绿了、水更净了,现实地推动了中国特色社会主义制度的完善与发展,推进了当代中国的国家治理体系和治理能力现代化,同时也使世界上其他国家和地区的人们,越来越强烈地意识到,当代中国推进中国特色社会主义生态文明建设,实现绿色发展所蕴含的重要借鉴意义。这就在现实上,为更多的国家和地区,创新国家治理,促进绿色发展,推动全球治理,提供了重要的现实动力和实践参考。

一、中国绿色发展开创新的国家治理借鉴

当代中国的绿色发展,不仅推进了中国特色社会主义生态文明建设的历史进程,走出一条更加绿色化的中国式现代化新道路,创造了更加绿色的人类文明新形态,更是极大地推进了当代中国的国家治理体系和治理能力现代化,这为世界上其他国家和地区,探索自己的绿色发展道路,提供了重要的治理借鉴。英国学者福克纳(Robert Falkner)等人曾在总结和反思"里约+20"峰会的理论与实践时表示,"环境威胁正在给已经不稳定的世界带来新的地缘政治、经济和技术挑战。生态稳定性加速下降,能源和食物短缺以及受破坏的威胁越发严重,试图控制和利用资源所引发的政治紧张不断加剧——我们正以这种形式进入一个环境压力不断加剧的时代。当前的趋势在不同层次上对现存的进行全球环境威胁以及资源分配不均治理的机制提出了质疑。"②这种治理机制上的质疑,体现出当代世界不同国家和地区,应对全球性生态环境问题时,集体智慧的历史性不足。在这种背景下,世界上不同国家和地

---

① 中共中央关于党的百年奋斗重大成就和历史经验的决议[N].人民日报,2021-11-17(1).
② 福克纳."里约+20"与全球环境:理论与实践的反思[M]//徐焕.当代资本主义生态理论与绿色发展战略.北京:中央编译出版社,2015:288.

区,展开生态环境问题治理经验的交流与借鉴,就变得尤为重要。这种交流与借鉴,不仅有助于促进世界上不同国家和地区,创新国家治理,促进自己国家的绿色发展,更有助于不同国家和地区,加强应对全球性生态环境问题的交流与沟通,有助于世界上不同国家和地区的人们,携起手来共同应对全球性生态危机,共同走出一条更加积极健康的绿色发展道路。

  当代中国的绿色发展,第一个有助于世界上其他国家和地区,创新国家治理,推进绿色发展的借鉴之处,就是中国共产党的领导。20 世纪 60 年代以来,世界上许多国家和地区,都诞生了旨在保护生态环境,实现绿色发展的现代政党,即"绿党"。吕迪希在对世界各地的"绿党"活动进行研究后指出,虽然部分国家和地区的"绿党",在西方议会中的席位有所增加,但是我们并不能据此对世界各地的"绿党"影响力保持更加乐观的态度。吕迪希说,"绿色政治在欧洲和其他地方究竟有什么未来?尽管取得了一些相当显著的成功,但绿色党派的作用不应被高估。'绿党'从未参与过国家政权的执政。坚持环境保护的党派,可能提出了新的问题,但其他更切实的改变更难实现。由于它们是小的少数党,通常只获得不到 10% 选民的支持,它们直接影响政府政策的可能性似乎不大。"①为什么这些"绿党"提出了顺应全世界人民发展需求的保护生态环境,实现绿色发展的施政纲领,却依然不能获得更多的议会席位,不能发挥更大的作用?其中一个非常重要的原因可能就是,这些"绿党"并不能获得真正的执政权,因为,在资本主义私有制的根本制度下,正在执政的执政党,必须首先维护自己利益集团的基本利益。他们并不会主动让渡自己已经掌握的政权,因此,那些旨在保护生态环境,实现绿色发展的政党,就很难获得执政的权力,自然其主张也很难像当代中国的中国共产党那样,推进自己国家

---

① Rüdig W. Green party politics around the world[J]. Environment: Science and Policy for Sustainable Development, 2010, 33(8):6-31.

和地区的绿色发展。

　　当代中国的绿色发展,第二个有助于世界上其他国家和地区创新国家治理,推进绿色发展的借鉴之处,就是中国特色社会主义制度。中国特色社会主义制度是当代中国实现国家治理的重要组成部分,中国特色社会主义制度不仅是中国共产党团结带领中国人民在实践中逐渐建立、发展和完善的,而且是在社会主义这个根本制度下制定的。马格多夫和福斯特在对资本主义社会出现的全球性生态危机进行分析时就认为,"资本主义在本质上就是追求经济增长与财富积累,即便富裕国家也是如此。"[①]所以,英国生态经济学家史密斯(Richard Smith)在探讨资本主义制度与经济增长、生态环境的关系后认为,"我们需要一种实际的、可行的后资本主义经济,一种依靠人民、为了人民且生产是为了面向需要而不是利润的经济。"[②]在当代中国,中国共产党团结带领中国人民,所确立的社会主义根本制度,就从根本制度上,确保了中国特色社会主义各种具体制度的社会主义性质,确保了中国共产党的坚强领导,确保了当代中国经济社会发展不会像资本主义社会那样,依靠资本增殖驱动发展,不会像资本主义社会那样,把增加利润视为最为重要的发展目标,而是将经济、社会、生态环境等视为一个发展的系统,将生态文明、绿色发展,自觉融入中国特色社会主义建设的各方面和全过程,从而保障了绿色发展的顺利推进。

　　当代中国的绿色发展,第三个有助于世界上其他国家和地区创新国家治理,推进绿色发展的借鉴之处,就是绿色发展的多元共治。当代中国的绿色发展,之所以能够实现多元共治,当然有人民群众自己的意愿和努力,有中国特色社会主义根本制度的保障等因素,但更有中国特色社会主义根本制度保障下,中国共产党以及

---

① 马格多夫,福斯特.资本主义与环境[M]//徐焕.当代资本主义生态理论与绿色发展战略.北京:中央编译出版社,2015:8.
② 史密斯.超越增长,还是超越资本主义?[M]//徐焕.当代资本主义生态理论与绿色发展战略.北京:中央编译出版社,2015:317.

各级政府实施国家治理、地方治理的现代思维、现代方式、现代手段。这种现代思维、现代方式、现代手段的核心,就是中国共产党自己所总结的自我净化、自我完善、自我革新、自我提高。俞可平在总结当代中国自1978年底以来的治理改革时认为,"我们可以看到这样一条清晰的路线图:从一元治理到多元治理、从集权到分权、从人治到法治、从管制政府到服务政府、从党内民主到社会民主。"①中国共产党在百年奋斗历程中与时俱进,"一百年来,党领导人民进行伟大奋斗,在进取中突破,于挫折中奋起,从总结中提高,积累了宝贵的历史经验。"②这些历史经验,成为中国共产党团结带领中国人民,推进生态文明建设,实现绿色发展的治理优势,从而能够使全体中国人民,紧紧团结在中国共产党周围,全国上下拧成一股绳,劲往一处使,实现政府、市场和全体社会成员的齐抓共管,多元共治。

此外,当代中国的绿色发展,还广泛团结一切可以团结的国际力量,坚持独立自主的和平外交政策,弘扬和平、发展、公平、正义、民主、自由的全人类共同价值,积极参与保护生态环境,促进绿色发展的全球事务,这为当代中国推进中国特色社会主义生态文明建设,促进绿色发展创造了良好的国际环境,同时也为世界上其他国家和地区,保护生态环境,实现绿色发展,提供了有利条件。当前,虽然和平与发展仍是时代的主题。但是,世界上也同样存在着这样或者那样的局部冲突与战争,同样存在着这样或者那样的国内外经济、政治等各种各样的现实冲突。如果这些国家和地区没有和平的环境,如果这些国家和地区的政党和人民,不能争取到相当长一个历史时期的和平环境,很难想象这些国家和地区,能够顺利推进其绿色发展。因此,当代中国的绿色发展,实际上向世界上那些试图去保护生态环境,实现绿色发展的国家和地区,提供了一

---

① 俞可平.论国家治理现代化[M].修订版.北京:社会科学文献出版社,2015:84.
② 中共中央关于党的百年奋斗重大成就和历史经验的决议[N].人民日报,2021-11-17(1).

个重要的治理建议,那就是走和平发展道路。实现绿色发展,必须想尽一切办法,提升自己所在国家和地区的治理能力和治理水平,以便争取到更加和平的发展环境,才能有效地实现绿色发展。否则,保护生态环境,实现绿色发展,必然成为空洞的政治口号。显然,种再多的树,做再好的绿化,也抵不住铜枪铁炮的攻击与毁灭。

二、中国绿色发展引领发展中国家绿色发展

当代中国的绿色发展,还为广大发展中国家和地区的人们实现绿色发展,提供了重要的治理参考。发展中国家的经济社会发展,既背负着急待加速发展的历史包袱,又面临着人们对生态环境保护需求的日益增长,如何在经济社会发展与生态环境的保护间,找到恰当的治理之道,是困扰发展中国家的重大现实问题。英国学者亚当斯(W. M. Adams)在经过大量的实证研究后认为,发展中国家和地区,实施可持续的绿色发展之难,主要是难在民众会反复考量自己因为改变而新增的生产生活成本,并据此与推行绿色发展政策的政府、组织之间,展开各种形式的反复博弈,并表现出三种基本行为态度。第一种态度是被动适应,这种态度引发的后发行为是,民众迁徙或者放弃原有的生产与生活方式,被动选择与现有生态环境需求相一致的发展方式。第二种态度是消极抵抗,这种态度的后发行为表现为,民众对既定绿色发展政策的冷漠,他们实际上并不会去执行实施绿色发展的相关政策。第三种态度是公开反抗,这主要是因为他们认为,任何"外来的"发展,都会剥夺他们的生存和发展机会,因此,他们需要公开反抗任何改变他们自己意志的既有生产生活方式。① 无论是以上哪种态度的出现,都会造成发展中国家和地区,实现绿色发展的极大治理困难,甚至引

---

① Adams W M. Sustainable development? [C]// Taylor P, Johnston R J. Geographies of global change: remapping the world in the late twentieth century. Oxford: Basil Blackwell, 1995: 354-373.

发社会治理成本的极大浪费。因此,在广大发展中国家和地区,实现绿色发展,往往要比发达国家和地区实现绿色发展,付出更多的历史性代价和治理成本。

当代中国的绿色发展,为广大发展中国家和地区实现绿色发展,提供的第一个重要治理参考是,实现绿色发展,政府必须唤醒民众。发展意味着改变。在任何一种发展中,人们都可能需要忍受或者积极应对发展带来的种种环境改变。人类社会之所以会出现发展,正是因为勇敢的人类敢于面对各种生存与发展环境的改变。积极的态度是获得这种改变和各种历史性进步的关键。正是因为人们有了这种积极的态度,才不断促使人们在实践中反复实践,从而获得更多新的谋生技能,并重建甚至增强他们可能正在丢失的谋生技能。这是人类社会之所以能够发展的重要的影响和回应模式。面对中国的绿色发展,习近平多次强调,"要加强生态文明宣传教育,增强全民节约意识、环保意识、生态意识,营造爱护生态环境的良好风气。"[①]"我们要坚持节约资源和保护环境的基本国策,像保护眼睛一样保护生态环境,像对待生命一样对待生态环境,推动形成绿色发展方式和生活方式,协同推进人民富裕、国家强盛、中国美丽。"[②]当代中国的绿色发展表明,人们并不会因为实行适当的"休渔"政策,而导致多年从事渔业捕捞的人群失业。人们也并不会因为淘汰旧的灌溉技术,而造成农业生产效率更低。人们也并不会因为引入各种更加保护生态环境的生产生活方式,而让自己无所适从。当代中国的绿色发展恰恰说明,发展中国家民众在面对发展引发的生态环境问题时,更应该积极作出新的改变,探索新的生产方式与生活方式才是上策。

当代中国的绿色发展,为广大发展中国家和地区实现绿色发

---

① 中共中央文献研究室.习近平关于社会主义生态文明建设论述摘编[M].北京:中央文献出版社,2017:116.
② 中共中央文献研究室.习近平关于社会主义生态文明建设论述摘编[M].北京:中央文献出版社,2017:12.

展,提供的第二个重要治理参考是,实现绿色发展,政府必须组织民众。许多发展中国家和地区,因为社会发展阶段所限,实施社会治理、国家治理的技术手段等历史条件有限,人民群众的社会行为较为散漫,如何有效地组织民众,积极参与并现实地推动绿色发展,就成为广大发展中国家和地区,实施绿色发展治理中十分重大的理论与现实难题。面对当代中国的绿色发展,习近平多次强调,"各级党委和政府要切实重视、加强领导,纪检监察机关、组织部门和政府有关监管部门要各尽其责、形成合力。"[①]在当代中国的绿色发展中,我们已经看到,人们愿意也能够有效地组织起来,解决贫困和生态环境可能的恶化问题,愿意被组织起来共同推进绿色发展。在许多时候,我们都能够看到,这些被组织起来的社会团体和民间组织,对整个社会的绿色发展是负责任的。有关绿色发展规划的制定者、组织者、实施者以及那些处于发展计划之中的民众,本身只是分担了促进绿色发展的不同角色,他们并不是潜在的对立者,而恰恰是共同利益者,当然也应该是共同利益的建设者,而不是障碍,也并没有成为障碍,这些,都离不开现代国家治理和社会治理应有组织力的实际展现。

当代中国的绿色发展,为广大发展中国家和地区实现绿色发展,提供的第三个重要治理参考是,实现绿色发展,必须实施广泛动员以及多元共治。保护生态环境,实施绿色发展,既是一项系统工程,同时也具有自身的复杂性和长期性,离不开全体社会成员的积极意愿和多方行动。这个过程必须得到多边意愿的可持续支撑,才可能得以顺利实施。哈里斯(F. M. A. Harris)更是明确地认为,人们对生态环境实施可持续治理、可持续生存的可能前景,依赖于现代社会民主的大力发展,因为可持续发展需要社会各方

---

① 中共中央文献研究室.习近平关于社会主义生态文明建设论述摘编[M].北京:中央文献出版社,2017:111.

力量的共同努力。① 当代中国的绿色发展，之所以在很短的时期内，就能够取得巨大进展和伟大成就，离不开中国共产党所具有的强大的社会动员能力，及其所实施的多元共治。有学者就指出，"近代以来，社会动员在中国国家治理现代化过程中发挥着重要的驱动效应，并深度形塑现代政党与社会发展关系，尤其是在政策推广方面具有其他治理方式不可比拟的效率优势。"② 在当代中国的绿色发展中，这种在历史实践中已经形成的治理优势，就已经转化成为现实的绿色发展治理能力和治理效力，发挥了不可或缺的重大积极作用。

事实上，当代中国的绿色发展，还为广大发展中国家和地区实现绿色发展，提供了许多重要的治理启示。恩格斯指出，"当我们深思熟虑地考察自然界或人类历史或我们自己的精神活动的时候，首先呈现在我们眼前的，是一幅由种种联系和相互作用无穷无尽地交织起来的画面，其中没有任何东西是不动的和不变的，而是一切都在运动、变化、产生和消失。"③ "发展"的内在规定性，既在于对这种变化的事实性揭示，也在于对这种变化的价值性意蕴。世界经济体系日益深入的全球化，伴随着国家权力对他国和跨国企业的不断输出，经济全球化正在悄无声息地改变着全球秩序。发展中的伦理道德、环境正义等全球问题，也因为可持续发展而提上议事日程。在一定程度上，可持续发展能够对主流社会的经典发展策略做出全面检查，改进政府治理、制度和计划，对经济增长的主观成本进行评估，改革工业化进程，使之将风险降到最低，努力缓解环境补偿压力和社会经济成本。当代中国的绿色发展实践表明，广大发展中国家是可能解决好生态环境保护与经济社会发

---

① Harris F M A. Nutrient management of smallholder farmers in a short-fallow farming system in north-east Nigeria[J]. Geographical Journal，1999(165):275-285.
② 左官春,刘魁. 社会动员与国家常态治理的互动机制研究[J]. 海南大学学报(人文社会科学版),2021(6):32.
③ 中共中央马克思恩格斯列宁斯大林著作编译局. 马克思恩格斯全集:第二十卷[M]. 北京:人民出版社,1971:23.

展需求之间的问题的。甚至,当代中国的绿色发展实践,正在促使全世界不同国家和地区的国家治理,以及世界上不同国家和地区的全球治理机制,产生更加积极的新变革,并能够解决生态环境保护与高速发展,发达国家和地区的资本输出、资源需求与广大发展中国家和地区的发展需求、利益保护,以及全球性生态环境问题、可持续发展问题、绿色发展问题中涌现的公平与正义、民主与约束等诸多可能的现代治理悖论。

三、中国绿色发展推动全球治理创新发展

当代中国的绿色发展,还为推动全球治理创新发展,提供了重要的治理参考。福克纳等人在总结和反思"里约＋20"峰会的理论与实践时认为,"对于国际社会以共同方式长久履行义务以解决环境问题的能力,人们越来越有一种沮丧甚至失败感——特别是因为生态和经济可持续发展的危机仍然未能得到解决。从气候变化到森林和生物多样性的破坏,许多在1992年里约会议议程上亟待解决的环境问题至今仍然伴随着我们。"[1]福克纳的总结与反思,实际上揭示了当代全球治理中,日益严峻的一个非常重要的全球治理疑难,即,在一个相对和平稳定的国际环境中,世界上越来越多的国家和地区,需要抓住难得的历史机遇去发展,但世界上的不同国家和地区,既不可能具有完全一样的发展基础,也不可能处于完全一样的发展阶段,却要面对几乎一样的全球发展需求、发展目标等方面的制约。如果没有科学合理的现代全球治理框架,或者说,全球治理框架没有与时俱进,不具有相对超前的治理改革和创新,像保护生态环境,开展全球气候治理,推进绿色发展,就必然只能成为一种美好的人类愿望。在这种背景下,积极吸收不同国

---

[1] 福克纳."里约＋20"与全球环境:理论与实践的反思[M]//徐焕.当代资本主义生态理论与绿色发展战略.北京:中央编译出版社,2015:289.

家和地区的治理经验,改革和创新全球治理,就显得尤为必要。

当代中国的绿色发展,为推动全球治理创新发展,提供的第一个重要治理参考是,实现绿色发展,必须树立人类命运共同体的基本理念。马格多夫在探究全球资源耗竭的原因后指出,"在全球范围内,以及多数国家和地区,普遍的资源枯竭和生态问题主要是资本主义运转方式和经济决策造成的恶果。其核心问题在于大公司和私人资本对贫困国家资源的持续开采,它们主要关切的是短期利润最大化。"[1]资本主义在全球的迅猛扩张,既展现出资本主义私有制驱动人类经济社会发展的极大推动力,同时也展现出资本主义私有制在面对全球性生态环境等全球治理问题时的思维局限。当代中国的绿色发展,当然强调自身的发展,但同时也强调中国是世界的中国,世界也应该是有中国的世界。因此,中国历来主张,中国与世界具有命运相通的基本关系。习近平强调,"中国将继续承担应尽的国际义务,同世界各国深入开展生态文明领域的交流合作,推动成果分享,携手共建生态良好的地球美好家园。"[2]正是在这种理念下,当代中国的绿色发展,始终坚持做好自己,贡献全球,积极推动全球治理的创新发展。

当代中国的绿色发展,为推动全球治理创新发展,提供的第二个重要治理参考是,实现绿色发展,必须推动全球治理格局的创新发展。现有全球治理格局,主要是第二次世界大战以后逐渐形成的。近现代以来,尤其是第二次世界大战以来,相对和平稳定的国际发展环境,既为世界上广大发展中国家和地区提供了难得的发展机遇,同时也为世界上少数发达国家提供了更多的境外发展机遇。由于发达国家已经具有相对先进的科学技术条件、资本积累等,这些发达国家几乎掌握了全球治理的所有话语权。与此同时,

---

[1] 马格多夫.全球资源耗竭:是人口问题吗?[M]//徐焕.当代资本主义生态理论与绿色发展战略.北京:中央编译出版社,2015:92.
[2] 中共中央文献研究室.习近平关于社会主义生态文明建设论述摘编[M].北京:中央文献出版社,2017:127.

这些发达国家几乎都是发达的资本主义国家。这就意味着，在现有全球治理格局中，资本主义制度所具有的历史局限，也必然在事实上影响着参与全球治理的不同国家和地区，以及这些国家和地区对生态环境问题的基本态度和应对方案。当代中国的绿色发展理论与实践表明，社会主义国家、发展中国家和地区，也能处理好生态环境保护与经济社会发展的基本关系，甚至体现出比资本主义制度更强的制度优越性，体现出比发达资本主义国家更高的治理效能。因此，解决全球性生态环境问题，有必要加快推动全球治理格局的创新与发展，积极吸收新兴发展中国家和地区实现绿色发展的历史经验，给予新兴发展中国家和地区更多国际话语权，以便更好地推进对生态环境危机、气候问题等方面的全球治理。

当代中国的绿色发展，为推动全球治理创新发展，提供的第三个重要治理参考是，实现绿色发展，必须推动全球治理规则的创新发展。当代全球性生态环境问题的出现，既有当下各国各地区人们自身生产生活方式的问题，也有发达资本主义国家的资本输出、资源掠夺等方面的历史原因。因此，世界上不同国家和地区，在当代全球性生态环境问题的治理中，实际上处于不同的历史境遇，也应当承担不同的责任和义务，忽视这种历史与现实的差异，实际上就会损害全球治理应有的公平与正义，从而降低人类社会应对全球性生态危机的全球治理效能。王雨辰认为，"发达国家排放的二氧化碳总量占全球的75％，但是其人口只占全球的25％；发达国家对谷物的消费人均每年为716千克，而后发国家人均却只有246千克；能耗消费方面，发达国家人均是后发国家的4～6倍。既然发达资本主义国家应该对全球生态危机负有历史和现实责任，这就意味着在变革不公正的国际政治经济秩序的基础上，发达国家应当在全球环境治理中承担主要责任，后发国家应当在全球生态治理中秉承'共同而有差别'的原则,承担其应当承担的责任。"①因此,推动全球治理规则的创新发展,已经成为全球治理应对全球性生态危机,实现绿色可持续发展的时代需求。

当代中国的绿色发展,还以实际行动,积极参与有关生态环境保护和绿色发展的全球治理,为推动全球治理的创新发展,提供了"中国借鉴"。习近平强调,"坚持共同但有区别的责任等原则,不是说发展中国家就不要为全球应对气候变化作出贡献了,而是说要符合发展中国家能力和要求。"②中国不仅自主降低碳排放,促进绿色发展,而且积极促进世界上其他国家和地区实现绿色发展,体现出中国在生态环境保护和绿色发展的全球治理中的责任担当。习近平在出席二十国集团领导人第九次峰会第二阶段会议时庄严承诺,"中方计划二〇三〇年左右达到二氧化碳排放峰值,到二〇三〇年非化石能源占一次能源消费比重提高到百分之二十左右,同时将设立气候变化南南合作基金,帮助其他发展中国家应对气候变化。"③这些都展示出中国积极应对全球性生态环境问题,积极推动不同国家和地区实现绿色发展的坚定决心,同时也为世界上不同国家和地区积极践行"共同而有差异"的生态环境全球治理原则,提供了中国借鉴。当然,推动全球治理的创新发展也并非易事,参与全球治理的各方,在共同的人类发展目标下,既需要考虑全人类的发展历史、现实与未来,也需要考虑世界上不同国家和地区的发展历史、现实与未来;既需要考虑世界上不同国家和地区共有的价值追求,也需要考虑世界上不同国家和地区具有差异性的风俗文化背景;既需要考虑涉及双边的重要议题的沟通与协商,也需要考虑积极开展各种形式、各种渠道、各种议题的多边沟通与

---

① 王雨辰.生态学马克思主义与后发国家生态文明理论研究[M].北京:人民出版社,2017:208-209.
② 中共中央文献研究室.习近平关于社会主义生态文明建设论述摘编[M].北京:中央文献出版社,2017:132.
③ 中共中央文献研究室.习近平关于社会主义生态文明建设论述摘编[M].北京:中央文献出版社,2017:128.

协商等等。总之,只有在全人类可持续发展、绿色发展的基本目标下,追求具有差异性的共同发展,积极推动全球治理的创新发展,人类社会才会有更加美好的未来。

第三节　中国绿色发展的时代智慧

当代中国的绿色发展,不仅在实践上已经取得了诸多重大的历史进展,而且为人类社会贡献了自己的时代智慧。马克思指出,"理论的方案需要通过实际经验的大量积累才臻于完善。"[①] 不同时期的人们的认识,总是会受到这样或那样的历史局限。只有在实践中,人们的认识才会更加完善和发展,只有通过实践,人类智慧才能得到丰富、完善和发展。当代中国的绿色发展理论与实践,不仅是中国共产党团结带领中国人民,用自己的实践行动,徐徐展开的一幅绿色画卷,更是中国共产党团结带领中国人民,走出中国式现代化道路,创造人类文明新形态,实现更加可持续绿色发展的经典篇章。其展现出中国人民对人与自然和谐共生的价值认同,展现出以绿色引领人类社会历史发展的行动智慧,展现出当代人类命运共同体的世界新视野,展现出中国人民追求国家富强、民族振兴和人民幸福的坚定决心和时代智慧,是这个时代的中国人民为这个时代贡献的宝贵精神财富,值得代代相传,发扬光大。

一、人与自然和谐共生的价值认同

人与自然的和谐共生,似乎并不是什么新的智慧。中华优秀

---

① 中共中央马克思恩格斯列宁斯大林著作编译局. 马克思恩格斯全集:第二十三卷[M]. 北京:人民出版社,1972:417.

传统文化中,早就有"天人合一""天人一体"的基本思想。在西方思想史上,也不乏讲人与自然和谐相处的经典文献。一百多年前,马克思更是明确指出,"任何人类历史的第一个前提无疑是有生命的个人的存在。因此第一个需要确定的具体事实就是这些个人的肉体组织,以及受肉体组织制约的他们与自然界的关系。"①恩格斯也告诫已经步入现代生产生活实践境地的人们,"我们必须时时记住:我们统治自然界,决不象征服者统治异民族一样,决不象站在自然界以外的人一样,——相反地,我们连同我们的肉、血和头脑都是属于自然界,存在于自然界的"②,因此,"我们不要过分陶醉于我们对自然界的胜利。对于每一次这样的胜利,自然界都报复了我们。"③这些似乎都表明,关于人与自然的和谐相处,并不是什么新鲜的时代认识。甚至,不仅在我们这个时代,即使是在离我们已经远去的近代、古代等,都已经有了生态环境保护主义者、非人类中心主义者等,对自然资源保护的基本认识和人类行动。

当代中国绿色发展中,所体现的人与自然和谐共生,之所以是一种时代智慧,是因为,当代中国绿色发展中的人与自然和谐共生价值认同,是中国人民经过历史实践之后的精神升华和智慧结晶。古代的中国社会,人口数量相对有限,中华儿女对自然资源的开发与利用极其有限,并没有引起人与自然关系的紧张。在那个时期,"天人合一""天人一体"的基本思想,更多的是,表现为一种关于人与自然关系朴素的基本认识。近代中国社会,其生产生活方式也主要是小农经济,在其生产生活实践上,人与自然"自然生成"的和谐关系没有遭到根本性的破坏,人与自然的"人为痕迹"及其后果并不突出。只是到了最近半个世纪以来,当代中国在经历了近百

---

① 中共中央马克思恩格斯列宁斯大林著作编译局. 马克思恩格斯全集:第三卷[M]. 北京:人民出版社,1960:23.
② 中共中央马克思恩格斯列宁斯大林著作编译局. 马克思恩格斯全集:第二十卷[M]. 北京:人民出版社,1971:519.
③ 中共中央马克思恩格斯列宁斯大林著作编译局. 马克思恩格斯全集:第二十卷[M]. 北京:人民出版社,1971:519.

年革命与战争之后,又不得不迅速地加入现代化的国际赛场,出于社会发展与国际竞争的需要,中国人民不得不"向大自然进军",进而在迅猛的发展和对自然资源的极度需求面前,而时代性地遗忘了我们究竟该怎样与自然相处。正是在这种背景下,中国社会同样遭遇到了西方社会已经开始出现的生态危机、生态环境持续恶化等等所谓的现代社会问题。而在这之后,中国人民重新认识到人与自然的和谐相处的重要性,重新认识人与自然的基本关系,并明确提出尊重自然,遵循自然规律,形成人与自然和谐共生的集体价值认同,追求人与自然和谐共生的现代化,实现绿色发展,这并不是历史的回复,而是中国人民在经历历史实践之后的精神升华和智慧结晶。

当代中国绿色发展中,所体现的人与自然和谐共生,之所以是一种时代智慧,是因为,当代中国绿色发展中的人与自然和谐共生价值认同,是中国人民经过当代治理反思之后的精神升华和智慧结晶。在人类思想史上,关于人与自然和谐相处的许多认识,都主要表现为不同历史时期不同国家和地区的人们,甚至是部分人自发的理性认识,而不是通过国家意志、社会意志、组织意志等集体意志体现出来的集体认识。当代中国绿色发展理论与实践中,所体现的对人与自然和谐共生的基本认识,是一种进入社会治理、国家治理,甚至是全球治理场域中的当代认识。习近平指出,"绿色发展,就其要义来讲,是要解决好人与自然和谐共生问题。人类发展活动必须尊重自然、顺应自然、保护自然,否则就会遭到大自然的报复,这个规律谁也无法抗拒。"[①]这种对人与自然和谐共生关系的基本认识,突出地表现为一种基于个体,但又超越个体的集体价值认同,表现为一种社会、国家、组织的集体价值认同,并因此转化为一种集体行动意志,而不再是某个个体或者某一部分人的认

---

① 中共中央文献研究室.习近平关于社会主义生态文明建设论述摘编[M].北京:中央文献出版社,2017:32.

识、价值认同或者个体行为。这种关于人与自然和谐共生关系的认识,及其集体价值认同,是对在此之前各种关于人与自然关系认识的历史性超越,是经过当代治理理论与实践反思之后的精神升华和智慧结晶。

当代中国绿色发展中,所体现的人与自然和谐共生,之所以是一种时代智慧,是因为,当代中国绿色发展中的人与自然和谐共生价值认同,是中国人民经过内外锤炼之后的精神升华和智慧结晶。当代生态环境问题的出现,已经引起世界上不同国家和地区的人们的广泛关注,但这并不意味着当今世界上所有国家和地区的人们就已经在携手解决生态环境问题,也不意味着当今世界上所有国家和地区的人们已经找到了实现绿色发展道路的有效方案。尤其是当代中国这样一个仍处于社会主义初级阶段的发展中国家,更需要发展,更需要源源不断且巨量的自然资源供给。与此同时,那些已经经过资本原始积累阶段的发达国家和地区,更有条件去实现人与自然的和谐共生。在这种国际竞争中,像中国这样的国家和地区,要实现人与自然的和谐共生,既要经受住外部发达国家和地区仍保持高速发展的时代诱惑,又要经受住中国社会内在发展需求的心理考验,绝非易事。在这种背景下,中国强调,"要坚定不移走绿色低碳循环发展之路,构建绿色产业体系和空间格局,引导形成绿色生产方式和生活方式,促进人与自然和谐共生"[①]尤其显得关键、重要,而又极具时代魄力。也正是如此,当代中国绿色发展理论与实践中,所体现的人与自然的和谐共生,不仅是一种集体价值认同,一种集体治理意志,更是一种在多元认识和多元行动的实践考验中,不断锻造和锤炼的集体认识和实际行动,是属于这个时代锻造和锤炼出的精神升华和智慧结晶。

当代中国绿色发展中,所体现的人与自然和谐共生,不是人类

---

① 中共中央文献研究室.习近平关于社会主义生态文明建设论述摘编[M].北京:中央文献出版社,2017:31-32.

认识与行动的历史反复,而是当代中国人民在实现绿色发展的理论与实践中,对人类社会历史发展规律,尤其是对人类社会现代化进程历史方位的深刻把握,同时更是对国家治理现代化进程中诸要素及其关系的深刻把握。这种把握的关键在于"和谐共生"。这种"和谐共生"所包含的是对人与自然共同生命体的自然承认,是对人类中心主义、西方中心主义、自然工具主义的坚决放弃,是对人与自然关系历史认知与实践的时代性告别。习近平在中国共产党第十九次全国代表大会上明确指出,"我们要建设的现代化是人与自然和谐共生的现代化,既要创造更多物质财富和精神财富以满足人民日益增长的美好生活需要,也要提供更多优质生态产品以满足人民日益增长的优美生态环境需要。"[①]在当代中国绿色发展理论与实践中,形成的人与自然和谐共生的价值认同,将时刻提醒人们,人类社会历史的发展,绝不能再出现历史中所出现过的"人与自然关系的实践断裂",也不应该出现"人对自然的肆意入侵",而应该是把人与自然视作共同的生命体,互为"共生"。在这个意义上,当代中国的绿色发展理论与实践中,所体现的人与自然和谐共生的价值认同,则又大大拓展了人类社会对现代社会的理解视域和发展境界。在这里,人类社会历史的发展,不仅仅是公共权力运行的制度化和规范化、民主化、法治化、效率提升、协调能力提升等等,而是人与自然的和谐共生,是人、自然、社会、国家等人类社会历史发展中诸要素及其关系的和谐完满之境。

二、以绿色引领人类社会历史发展

发展,是人类社会生产生活实践的基本目标。但是,如何实现发展,却是一个常谈常新的问题。恩格斯指出,古希腊时期的人们就已经认识到,"整个自然界,从最小的东西到最大的东西,从沙粒

---

① 习近平.习近平谈治国理政:第三卷[M].北京:外文出版社,2020:39.

到太阳,从原生生物到人,都处于永恒的产生和消灭中,处于不断的流动中,处于无休止的运动和变化中。"① 而发展,就是这种运动变化中新事物的出现和旧事物的灭亡。引起事物发生变化和发展的根本动力就是矛盾的存在,矛盾的普遍存在引起了万事万物的变化与发展。矛盾是什么呢?恩格斯说,"一个事物是它自身,同时又在不断变化,它本身有'不变'和'变'的对立,——这就是矛盾。"② 矛盾在自然界的存在既具有普遍性,也具有特殊性。自然界有纯粹自然界的矛盾,人类社会历史有人类社会历史的矛盾。纯粹自然界的矛盾运动,遵循着纯粹自然界的规律,而"自然"运行。人类社会历史就不一样了,它既受制于纯粹自然界运行规律,也受制于人类社会历史中人的意志的影响,这就是人类社会历史发展的主观性、主观能动性。因此,在不同历史时期,不同国家和地区的人们,对"发展"本身的理解不同,用不同的发展观指引人类社会历史实践,就会产生不同的人类社会历史发展情形,就会造就不同的人类社会历史。

当代中国绿色发展理论与实践中所体现的发展观,最突出的特征,是对绿色的强调与落实。绿色,是当代中国绿色发展中最突出的颜色,也是当代中国社会发展智慧的时代显现。以颜色来描述人类社会历史发展的不同阶段及其文明,是人类社会标识、理解人类社会不同历史阶段及其文明的重要方法,也是人类社会解读人类社会不同历史阶段发展内涵的重要窗口。一般认为,"黄色文明"代表了人类社会历史发展的农耕时代,人们在那个时期主要是基于黄土地的农业耕作而实现生存与发展。③ 近现代以来,人类社会率先在西方社会出现了工业革命,并因为工业生产产生了许

---

① 中共中央马克思恩格斯列宁斯大林著作编译局. 马克思恩格斯全集:第二十卷[M]. 北京:人民出版社,1971:370.
② 中共中央马克思恩格斯列宁斯大林著作编译局. 马克思恩格斯全集:第二十卷[M]. 北京:人民出版社,1971:672-673.
③ 郝栋. 绿色发展的思想轨迹:从浅绿色到深绿色[M]. 北京:北京科学技术出版社,2013:21.

多的工业产品,这些产品的颜色多为铁灰色,故称为"灰色文明"。而到了最近一两个世纪,工业生产的迅猛发展,带来了自然资源的极度消耗,相对发展的城市等地区,出现了从未出现过的黑烟囱,故有人称之为"黑色文明"。胡鞍钢将这种"黑色文明"所体现的发展观称为"黑色发展观",其历史实践,他称之为"黑色发展模式"。胡鞍钢认为,"工业文明下的黑色发展模式就是'杀鸡取卵,竭泽而渔','吃祖宗饭,造子孙孽'"[①]。当代中国的绿色发展,与这些历史具有的根本不一样的特征就在于,它是要从根本上超越"黄色文明""灰色文明""黑色文明",而实现既要发展,又要绿色的绿色发展,这种绿色发展在本质上,追求的是一种人与自然和谐共生的可持续发展,体现的是当代人类社会经过千百年的历史实践之后的智慧结晶。

当代中国的绿色发展理论与实践,并不仅仅在于一个"绿"字上,而是已经构建出一个绿色化的人类社会发展系统。在其发展理念上,当代中国的绿色发展理论与实践,坚持绿色发展理念。在其发展动力上,当代中国的绿色发展理论与实践,是为了满足人民对美好生活的需求,为人民谋幸福,为民族谋复兴,天更蓝、地更绿、水更净,为了中国更美丽,世界更美丽。在其发展目标上,当代中国的绿色发展理论与实践,是为了中华民族以及整个人类社会的永续发展。在其发展机制上,当代中国的绿色发展理论与实践,是要将绿色发展理念融入经济建设、政治建设、文化建设、社会建设等中国特色社会主义建设的各方面和全过程中去。在其实践规范上,当代中国的绿色发展理论与实践,是坚持社会主义根本制度的人类社会历史发展。在其组织领导上,当代中国的绿色发展理论与实践,是中国共产党领导的人类社会历史发展等等。正是如此,习近平在山西考察工作时强调,"坚持绿色发展是发展观的一

---

① 胡鞍钢.中国:创新绿色发展[M].北京:中国人民大学出版社,2012:26-27.

场深刻革命。"①这场革命不仅是发展理念上的革命,也是发展动力、发展目标、发展机制等方面的革命,是区别于以往黄色发展观、灰色发展观、黑色发展观的时代革命。这场革命展现的是当代中国人民在中国特色社会主义建设实践中,超越以往发展观,探索永续发展道路,实现人与自然和谐共生这一发展道路的时代智慧、实践智慧的历史结晶。

当代中国绿色发展的理论与实践,所构建的绿色发展系统,不仅仅是为了中华民族的永续发展,还是为了全世界人民的永续发展。习近平强调,"建设生态文明关乎人类未来。国际社会应该携手同行,共谋全球生态文明建设之路,牢固树立尊重自然、顺应自然、保护自然的意识,坚持走绿色、低碳、循环、可持续发展之路。在这方面,中国责无旁贷,将继续作出自己的贡献。"②当代中国的绿色发展强调,人类只有一个地球。不同国家和地区的人们,都生活在同一个地球,生活在同一片蓝天下。因此,不同国家和地区的发展,既是属于作为个体的国家和地区的发展,也是作为人类社会之一的集体的发展。这种"集体发展观",超越了以往发展观中,因为竞争、因为国家和民族利益等特殊性个体利益而显现的"个体发展观"的狭隘,体现出当代中国绿色发展理论与实践所蕴含的"人类意识"和"人类情怀"。习近平在中非企业家大会上的讲话中庄严承诺,"我们将为非洲国家实施应对气候变化及生态保护项目,为非洲国家培训生态保护领域专业人才,帮助非洲走绿色低碳可持续发展道路。"③可见,当代中国的绿色发展理论与实践,所体现的发展,所要追求的发展,不仅是个体的发展,更是全球的发展,是整个人类社会的发展。它既是当代中国人民发展观的精神升华,

---

① 中共中央文献研究室.习近平关于社会主义生态文明建设论述摘编[M].北京:中央文献出版社,2017:38.
② 中共中央文献研究室.习近平关于社会主义生态文明建设论述摘编[M].北京:中央文献出版社,2017:131.
③ 中共中央文献研究室.习近平关于社会主义生态文明建设论述摘编[M].北京:中央文献出版社,2017:137.

更是当代中国人民在实现绿色发展的理论与实践中,推动全人类实现永续发展的时代智慧和实践智慧。

当代中国人民在绿色发展的理论与实践中,比以往更加深刻地认识到,实践,只有人民群众的实践,才是推动人类社会历史发展的根本动力。正是在这种实践中,"党中央以前所未有的力度抓生态文明建设,全党全国推动绿色发展的自觉性和主动性显著增强,美丽中国建设迈出重大步伐,我国生态环境保护发生历史性、转折性、全局性变化。"①当代中国的绿色发展理论与实践,也必将引领当代中国经济、政治、文化等方面的社会实践和历史发展。在这个意义上,当代中国的绿色发展理论与实践,不仅是全方位、全过程的发展,更是具有引领性的绿色发展。这种绿色发展带来的是,一场人们生产生活方式、思想观念、伦理道德、社会关系等各方面广泛而深刻的社会变革。这种社会变革,不是要否定人类社会历史发展中已经积累的人类文明成果,更不是要放弃人类社会历史发展中已经积累的人类文明成果,而恰恰是要在继承人类社会历史发展中已经积累的人类文明成果的基础上,通过绿色发展的理论与实践,创造更加灿烂的人类文明新成果,创造和发展人与自然和谐共生的人类文明新形态。也正是如此,当代中国的绿色发展理论与实践,所体现的绿色发展观、绿色发展理念等,既具有人类社会历史发展及其文明的基础,更具有人类社会历史发展及其文明的超前引领性,这正是当代中国人民伟大实践智慧的重要体现,更是人类社会时代智慧的当代体现。

三、人类命运共同体的世界新视野

当代中国的绿色发展,既是当代中国的绿色发展,更是当代世界的绿色发展,是全人类实现绿色发展的重要组成部分。习近平

---

① 中共中央关于党的百年奋斗重大成就和历史经验的决议[N].人民日报,2021-11-17(1).

强调,"保护生态环境,应对气候变化,维护能源资源安全,是全球面临的共同挑战。中国将继续承担应尽的国际义务,同世界各国深入开展生态文明领域的交流合作,推动成果分享,携手共建生态良好的地球美好家园。"①这就表明了当代中国的绿色发展所具有的世界意义的核心特征所在,即当代中国的绿色发展,既不是局限于中华民族利益的绿色发展,也不是局限于这个时代的绿色发展,而是具有全人类视野的绿色发展。在其空间维度上,当代中国的绿色发展,是世界人民应对全球性生态环境问题的重要组成部分。在其时间维度上,当代中国的绿色发展,是人类社会实现永续发展的重要历史阶段。正是在这个意义上,当代中国的绿色发展理论与实践,既不同于以往人类社会不同国家和地区对生态环境保护的历史努力,也不同于当代世界上其他国家和地区对可持续发展的时代追求,而是中国人民在中国共产党的团结和领导下,所展开的一幅绿色的人类世界历史新画卷。正是在理论与实践中,我们看到了当代中国人民所具有的时代智慧和实践智慧,这种时代智慧和实践智慧集中到一点就是,人类命运共同体的世界新视野。

当代中国的绿色发展理论与实践中,所体现的人类命运共同体的世界新视野,是对以往世界观的历史性超越。习近平在出席二十国集团领导人杭州峰会时强调,"只有共商共建共享,才能保护好地球,建设人类命运共同体。"②在人类社会早期,由于历史的局限,人类社会不同民族之间的交往相对贫乏,甚至不可能实现交往。在这种背景下,人们对于世界的理解往往局限于家庭、氏族、种族等。近现代以来,随着科学技术的进步,不同国家和地区的人们,终于可以利用交通工具,走出自己的家庭、氏族、部落等,人们才逐渐具有了更为广阔的容纳不同民族、不同肤色、不同国家和地

---

① 中共中央文献研究室.习近平关于社会主义生态文明建设论述摘编[M].北京:中央文献出版社,2017:127.
② 中共中央文献研究室.习近平关于社会主义生态文明建设论述摘编[M].北京:中央文献出版社,2017:141.

区的世界观。在这种历史背景下,当代中国的绿色发展理论与实践中,所体现的人类命运共同体的世界新视野,实际上是经过了原初以家庭、氏族等为单位的原始世界观,经过了以民族、国度为单位的近现代世界观,而后诞生的新世界观。这种世界观,承认家庭、氏族、民族、国家、地区等之间的广泛交融,承认不同主体之间交融中的普遍性与特殊性,承认只有全世界人民共同努力,人类社会才会有更加美好的未来。正是如此,人类社会需要共商共建共享。这种新的世界观,既是对当代世界全面现代化的历史性揭示,也是当代中国人民实践智慧的集中体现,是人类文明发展的新阶段。

当代中国的绿色发展理论与实践中,所体现的人类命运共同体的世界新视野,是对当代世界的历史性重构。在相当长的一个历史时期,人类社会生产生活实践,基本上都是离散的。只是到了工业革命之后,"过去那种地方的和民族的闭关自守和自给自足状态已经消逝,现在代之而起的已经是各个民族各方面互相往来和各方面互相依赖了。物质的生产如此,精神的生产也是如此。各个民族的精神活动的成果已经成为共同享受的东西。民族的片面性和狭隘性已日益不可能存在,于是由许多民族的和地方的文学形成了一个世界的文学。"[1]这种广泛的世界联系,让世界上不同国家和地区的人民,迎来了一个新的历史阶段。同时,这种广泛的世界联系,也使这种历史上从未出现过的资本主义生产生活方式,迅速席卷全球。马格多夫和福斯特说,"在资本主义制度下,'实体经济'在无限膨胀,无视人类的需求、消费及环境承载量。"[2]不是人们不知道人类必须依赖自然界而生存,不是人们不知道自然资源的有限性,而是资本主义生产生活方式所构建的当代世界,是一

---

[1] 中共中央马克思恩格斯列宁斯大林著作编译局.马克思恩格斯全集:第四卷[M].北京:人民出版社,1958:470.
[2] 马格多夫,福斯特.资本主义与环境[M]//徐焕.当代资本主义生态理论与绿色发展战略.北京:中央编译出版社,2015:9.

个利润的世界,是一个对自然资源无限需求的世界,是一个以资本增殖为核心运行逻辑的世界。当代中国绿色发展的理论与实践中,所体现的人类命运共同体的世界新视野,不仅将不同国家和地区的人们,视为一个命运共同体,还将不同国家和地区的自然资源、生态环境,视为一个命运共同体。这种人类命运共同体的世界新视野,不仅是当代中国人民,对世界历史的深刻把握的自然呈现,更是当代中国人民与世界人民一道,对当代世界展开历史性重构的新阶段,是当代中国人民实践智慧的集中体现。

  当代中国的绿色发展理论与实践中,所体现的人类命运共同体的世界新视野,是对美好世界的历史性实践。世界上不同国家和地区的人们,在不同历史时期,都会因为各种原因和历史条件,对未来的世界充满各种各样美好的愿望。这种愿望既是人们对未来世界的美好期待,更是推动现实世界走向美好未来的实践动力。习近平指出,"推动构建人类命运共同体,就是要建设持久和平、普遍安全、共同繁荣、开放包容、清洁美丽的世界。""中国将继续积极参与全球治理体系变革和建设,为世界贡献更多中国智慧、中国方案、中国力量,推动建设持久和平、普遍安全、共同繁荣、开放包容、清洁美丽的世界,让人类命运共同体建设的阳光普照世界!"当代中国的绿色发展理论与实践中,所体现的人类命运共同体的世界新视野,不仅是当代中国人民对未来世界的美好期待,更是当代中国人民与全世界不同国家和地区的人们一道,创造更加持久和平、普遍安全、共同繁荣、开放包容、清洁美丽世界的历史性实践行动。这种实践行动,不是只强调绿色,而是更强调绿色发展与持久和平、普遍安全、共同繁荣、开放包容等方面的共同进步,是对美好世界的系统诠释与时代实践。其意味着,中国与世界的关系,绿色发展与和平、安全、繁荣、开放等方面的关系,也将共同迈入一个新的历史阶段。

  当代中国的绿色发展理论与实践中,所体现的人类命运共同体的世界新视野,既不是世界上部分人与另一部分人所构成的命运共同体，也不是世界上国家与国家之间的命运共同体，而是世界上人与人、人与物、人与自然、历史与现在和未来、不同民族和国家、不同人的生产生活实践与生态环境、美好理想与实践行动等方面的人类命运共同体，是一种超越历史与现实，超越民族与国家，超越经济基础与意识形态，超越社会制度与风俗文化的世界新视野。正是在这种人类命运共同体的世界新视野中，人类得以看到在以往的世界观中，被遮蔽的部分自然规律和人类社会历史发展规律，看到具有差异性的不同国家和民族，本该具有的对未来世界共同的美好追求，看到今天的人类社会生产实践与未来可能世界的紧密关联。正是如此，在人类命运共同体的世界新视野的指引下，人类社会才会更加自觉、自主地改造自己的生产生活实践，携起手来用实践行动共商共建共享，共同创造一个更加美好的未来世界。从西方古代人的"诺亚方舟"，中国古代文化中的"世界大同""协和万邦"，到今天的人类命运共同体，这不仅是人类认识世界的历史新阶段，更是世界文明的新开端，是当代中国人民在实现绿色发展的历史征程中，实践智慧和时代智慧的历史结晶和当代显现。

结　　语

　　说是"结语",意为"结束之语",但实际上,本没有结束,也无从结束。无论是在语言文字上,还是在实践行动上,一切都无法结束。这或许正是我们所生存的这个世界,难以逃避的必然命运或者"自然规律",也是一种正在发生的现实。不同的时代境遇,不同的人的实践活动,让我们这个世界变得丰富多彩,让这个世界变得更加令人着迷。在这个此在的世界,任何思考,既是人类社会历史中的思考,更是我们自己的思考,而每一次思考,既是一种对人类社会历史的重构,又是另一种人类社会历史的开始。

　　不仅思考无法结束,人类社会历史的一切也不会结束。本著所探讨的问题,所回顾的历史,所展开的期待等,都无法结束,也不会结束。当您跟我们一起粗略地,去考察当代中国绿色发展的历史境遇、思想源流、立体治理、绩效评估、世界意义等问题时,则更加会发现,不仅人类社会对实践的思考不会结束,而且一切的人类社会历史实践也都不会结束。我们永远都只能对人类社会历史的实践及其现存的认识,做一番简要的重新凝视,这种缺憾意味着,思考本没有结束。

　　我们是幸运的,因为时代给了我们机遇。习近平在哲学社会科学工作座谈会上的讲话中指出,"当代中国正经历着我国历史上最为广泛而深刻的社会变革,也正进行着人类历史上最为宏大而独特的实践创新。这种前无古人的伟大实践，必将给理论创造、学术繁荣提供强大动力和广阔空间。"正如前文所言，当代中国正在展开的绿色发展理论与实践，并不是某种单一个体、单一人群、单一组织或者某个理念、某个理论、某个概念，抑或某个学科、某个研究方向、某个研究领域等方面的实践与创造，而是一种集体行动、一种集体认识、一种集体思考、一种集体实践，这种具有社会历史性的实践、认识，正在创造超越历史的时代性机遇。

今天的人民是幸运的，因为在今天，我们更有可能记住历史。历史唯物主义认为，人民群众创造历史，也只有人民自己的行动才能解放自己。毛泽东说，"人民，只有人民，才是创造世界历史的动力。"[1] 当代中国的绿色发展理论与实践，正是因为人民的意愿而生，也正是因为人民的实践行动，而让人民成为人类社会历史的一部分，也正是因为人民的历史实践活动，而使无数的人有了新的思考对象，有了更多可能被记住的历史，也有了"历史"中的人民。在这个意义上，当代中国已经开启的绿色发展理论与实践，不仅是一幅生机盎然的绿色历史画卷，更是一幅波澜壮阔的人民历史画卷，是当代中国人民与世界人民一道，建设持久和平、普遍安全、共同繁荣、开放包容、清洁美丽的世界历史画卷。每一位为此而奉献的人民都将被记录，都将成为这幅历史画卷中的幸运儿。

历史依然需要人民去创造，也只有人民才能创造历史。人民不仅是创造历史的动力，更是历史的主动者。《中共中央关于党的百年奋斗重大成就和历史经验的决议》指出："今天，中国人民更加自信、自立、自强，极大增强了志气、骨气、底气，在历史进程中积累的强大能量充分爆发出来，焕发出前所未有的历史主动精神、历史创造精神，正在信心百倍书写着新时代中国发展的伟大历史。"[2] 当代中国的绿色发展理论与实践，既是当代中国人民，自主自觉总

---

[1] 毛泽东.毛泽东选集：第三卷[M].北京：人民出版社，1991：1031.
[2] 中共中央关于党的百年奋斗重大成就和历史经验的决议[N].人民日报，2021-11-17(1).

结和反思人类社会历史发展经验的伟大历史进程,更是当代中国人民,主动探索和创造中国式现代化新道路,主动探索和创造人类文明新形态,发挥当代中国人民历史主动精神、历史创造精神的伟大历史进程。

当代中国的绿色发展理论与实践,同样呼唤更多的理论工作者,记录、阐释和传承这段伟大的人类社会历史。习近平指出,"这是一个需要理论而且一定能够产生理论的时代,这是一个需要思想而且一定能够产生思想的时代。"当代中国的绿色发展理论与实践,既不是某一方面的变革,也不是某一个层面的变革,而是一场深刻而系统的社会变革。这场社会变革,力图在人类文明已有成果的基础上,重新反思人类社会的既有历史实践,重新考量关于人类社会历史发展规律与影响人类社会历史发展中各因素之间的基本关系,重新把握自然界的历史发展规律,重新把握人类社会历史发展的内在逻辑与基本走向。回答好并解决好这些时代问题,既是这个时代赋予这个时代的理论工作者的时代使命,也是人类文明传承的内在要求和时代呼唤。

当代中国的绿色发展理论与实践,不仅正在创造着更加灿烂的中华文明,更会创造出更加灿烂的人类文明。当代中国的绿色发展理论与实践,以马克思列宁主义、毛泽东思想、邓小平理论、"三个代表"重要思想、科学发展观、习近平新时代中国特色社会主义思想作为自己的行动指南,坚持中国共产党的领导,坚持人民至上,坚持理论创新,坚持独立自主,坚持中国道路,坚持胸怀天下,坚持开拓创新,坚持敢于斗争,坚持统一战线,坚持自我革命,全党全国推动绿色发展的自觉性和主动性显著增强,美丽中国建设迈出重大步伐,我国生态环境保护发生历史性、转折性、全局性变化。[①] 当代中国的绿色发展理论与实践,正在为中国人民和中华民族永续发展,创造新的历史文明,为人类社会历史,创造新的人

---

① 中共中央关于党的百年奋斗重大成就和历史经验的决议[N].人民日报,2021-11-17(1).

类文明。

当代中国的绿色发展理论与实践,正在书写新的人类社会历史,也必将呈现出更加丰富、更加美丽的人类社会历史。马克思曾在其著名篇章《关于费尔巴哈的提纲》中说,"哲学家们只是用不同的方式解释世界,而问题在于改变世界。"① 当代中国的绿色发展理论与实践,不是任何形式的时代口号,而是一种从理念到行动的现实实践历史活动。我们既是这种现实实践历史活动的参与者,更是这种现实实践历史活动的见证者和思考者。休斯认为,"恰当诠释的历史唯物主义可以为针对威胁和危害当今社会的环境问题所提出的政治发展对策提供一个解释性和规范性的思考框架。"② 从我们对当代中国绿色发展理论与实践的认知,以及本著对当代中国绿色发展理论与实践的呈现来看,马克思主义、历史唯物主义不仅为当代全球性生态危机,为人类社会的永续发展,能够提供现实的规范性解释,更能指引人类社会走向更加美好的未来,而不是任何意义上的结束。

因此,一切都只是新的开始,而不是结束。

我们期待着许多新的开始。十多年前,习近平在任浙江省委书记时指出,"我们已进入新的发展阶段,现在的发展不仅仅是为了解决温饱,而是为了加快全面建设小康社会、提前基本实现现代化;不能光追求速度,而应该追求速度、质量、效益的统一;不能盲目发展,污染环境,给后人留下沉重负担,而要按照统筹人与自然和谐发展的要求,做好人口、资源、环境工作。为此,我们既要GDP,又要绿色 GDP"③。中国著名国情研究专家胡鞍钢认为,"绿色 GDP 的意义不仅在于我们可以计算以往'看不见'的自然损失

---

① 中共中央马克思恩格斯列宁斯大林著作编译局. 马克思恩格斯全集:第三卷[M]. 北京:人民出版社,1960:6.
② 休斯. 生态与历史唯物主义[M]. 张晓琼,侯晓滨,译. 南京:凤凰出版传媒集团,2011:1.
③ 习近平. 之江新语[M]. 杭州:浙江人民出版社,2007:37.

（包括自然资产损失和自然灾害损失），而且还在于我们可以利用'看得见'的物质资本、人力资本投入来增加自然资本，使大自然从生态赤字转向生态盈余，这就是绿色发展道路。"[①]中国著名绿色GDP研究专家王金南在开展了多年的绿色GDP研究后，更是明确认为，绿色GDP不是"要做不要做"的问题，而是如何"科学地去做"的问题[②]。事实上，绿色GDP的研究在今天已经不仅是个经济学问题，而且是个典型的跨学科问题；不仅是个影响到不同国家和地区如何实现绿色发展的全球性重大科学问题，而且是个影响到中国如何实现碳达峰碳中和，如何开创中国式现代化新境界，如何推进人类文明新形态，如何构建人类命运共同体的重大理论与现实问题。其期待着更多的有力支持和有志之士，承继前学，协同推进相关研究。

我们也将努力开启许多新的开始。华中科技大学国家治理研究院，也将继续以"聚焦重大问题，服务国家战略"为宗旨，立足中国现实，借鉴国际经验，按照"国家急需、世界一流、制度先进、贡献重大"的要求，致力于国家治理和中国未来发展的重大问题研究，探索中国和平崛起的科学发展道路，积极参与全球治理问题研究，广泛开展国际交流与合作，为完善中国特色社会主义制度，推进国家治理体系和治理能力现代化提供决策咨询，为推进全球治理体系变革和构建人类命运共同体贡献智慧。华中科技大学国家治理研究院中国绿色GDP绩效评估研究课题组，也将继续与社会各界一道，立足中国，面向世界，立足过去与现在，面向未来，以绿色GDP绩效评估为突破口，持续开展更加全面、系统的绿色发展理论与实践研究，以此积极推动当代中国马克思主义哲学、马克思主义理论、政治经济学、统计学等多学科的协同创新，努力为精准指

---

① 胡鞍钢.中国：创新绿色发展[M].北京：中国人民大学出版社,2012:58.
② 王金南,蒋洪强,於方,等.关于绿色GDP核算问题的再认识[J].环境经济,2007(45):26.

引不同地区的绿色发展，推进国家治理体系和治理能力现代化，为当代中国顺利实现碳达峰碳中和，顺利实现第二个百年奋斗目标，为建设持久和平、普遍安全、共同繁荣、开放包容、清洁美丽的世界而贡献力量。

附　　录

附录 1

华中科技大学国家治理研究院简介

华中科技大学国家治理研究院成立于 2014 年 2 月，是在党的十八届三中全会之后成立的我国首个"国家治理研究院"，也是一家专业化新型高校智库。华中科技大学原党委副书记、中国著名哲学家欧阳康教授担任院长。下设机构有国家治理理论研究中心、国家治理体系与政策研究中心、国家治理评估中心、治理信息采集与大数据处理中心、决策支持系统研究中心、湖北区域治理与中部发展战略研究中心、中国绿色 GDP 绩效评估研究中心等。现有特聘研究员 2 人，专兼职人员 36 名，客座研究员 62 人（其中外籍客座研究员 30 人）。

华中科技大学国家治理研究院成立以来，承担了国家社科基金重大项目"大数据驱动地方治理现代化综合研究"，教育部哲学社会科学研究重大课题攻关项目"推进国家治理体系和治理能力现代化若干重大理论问题研究"，国家社会科学基金重大专项"十八大以来党中央治国理政新理念新思想新战略的哲学基础研究"，湖北省重大项目"推进省级治理体系和治理能力现代化研究"等各级各类研究课题 40 多项；出版学术著作 15 部；发表研究论文 300 多篇；决策建议案 200 余篇，成功发布、出版国内首个由高校智库公开发布、出版的地方性、全国性绿色GDP绩效评估报告，已经获得各级各类智库成果奖7项。

短短几年时间，华中科技大学国家治理研究院实现了长足发展。2014年11月，被湖北省教育厅评为湖北省高等学校人文社会科学重点研究基地；2015年初被中共湖北省委政策研究室（省改革办）纳入湖北省"十大改革智库"；2016年初被中共湖北省委宣传部纳入"湖北省十大新型智库"，命名为"湖北地方治理研究院"；2016年3月作为牵头单位建成"国家治理湖北省协同创新中心"；2016年12月入选中国智库索引（CTTI）；2017年11月入选中国智库综合评价（AMI）核心智库；2018年1月进入"中国大学智库机构百强榜"，居第18位；2018年12月进入"中国大学智库百强榜"高校A类智库；2020年加入"一带一路"国际智库合作委员会。

华中科技大学国家治理研究院以"聚焦重大问题，服务国家战略"为宗旨，立足中国现实，借鉴国际经验，按照"国家急需、世界一流、制度先进、贡献重大"的要求，致力于国家治理和中国未来发展的重大问题研究，探索中国和平崛起的科学发展道路，为完善中国特色社会主义制度，推进国家治理体系和治理能力现代化提供决策咨询。华中科技大学国家治理研究院积极参与全球治理问题研究，广泛开展国际交流与合作，致力于为全球治理体系变革和构建人类命运共同体贡献智慧。

微信号：hustgjzl

华中科技大学国家治理研究院微信公众号

附录

华中科技大学国家治理研究院官方网站网址：http://isg.hust.edu.cn/

附录 2

中国绿色 GDP 绩效评估系列报告简介

一、中国绿色 GDP 绩效评估研究课题组概况

"绿色 GDP"是关注经济社会发展中的资源与生态环境代价，指引绿色发展的重要指标。因其测算方法复杂等，国内外尚无体现中国实际情况的绩效评估方案。由华中科技大学国家治理研究院院长、哲学研究所所长欧阳康教授为首席专家的中国绿色 GDP 绩效评估研究课题组发布的《中国绿色 GDP 绩效评估报告（2016 年湖北卷）》《中国绿色 GDP 绩效评估报告（2017 年湖北卷）》《中国绿色 GDP 绩效评估报告（2017 年全国卷）》《中国绿色 GDP 绩效评估报告（2018 年全国卷）》等系列成果，根据中国国情，独立开发绿色发展大数据分析平台，首次实现以 GDP、人均 GDP、绿色 GDP、人均绿色 GDP、绿色发展绩效指数对湖北省 17 个地市州 2008 年至 2015 年、中国大陆 31 个省市自治区 2014 年至 2016 年绿色发展的"五维绩效评估"，为推进绿色发展的国家治理体系和治理能力现代化奠定了坚实的科学基础。

1 研究历程

- 课题组经过长期的生态哲学、生态文明建设的理论酝酿

2014
- 2014年6月，欧阳康教授提出绿色GDP研究构想，组建绿色GDP绩效评估研究课题组
- 2014年11月，开展数据包络等单一算法探索

2015
- 2015年5月，征询专家意见，提出新思路
- 2015年7月，提出绿色GDP绩效评估理论框架

2016
- 2016年5月，成功发布《中国绿色GDP绩效评估报告（2016年湖北卷）》

2017
- 2017年6月，发布《中国绿色GDP绩效评估报告（2017年湖北卷）》
- 2017年10月，成功发布《中国绿色GDP绩效评估报告（2017年全国卷）》

2018
- 2018年12月，成功发布《中国绿色GDP绩效评估报告（2018年全国卷）》

❷ 研究团队

欧阳康 课题组组长、首席专家、丛书主编

欧阳康，国家教学名师、华中科技大学原党委副书记、华中科技大学国家治理研究院院长、哲学研究所所长，二级教授、博士生导师、"华中学者"领军岗教授，课题组首席专家、组长。国务院学位委员会第六届和第七届马克思主义理论学科评议组成员，国家社会科学基金评审专家，教育部社会科学委员会委员，教育部学风建设委员会副主任，国际哲学家协会常务理事，国际政治学会发展与政策研究会副会长，中国辩证唯物主义研究会副会长、社会认识论专业委员会会长，中共湖北省委决策支持顾问，湖北省人民政府咨询委员会委员，第十一届湖北省政协委员，湖北省人民政协理论研究会副会长、湖北省政策研究会副会长等。主要从事马克思主义哲学、社会认识论、国家治理、高等教育学等研究。著有《社会认识论导论》《哲学研究方法论》《欧阳康自选集》《对话与反思：当代英美哲学、文化及其他》《马克思主义认识论研究》等；合著有《中国道路——思想前提、价值意蕴与方法论反思》《中国绿色GDP绩效评估报告》等；主编有《人

文社会科学哲学》《当代英美哲学地图》《当代英美著名哲学家学术自述》《国家治理的"道"与"术"》《省级治理现代化》《全球治理与国家责任》等；在《中国社会科学》《哲学研究》等国内外刊物发表中英文学术论文 400 余篇；20 余次获国家、教育部、湖北省哲学社会科学优秀成果奖，主持 20 余项国家级、省部级和国际合作科研项目，多次出国出境从事学术交流与合作研究。1992 年起享受国务院特殊津贴，1996 年被评为湖北省"有突出贡献中青年专家"，1999 年入选教育部"跨世纪优秀人才"培养计划，国家人事部"百千万人才工程"，2019 年入选中组部国家"万人计划"教学名师，湖北省首届"最美社科人"，2020 年入选教育部"长江学者奖励计划"特岗学者。主讲的中国大学视频公开课"哲学导论"入选国家级精品视频公开课；国家级精品课程"人文社会科学哲学"入选国家级精品资源共享课；中国大学慕课"哲学、文化与人生智慧"入选首批国家级一流本科课程（线上）等。参与马克思主义理论研究与建设工程，作为首席专家主持完成教育部哲学社会科学研究重大课题攻关项目"马克思主义与建设中华民族共有精神家园研究""推进国家治理体系和治理能力现代化若干重大理论问题研究"，中共湖北省委重大委托项目"省域治理现代化研究"等，目前是国家社科基金重大项目"大数据驱动地方治理现代化综合研究"首席专家。

赵泽林　　　　刘启航　　　　熊治东　　　　曾异

赵泽林，男，土家族，1979年生，华中科技大学哲学学院副教授、博士生导师，华中科技大学国家治理研究院研究员，中国辩证唯物主义研究会社会认识论专业委员会副秘书长，现主要从事马克思主义认识论与人工智能哲学、绿色发展与大数据智能决策支持研究。近年来，主持国家社科、省社科、博士后特别资助科研项目、中共湖北省委改革智库重点课题等各类项目13项，参与国家社科重大、教育部社科重大等课题研究10余项，在《哲学研究》《哲学动态》《自然辩证法通讯》《当代世界与社会主义》《统计与决策》等重要期刊发表学术论文近50篇，出版《人工智能的基础哲学问题探秘》等学术专著2部，参编教育部重点学科创新教材《自然辩证法》《西方管理名著赏析》等5部，获教学质量优质奖、科研成果奖、智库成果奖等奖项和荣誉称号13项，多篇成果被《中国社会科学文摘》、人大复印报刊资料《科学技术哲学》、中国社科网、搜狐网等党政机关和社会媒体转载、引介。

刘启航,男,汉族,1991年生,法学博士,华中科技大学国家治理研究院研究人员,湖北美术学院马克思主义学院教师,主要从事生态治理理论与实践研究。

熊治东,男,土家族,1987年生,哲学博士,华中科技大学国家治理研究院研究人员,武汉纺织大学马克思主义学院教师,主要从事马克思主义基本原理研究。

曾 异,男,汉族,1990年生,法学博士,华中科技大学国家治理研究院研究人员,主要从事生态文明研究。

3 本课题组已发布和出版的研究报告

《中国绿色 GDP 绩效评估报告（2016 年湖北卷）》，作者为欧阳康、赵泽林、刘启航。该研究报告于 2016 年 5 月 21 日公开发布，2017 年 12 月由中国社会科学出版社公开出版（此处图片选自当当网）。

《中国绿色 GDP 绩效评估报告（2017 年湖北卷）》，作者为欧阳康、赵泽林、熊治东。该研究报告于 2017 年 6 月 23 日公开发布，2018 年 3 月由中国社会科学出版社公开出版（此处图片选自当当网）。

《中国绿色 GDP 绩效评估报告（2017 年全国卷）》，作者为欧阳康、赵泽林、熊治东。该研究报告于 2017 年 10 月 11 日公开发布，2019 年 1 月由中国社会科学出版社公开出版（此处图片选自当当网）。

《中国绿色 GDP 绩效评估报告（2018 年全国卷）》，作者为欧阳康、赵泽林、曾异。该研究报告于 2018 年 12 月 18 日公开发布，2019 年 12 月由中国社会科学出版社公开出版（此处图片选自当当网）。

④ 参与本课题研讨的主要专家学者

杨　治　吴　毅　齐海滨　张建华　王国华　宋德勇

钟书华　周敬宣　王晓升　陈　刚　吴　畏　顾建明

杜志章　栗志刚　饶传平　吴兰丽　杨成林　曹志刚

楼宗元　张　豪　袁　蹊

⑤ 参与本课题组成果鉴定并对本课题研究提出宝贵建议的主要专家学者王利民社会科学文献出版社社长

柯锦华　国务院参事、中国社会科学杂志社哲学社会科学部主任

许宪春　清华大学教授、国家统计局前副局长

张坤民　国家环境保护局原副局长、清华大学教授

吴季松　瑞典皇家工程科学院外籍院士、中国循环经济研究中心主任

李隆兴　世界能源理事会中国国家委员会原副秘书长

李佐军　国务院发展研究中心资源与环境政策研究所副所长

杨宜勇　国务院国家发展和改革委员会社会发展研究所所长

潘家华　中国社会科学院城市发展与环境研究所所长、可持续发展研究中心主任

林卫斌　北京师范大学创新发展研究院副院长、中国能源研究会能源政策研究中心主任

蔡跃洲　中国社会科学院数量经济与技术经济研究所数量经济理论方法室主任

刘宇中　国科学院科技战略咨询研究院研究员

孙永平　碳排放权交易湖北省协同创新中心常务副主任、《环境经济研究》常务副主编

6 主要社会反响

由华中科技大学国家治理研究院中国绿色GDP绩效评估研究课题组发布的《中国绿色GDP绩效评估报告（2016年湖北卷）》系国内首个由中国高校智库公开发布的地方性绿色GDP绩效评估报告。《中国绿色GDP绩效评估报告（2017年全国卷）》系国内首个由中国高校智库公开发布的全国性绿色GDP绩效评估报告。目前，该课题组已形成中国绿色GDP绩效评估报告、绿色发展绩效评估理论与实践探索、中国绿色发展治理体系与治理能力咨政建议等系列研究成果群。课题组已经发布的系列成果受到教育部社科司、光明日报、新华社、湖北省委、湖北省政府等相关部门的高度重视与持续关注。

2018年5月，课题组研究成果获评为2017年度华中科技大学重大学术进展成果。

2018年5月，《中国绿色GDP绩效评估报告》荣获2017 CTTI-BPA智库最佳研究报告奖。

2018年10月，《中国绿色GDP绩效评估报告》荣获2018年度中国智库学术成果"优秀报告奖"。

2018年12月，《中国（湖北）绿色GDP绩效评估报告》荣获2016—2017年度湖北省优秀调研成果奖一等奖。

2020年10月，《中国绿色GDP绩效评估报告（2017年湖北卷）》荣获第十二届湖北省社会科学优秀成果奖三等奖。

2020年12月，《中国绿色GDP绩效评估报告（湖北卷）》（咨询服务报告）荣获第八届高等学校科学研究优秀成果奖（人文社会科学）二等奖。

荣誉证书

欧阳康 赵泽林 刘启航 熊治东 同志

你（们）完成的《中国（湖北）绿色GDP绩效评估报告》荣获"2016—2017年度湖北省优秀调研成果奖"一等奖。

特颁此证，以资鼓励。

2018年12月

欧阳康 赵泽林 熊治东 同志：

你的著作《中国绿色GDP绩效评估报告（2017年湖北卷）》获第十二届湖北省社会科学优秀成果奖三等奖。特颁此证。

2020年10月15日

第八届高等学校科学研究优秀成果奖
（人文社会科学）

成果名称：中国绿色GDP绩效评估报告（湖北卷）
　　　　　有关单位采纳 2016年8月
主要作者：欧阳康、赵泽林、刘启航、熊治东
奖项类别：咨询服务报告奖
获奖等级：二等奖

教社科证字（2020）第1247号

中华人民共和国教育部
2020年12月10日

二、《中国绿色 GDP 绩效评估报告（2016 年湖北卷）》（发布日期：2016 年 5 月 21 日）

《中国绿色 GDP 绩效评估报告（2016 年湖北卷）》是中国国内首个由中国高校智库公开发布的地方性绿色 GDP 绩效评估报告。该报告基于国内外绿色 GDP 核算等研究成果，结合统计学、能源学、生态学等研究对自然与生态资源的分类办法，采集湖北省 17 个地市州 2008 年至 2014 年进入统计实践序列的不同行业的能源消耗、环境损失、生态损耗等共计 418710 个有效统计数据，利用课题组独立研发的绿色发展大数据分析平台，开展绿色发展大数据分析与处理，客观呈现了湖北省 17 个地市州 2008 年至 2014 年 GDP、人均 GDP、绿色 GDP、人均绿色 GDP、绿色发展绩效指数的年度变化情况，拟合出客观可感的综合性排名，主张通过绿色 GDP 绩效评估引领绿色发展，以绿色发展引领国家治理现代化。见附图 2-1 至附图 2-2。

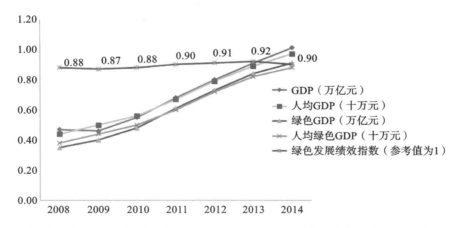

附图 2-1　2008—2014 年湖北省武汉地区绿色发展综合绩效年度变化曲线图
选自《中国绿色 GDP 绩效评估报告（2016 年湖北卷）》

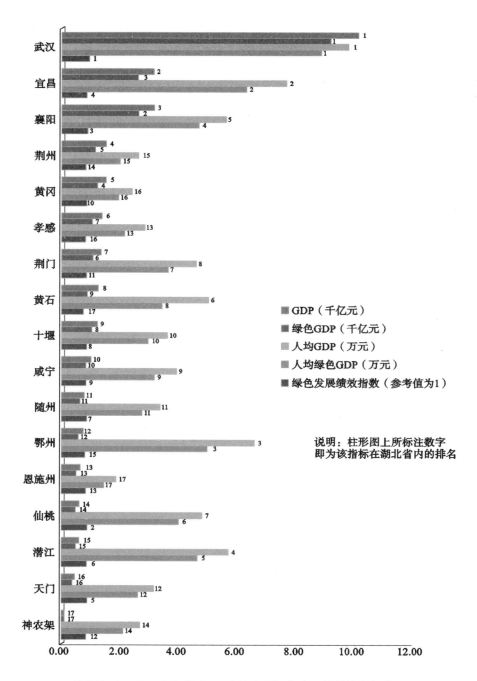

附图2-2 2014年湖北省17个地市州绿色发展绩效综合排名
选自《中国绿色GDP绩效评估报告（2016年湖北卷）》

三、《中国绿色GDP绩效评估报告(2017年湖北卷)》
(发布日期:2017年6月23日)

《中国绿色GDP绩效评估报告(2017年湖北卷)》利用课题组已经编制的评价指标和大数据分析平台,采集湖北省统计局、湖北省环保厅(现更名为湖北省生态环境厅)、国家发展和改革委员会等公开发布的2008年至2015年,湖北省17个地市州多个不同行业的能源消耗、环境损失、生态损耗等共计496791个有效数据,开展湖北省绿色发展的大数据分析。除了国家有关部门公开发布的GDP、人均GDP等数据以外,经课题组分析得到的结论性数据多达7316个。这些数据包括湖北省17个地市州2015年的GDP、人均GDP、绿色GDP、人均绿色GDP、绿色发展绩效指数、5个指标的平均增速等数据。报告从多个层面科学呈现、阐明了湖北省17个地市州的绿色发展现状、规律和趋势。见附图2-3至附图2-4。

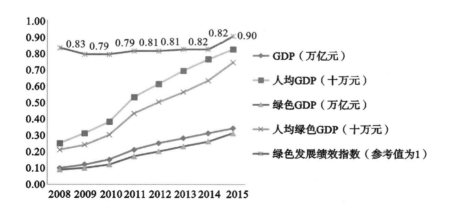

附图 2-3 2008—2015年湖北省宜昌地区绿色发展综合绩效年度变化曲线图
选自《中国绿色GDP绩效评估报告(2017年湖北卷)》

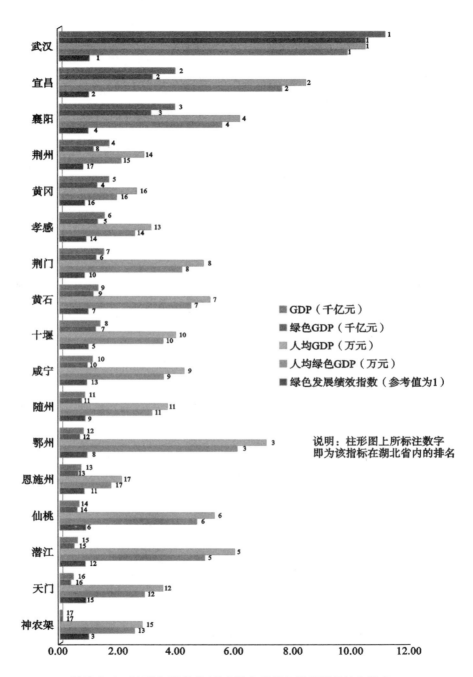

附图 2-4 2015年湖北省17个地市州绿色发展绩效综合排名
选自《中国绿色GDP绩效评估报告（2017年湖北卷）》

四、《中国绿色GDP绩效评估报告（2017年全国卷）》（发布日期：2017年10月11日）

《中国绿色GDP绩效评估报告（2017年全国卷）》是中国国内首个由中国高校智库公开发布的全国性绿色GDP绩效评估报告。课题组从中国统计年鉴、各省市自治区的统计年鉴、中国价格统计年鉴等公开的300多万个相关数据中，根据编制的绿色GDP绩效评估矩阵统计与评价体系，选取本次计算所需要的能源消耗、环境损失、生态损耗等620682个有效数据，对中国大陆31个省市自治区展开了综合绿色GDP绩效评估。该报告最终得出2356个测算结果。这些数据包括中国大陆31个省市自治区2015年的绿色GDP、人均绿色GDP、绿色发展绩效指数、GDP、人均GDP在内的5个指标的平均增速等数据，从多个层面阐明了中国大陆31个省市自治区的绿色发展现状、规律和态势。见附图2-5。

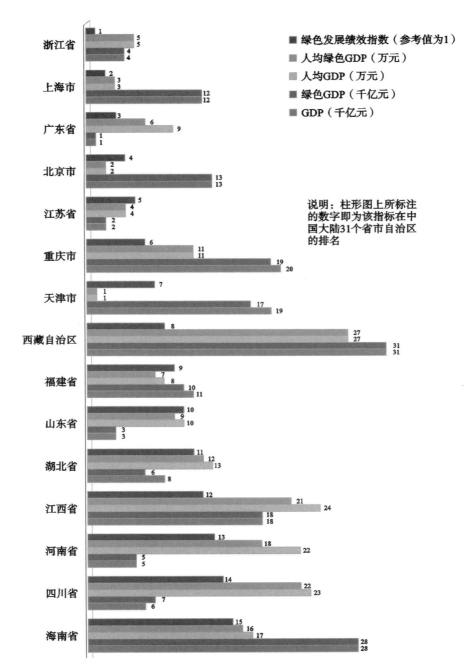

附图 2-5　2015 年中国大陆 31 个省市自治区绿色发展绩效综合排名
选自《中国绿色 GDP 绩效评估报告（2017 年全国卷）》

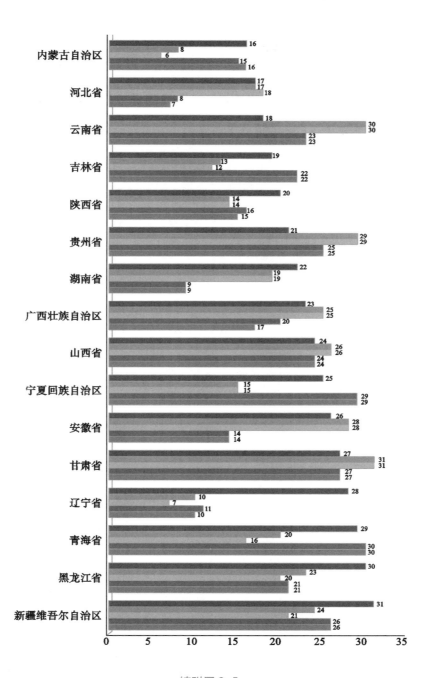

续附图 2-5

五、《中国绿色 GDP 绩效评估报告（2018 年全国卷）》（发布日期：2018 年 12 月 18 日）

《中国绿色 GDP 绩效评估报告（2018 年全国卷）》是华中科技大学国家治理研究院中国绿色 GDP 绩效评估研究课题组第四次发布的该系列报告。该报告从中国统计年鉴、各省市自治区的统计年鉴、中国价格统计年鉴等公开的近五百万个相关数据中，根据编制的绿色 GDP 绩效评估矩阵统计与评价体系，选取本次计算所需要的能源消耗、环境损失、生态损耗等 653325 个有效数据，对中国大陆 31 个省市自治区展开了综合绿色 GDP 绩效评估。该报告最终得出近 3000 个测算结果。这些数据包括中国大陆 31 个省市自治区 2016 年的 GDP、人均 GDP、绿色 GDP、人均绿色 GDP、绿色发展绩效指数 5 个指标的平均增速等数据，从多个层面阐明了中国大陆 31 个省市自治区的绿色发展现状、规律、态势。见附图 2-6。

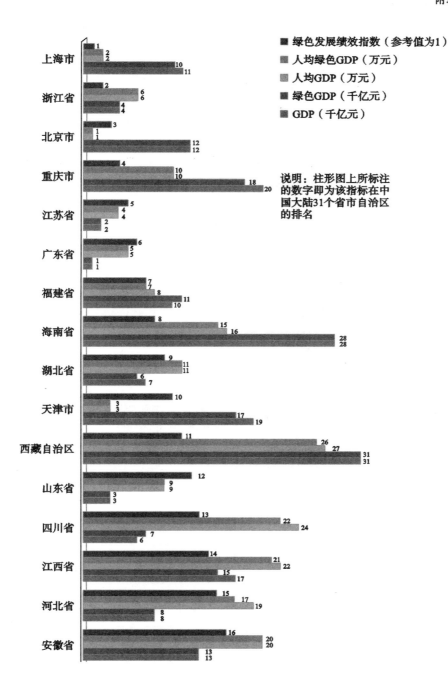

附图 2-6　2016 年中国大陆 31 个省市自治区绿色发展绩效综合排名
选自《中国绿色 GDP 绩效评估报告（2018 年全国卷）》

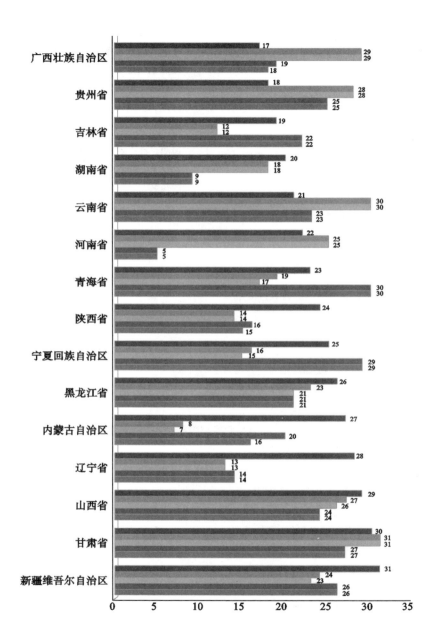

续附图 2-6

六、特别鸣谢以下支持单位

中华人民共和国环境保护部（现更名为中华人民共和国生态环境部）

中华人民共和国教育部社科司

中国社会科学出版社

《中国社会科学》编辑部

中华人民共和国国家发展和改革委员会社会发展研究所

中华人民共和国国务院发展研究中心资源与环境政策研究所

中国共产党湖北省委员会

湖北省人民政府

湖北省统计局

湖北省环境保护厅（现更名为湖北省生态环境厅）

华中科技大学

感谢研究团队的积极参与和通力合作！

附录3

绿色GDP绩效评估论要：缘起、路径与价值①

摘　要：对GDP这一经济社会评价指标历史局限的理论揭示，以及以GDP规模和增长速度为导向的发展模式在全球各地遭遇不同程度的现实困境，促使了绿色GDP的诞生，并孕育了绿色GDP绩效评估。绿色GDP绩效评估在生态学、政治学、管理学、经济学等多学科视野下，依据绿色GDP概念的科学内涵，选取绿色GDP的绩效评估指标，开展数据采集和结果分析，可以有效实现对全国各地绿色发展路径的精准指引，加速推进国家治理体系和治理能力的现代化，最终从多个层面重塑中国在全球治理中的国家形象，为人类命运共同体提供可持续的发展路径。

关键词：绿色GDP；绩效评估；发展与治理

绿色发展是党中央新一届领导集体科学把握人类社会历史发展规律，深刻体现中国特色社会主义价值取向的新理念、新思想、新战略。当前，全国上下对绿色发展的理念认同已经深入人心，相关制度建设、政策传播等工作有序展开，成就显著。然而，绿色发展到了什么程度，现状如何以及我们如何认清各地绿色发展的复杂现实，有针对性地为下一步的发展规划做出决策，就成为当前我国绿色发展面临的重大问题。所谓绿色GDP绩效评估，即要在管理学、政治学等跨学科视野下，借鉴环境经济学、生态学等多学科成果，构建科学合理的绿色GDP绩效评估指标体系，利用实证数据，科学描绘评估对象的实际情况，然后利用这些数据对各地的绿

---

① 本文作者为欧阳康，原文首发于《华中科技大学学报（社会科学版）》2017年第6期，有改动。

色发展现状,开展精准诊断,服务地方和国家的治理、决策。

一、绿色GDP绩效评估的缘起

近一个世纪来,尤其是二战之后,世界各国在 GDP 指引下获得高速经济增长的同时,也逐渐认识到 GDP 在指引人类社会发展上的内在局限。这些局限所带来的生态危机,政绩观、发展观、价值观扭曲,治理策略失效等后果,已经直接影响到一个民族的政治稳定、国家安全、人类命运。诺贝尔经济学奖获得者约瑟夫·斯蒂格利茨(Joseph E. Stiglitz)、阿玛蒂亚·森(Amartya K. Sen)在分析 GDP 的局限性与 2008 年世界金融危机之间的关系时认为,"在 2004 年至 2007 年期间,表面上辉煌的世界经济增长表现是以损害未来增长为代价实现的。……不过,如果我们更了解常用衡量标准,比如 GDP 的局限性,那我们可能就不会对危机发生前几年的经济表现感到那么兴奋了。"①英国经济学家海兹尔·哈德尔森(Hazel Henderson)在论证了增长经济学的前提假设后,甚至认为,"既然增长经济学所依赖的假设是错误的,那么,传统经济学衡量'进步'的指标,客气些讲是有限的,说得不好听,简直是骗人,这一点是不足为奇的。这些指标的魁首就是国民生产总值或 GNP。"②另一些较为温和的经济学家在指出 GDP 的局限时,还提出了修正 GDP 的任务。美国经济学家本·伯南克(Ben S. Bernanke)认为,实际 GDP 与经济福利并不等价。它最多也只是衡量经济福利的一个重要指标,这在很大程度上是因为它只包括那些通过市场定价并出售的产品与服务。还有很多对经济福利作出贡献的因素没有在市场上定价和出售,因此在 GDP 计算过程中,这些因素大部分甚至完全被忽略了。伯南克所指的这些因素

---

① 斯蒂格利茨,森,菲图西.对我们生活的误测:为什么 GDP 增长不等于社会进步[M].阮江平,王海昉,译.北京:新华出版社,2011:37-38.
② 伊金斯.生存经济学[M].赵景柱,王如松,等译.合肥:中国科学技术大学出版社,1991:29.

中就包括了GDP增长中的生态环境损耗等。

改革开放以来,作为经济社会发展评价指标的GDP逐渐被我国人民所熟知。随着我国GDP数值的增长,能源消耗也快速递增,这种发展态势给生态环境带来了严重压力。据统计,在过去GDP高增长的几十年间,我国土地荒漠化每年增加2460平方千米,1/4人口失去干净的饮用水,1/3城市人口不得不呼吸被污染的空气。除此之外,一些利于GDP增长却高污染、高能耗的产业始终难以淡出各地的产业结构,由此造成我国各地高经济增长与生态环境承载力之间的激烈矛盾、冲突。《2016年国民经济和社会发展统计公报》显示,在监测的338个城市中,空气质量达标的城市占24.9%,未达标的城市占75.1%。日益逼近的生态红线迫使我们不得不再度认真、深入地思考以GDP为核心的评价指标到底是否合适。十年前,时任浙江省委书记的习近平就指出,"我们已进入新的发展阶段,现在的发展不仅仅是为了解决温饱,而是为了加快全面建设小康社会、提前基本实现现代化;不能光追求速度,而应该追求速度、质量、效益的统一;不能盲目发展,污染环境,给后人留下沉重负担,而要按照统筹人与自然和谐发展的要求,做好人口、资源、环境工作。为此,我们既要GDP,又要绿色GDP"[①]。

改变以GDP为核心的评价体系,并不意味着就要放弃GDP。GDP对经济社会发展的指挥棒作用并未完全消失,也不可能彻底淡出历史。利用GDP监测、评价经济社会发展状态,检验宏观经济政策的科学性和有效性,分析宏观经济的水平变化和发展趋势,指引经济社会发展规划,制定全球治理的行为规则,仍有其积极的意义,其作用也是显而易见的。当前我国正处于社会主义初级阶段,完全放弃原有以GDP为核心的经济社会评价体系,既不现实,也不能更好地完成当前一个相当长的历史时期的阶段性发展任务。因此,对原有以GDP为核心的经济社会评价体系进行必要的

---

① 习近平.之江新语[M].杭州:浙江人民出版社,2007:37.

修正、完善,构建以绿色 GDP 为核心的经济社会评价体系,既保留 GDP 的已有优势,又引入新的元素修正其不足,才是最现实、最有可能被各方所接受、最符合我国现阶段国情的必要之举。将"绿色"与"GDP"结合起来开展经济社会发展的评价就成为一种理论与现实发展的理性选择。

如何将"绿色"与"GDP"结合起来?20 世纪 90 年代的"绿色 GDP"已经是一个大家所熟知的概念。墨西哥、挪威、瑞典、澳大利亚等国家都纷纷围绕绿色 GDP 展开了深入的理论与实践探索。我国政府和学者也在积极探索,但已有理论与实践研究都未能走出国民经济核算的思维框架。现阶段,如果还是用传统的"核算"思维来处理绿色 GDP 的问题可能已经不现实。最根本的问题在于,追求核算结果的绝对精确性与核算所涉及的对象、方法等方面的复杂性之间似乎具有暂时不可调和的局限与矛盾。最近几十年,各国科学家对绿色 GDP 核算结果的探索,几乎都印证了这一点,即如果期待穷尽核算之后的精确数值,或许只是一种理想。换一种思路,根据理论与实践中对绿色 GDP 科学内涵的已有理论与实践共识,选取影响绿色 GDP 和生态环境损失的因素,作为评价指标,进而采用一种"绩效评估"的思路,根据现有的统计学实践,倒是既可以反映现实状况,又能对未来发展有所指引,这就是"绿色 GDP 绩效评估"。在这个意义上,绿色 GDP 绩效评估既追求"GDP",又体现"绿色",是兼具"理想"与"现实"的必然产物。

二、绿色 GDP 绩效评估的路径

向绿色 GDP 结果的绝对精确性做出理性妥协,并不意味着就放弃绿色 GDP 核算,更不意味着应该放弃绿色核算研究。"绿色国民经济核算由于研究的时间更短,基础更差,更需要逐步完善。不能因为技术方法和统计制度的不成熟就停滞不前,不研究绿色 GDP 核算体系。更不能因为国际上没有核算标准我们就不搞绿色GDP核算,研究本身就是一种探索。"① 反而,绿色GDP绩效评估是要利用统计学、计量经济学、环境经济学的已有核算方法,以及影响绿色GDP结果的定量分析模型作为基础和借鉴。但是,绿色GDP绩效评估又不能局限于这些"绿色GDP核算"的数理分析,还需要从政治学、管理学等学科加以考察,从而以复杂性思维处理经济与生态、社会的系统问题。因此,绿色GDP绩效评估在本质上首先是一种跨学科视野的研究与探索,它所采用的方法也必然是多学科的。

开展绿色GDP绩效评估的关键在于评估指标的选取。所谓指标,即衡量对象的单位或方法。评价指标的选取主要有定性和定量两类基本方法。定性指标的量化处理一般可以采用直接评分法、分解合一法、模糊统计法、两两比较评分法、分类统计法、专家评分法、定性排序法和尺度评分法等。在过去的研究中,采用经验来构建评价指标体系十分常见。这类方法一般是由研究者根据目的性、全面性、系统性、可行性等几个主观原则,结合已有理论和实践经验,确定一套指标体系,甚至会加权处理各个指标,然后得出一个评价结果。无论是这类方法所涉及的"经验"还是"加权",都使得这类方法具有较大的随意性,其评价结果带来的争议也比较多。为了尽可能避开这种主观性的干扰,构建绿色GDP绩效评估指标体系的理论基础,可以直指概念本身,以"绿色GDP"的概念内涵为基础而展开,构建与之相应的指标体系。之所以这样处理,是由"概念"本身的基本属性决定的,这恰恰是许多研究者容易忽视的"路标"。

所谓概念,康德认为,通过理性形成的表象是概念……一般的表象是概念,概念是一般的表象。因此,概念是具有内容的,这个内容就是概念本身的所指。根据概念的这种所指,我们就可以找到指标选取的最初源头。如果我们将所有涉及绿色GDP的指标

---

① 王金南,蒋洪强,於方,等.关于绿色GDP核算问题的再认识[J].环境经济,2007(45):21.

定为 n 个指标,在无法穷尽目标指标的情况下,则可以基于数理统计学方法,通过判别分析、聚类分析等方法,筛选、选取具有代表性的指标。除此之外,我们还可以通过先行假定指标,并通过分析不同指标之间的因果关系,来确认最相关、最具因果性的指标,并据此构成多级、综合性的指标体系。这是绿色 GDP 绩效评估从定性指标到定量分析转变的关键之链。根据统计指标计算的结果必然是一种具有"绝对性"的数理统计结果。仅仅有这种结果并不能看到绿色 GDP 的效率,或者说相对情况。考虑到在实际发展过程中,不同地区的经济规模、人口数量等差异,则需要进一步通过比较的方法,分析不同地区绿色 GDP 的"相对"效率。美国统计学家罗伯特·查多克(Robert E. Chaddock)、威廉·洛维奇(William V. Lovitt)和亨利·霍尔齐劳(Henry F. Holtzelaw)认为,指数法是统计学的杰作。西方指数理论的发展为我们进一步从相对角度看绿色 GDP 的绩效提供了理论路径,它可以与"绝对值"统计结果形成呼应,有效弥补其不足。因此,较为理想的绿色 GDP 绩效评估结果应该是"绝对值"与"相对值"的共同表述。

与任何一种评价指标体系一样,我们并不可能构造出一劳永逸的发展绩效的测度方法和体系。不断完善、修正这种评价体系既是科学评价的必要,更是实践发展的必要。从已有有关绿色 GDP 的研究来看,绿色 GDP 仍是有待深入研究,逐渐成熟的课题。在其实践中,大多数国家仍停留在生态资源、能源损耗等指标的实物量统计阶段。这表明,绿色 GDP 绩效评估仍存有很大的研究空间。它的发展需要在更为广阔的理论和实践视野下,采用多种方法,从指标选取、数据采集、理论分析等多个环节展开并逐步深入、层层递进,才可能实现预期的研究目标。因此,绿色 GDP 绩效评估并不是绿色 GDP 核算的替代品,也不是一种纯粹管理学意义上的理论研究,而是一种文理综合、新的跨学科研究。它所开辟的不仅是有关绿色发展研究的一片新天地,而是提供与绿色 GDP 核算、绿色发展绩效指数等已有探索相互借鉴、相互促进的研究路径。

  过去的几年间,本课题组在上述基本思想的指引下,依据最严格意义上的"绿色 GDP"定义,创新性地构建了新的"矩阵型"二维绿色 GDP 绩效评估指标体系,在中共湖北省委、湖北省人民政府、湖北省统计局、湖北省环保厅(现更名为湖北省生态环境厅)等单位的大力支持下,采集到了湖北省 17 个地市州 2008 年至 2014 年,进入统计实践序列的不同行业的能源消耗、环境损失、生态损耗等,共计 418710 个有效数据,利用自主研发的绿色发展大数据分析平台,开展了省级绿色 GDP 绩效评估,全面展现了 2014 年湖北省 17 个地市州 GDP、人均 GDP、绿色 GDP、人均绿色 GDP、绿色发展绩效指数 5 个基本指标的不同排名情况。同时,研究结果还利用 17 个分析图、17 个数据表,客观呈现了湖北省 17 个地市州从 2008 年至 2014 年 GDP、人均 GDP、绿色 GDP、人均绿色 GDP、绿色发展绩效指数 5 个基本指标的年度变化情况①。研究表明,课题组提出的新思路和新方法非常直观地反映了被评估地区在产业结构、规划布局等影响绿色 GDP 绩效的多个治理误区,并在地方领导干部政绩考核等问题上提交了政策建议,为政府决策和发展提供了重要理论参照,已经初步展现出绿色 GDP 绩效评估的理论与实践价值。

三、绿色 GDP 绩效评估的价值

  绿色 GDP 绩效评估的首要价值是对各地的绿色发展实现精准指引。"发展"具有一定的内在规定性,它是现时空迈向未来时空的历史进程。因此,处于发展进程的任何人都需要通过一定方式展望未来,从而尽可能在未来实现预期目标。通常,各国、各地

---

① 需要了解详情者,可与华中科技大学国家治理研究院院长、中国绿色 GDP 绩效评估研究课题组组长欧阳康教授联系。

政府都会确定在未来希望实现的经济增长、生态环境目标，如更加可持续的发展方式或者生产、生活方式，根据这些目标，为识别具体的空气质量、经济行业规模调整等问题提供更为详细的规划。绿色 GDP 绩效评估则延续了 GDP 在测度经济发展的合理性和可持续性方面的监测作用，强化了 GDP 指标对资源利用效率的引导，从而促进可持续发展、绿色发展的实现。通过绿色 GDP 绩效评估，可以为可持续的经济发展道路提供多种可选情景，并通过对一定时间内绿色 GDP 绩效评估结果的动态分析，为发展规划者提供实现绿色发展的过渡路线。一旦确定了这种长远的发展路径，并知晓了当时的状况，基于绿色 GDP 绩效评估的政策制定就是最好的政策分析工具。这种分析可以为政策制定者提供多种政策选项，并提供多种可能的发展结果预测。由此确定的政策模型还可以用来检测各种与绿色 GDP 相关的税收、可交易许可或者污染排放的经济意义、发展意义，以及宏观经济政策对生态环境的动态影响等，它的政策蕴涵具有多重重大意义。

绿色 GDP 绩效评估可以成为中国推进国家治理体系和治理能力现代化的重要引擎之一。我国的国家治理体系是在中国共产党领导下建立的经济、政治、文化、社会、生态文明和党的建设等各个领域的体制机制、法律法规等一系列中国特色社会主义制度。治理能力则是运用这些制度实现国家发展目标的能力。实现国家治理体系和治理能力的现代化内在地包含了对国家治理体系、国家治理能力的现代化实现方式、途径等方面的重构与再造。绿色 GDP 绩效评估最直接的应用则是将其结果引入现行领导干部的政绩考评中。它在快速改变地方领导干部不惜牺牲生态环境为代价而单纯追求 GDP 规模方面，形成新的经济社会发展指挥棒，将极大地激发政府和各经济主体对生态环境保护的内在积极性和发展活力。同时，绿色 GDP 绩效评估还会促使国家治理中统计制度、生态环境数据确权、污染排放制度、绿色发展绩效评审等一系列制度改革。这种改革又将倒逼国家治理的各个环节快速引入大数据、人工智能等现代化的治理工具,迫使国家治理各层面的各类决策都不得不从传统的"经验决策"加速转向综合的"精准决策",从而快速提升国家治理的现代化水平和能力。这种国家治理体系与治理能力的良性互动,将会深刻地影响中国未来的国家治理模式与路径,影响中国在全球治理中的身份选择。

绿色 GDP 绩效评估还可以在推进全球治理、重塑人类命运共同体、完善中国的国家形象方面作出更加积极的贡献。全球治理委员会认为,当前的全球治理需要提高质量,最为需要的就是共同信守全体人类共同接受的价值。和平、增长、改革、文明仍然是全球治理中在这个时代无法回避的共同追求。追求可持续发展,维护子孙后代的发展利益,则是不同国家和地区的共同愿望,是当代全球治理中最大的价值共识。绿色 GDP 绩效评估以"绿色 GDP"这一国际话语为切入点,撬动全世界对中国形象、中国未来的思考。中国在过去半个世纪以来的发展,尤其是最近四十年的发展,对生态资源的消耗让西方国家似乎看到了过去其在现代化进程中的影子。据此,西方发达国家可以非常容易地采取各种措施来实现其在全球发展中的政策调整和战略规划。有学者认为,"绿色 GDP"本身是一个舶来品,这种中国语境下的"俗称"看起来并不严谨。这恰恰是"绿色 GDP"这个概念的优势。它融通了中西话语共识,继承了 GDP 在传统经济社会评价上的经验积累和理论深度,却又很好地弥补了 GDP 的现实不足。更重要的是,由此延伸的概念、命题、理论突破性成就,将有助于我国从实践、理论两个基本层面快速获取绿色发展的世界话语权,引领全球治理走向新的阶段。这也正是绿色 GDP 的理论研究虽然艰难,但从未被西方现代化程度较高的国家所抛弃的重要原因。因为这是未来全球治理话语权的制高点和趋势,即使是发达国家也从未彻底放弃这方面的跟踪探索。

当然,绿色 GDP 绩效评估在其理论和实践上还有很长一段路要走。这里面既包括研究方法有待完善、指标体系设计有待更加全面、科学等理论问题,也有认识上有偏差、重视程度不够、技术方案不够完善等实践问题。绿色GDP绩效评估的理论与现实困难不是我们放弃研究的恰当理由。生态环境资源是有限的,只要我们打算追求可持续发展,我们就没有理由放弃这种研究。相反,我们需要的是去努力思考如何可能通过绿色GDP绩效评估实现预期研究目标,又或者是通过其他方式达到绿色GDP绩效评估的预期效果。但无论是哪种情况,绿色GDP绩效评估都在追求全球可持续发展,探求绿色发展新模式方面,具有了自身独特的理论思路和实践价值。

附录 4

绿色 GDP 绩效评估指引地方治理的新探索[①]

摘　要：通过对"绿色 GDP"概念内涵的要素解构，确立绿色 GDP 绩效评估指标，开展绿色 GDP 绩效评估实践，客观呈现了评估对象的绿色发展现状，能够更加科学合理地评价地方治理的绿色发展绩效。进而采用主成分分析法和偏最小二乘法对绿色 GDP 绩效评估结果中，GDP 相当、绿色 GDP 与绿色发展绩效指数具有明显差异的两个地区展开因素判别比较分析，则明确找到了致使绿色 GDP、绿色发展绩效指数偏低的行业结构性因素。其分析结果，为地方政府开展有针对性的经济结构调整，采取行业激励与限制等策略，指引地方发展快速走上"绿色快车道"提供了重要的理论框架和分析工具。

关键词：绿色 GDP；绩效评估；地方治理

20 世纪以来，西方世界在经历了高速经济增长之后，率先遭遇了生态环境问题。二战之后，发达资本主义国家开启了全球性的资本扩展和资本主义生产方式的急速输出。世界各国在享受发达资本主义国家发展模式所带来的经济狂欢时，也将经济高速增长的"生态魔咒"带到了世界各地，并演变为全球性的生态危机。中国在改革开放之后，经济增长所负载的生态环境恶性后果逐渐显现。如何走出高速经济增长的生态阴霾，不仅是世界各国政府、学者普遍关心的焦点问题，同时也是推动中国社会健康发展，实现绿色发展实践转型，正在面临，并必须积极破解的重大理论与现实问题。

[①] 本文作者为赵泽林，原文首发于《华中科技大学学报（社会科学版）》2017 年第 6 期，有改动。

一、从 GDP、绿色 GDP 到绿色 GDP 绩效评估

早在 20 世纪初,亚瑟·庇古(Arthur C. Pigou)、罗纳德·科斯(Ronald H. Coase)等经济学家就开始把经济发展的评价与治理结合起来,探索如何从税收、产权制度设计层面解决经济增长中的生态环境问题。20 世纪 60 年代,罗马俱乐部科学家引入数学模型和系统分析法,对经济与生态的发展绩效展开了量化研究。各国学者和政府经过超过半个世纪的理论与实践探索,最终都从不同路径论证了唯 GDP 至上的发展评价体系存在多种局限。20 世纪 90 年代,联合国为了指引世界可持续发展,修正了以传统 GDP 为核心的国民经济核算体系(System of National Accounts, SNA),提出了以"绿色 GDP"为核心的综合环境与经济核算体系(System of Integrated Environmental and Economic Accounting, SEEA)。2003 年和 2012 年,联合国综合各方理论与实践,发布了新修订的 SEEA2003 和 SEEA2012 框架。所谓"绿色 GDP",实际上只是一种通俗而简便的说法。它的实质与核心是通过对 GDP 核算体系的修订,扣除 GDP 增长中所带来的环境污染、生态损耗等负面效应,得到 GDP 的净增长值。在联合国发布综合环境与经济核算体系后,追求客观、精确的绿色 GDP 核算结果,并以此来评价各国的绿色发展成绩,指引全球的绿色发展治理体系改革,成为各国政府、学者创新绿色发展绩效评估与治理体系的基本路径和研究焦点。

我国早在 20 世纪 80 年代,就有学者开始探索如何把污染造成的经济损失计入经济发展绩效的评价中。新世纪初,我国国家环保总局(现更名为生态环境部)和国家统计局联合启动了"综合环境与经济核算(绿色 GDP)研究"项目,形成了《中国环境经济核算体系框架》《中国环境经济核算技术指南》《中国环境经济核算软件系统》等成果,并于 2005 年开始在 10 余个省市开始绿色 GDP

试点工作。与此同时,国家统计局等机构也与加拿大、挪威等国家合作,开展森林资源、水资源等核算工作。2006年,国家环保总局(现更名为生态环境部)和国家统计局发布了《中国绿色 GDP 核算报告》。随后,我国绿色 GDP 理论与实践探索一度陷入低潮。但中国环境规划院等研究机构和世界上其他国家、地区的相关机构,不仅没有放弃对绿色 GDP 的理论与实践探索,而且在逐步深化绿色 GDP 的研究,并取得了一些新的重要进展。在绿色 GDP 的核算意义和基础理论方面,绿色 GDP 的概念内涵、核算框架等基础问题已经逐渐完善,并逐渐认识到绿色 GDP 核算不是"要做不要做"的问题,而是如何"科学地去做"的问题。[①]

从现有理论和实践探索来看,要追求绝对精确、包罗万象的绿色 GDP 核算,仍需要相当长的一个时期才能达到预期目标。不过,根据现有绿色 GDP 的研究成果,从最为严格意义上的"绿色 GDP"科学内涵出发,构建指标体系,开展"绿色 GDP 绩效评估",既可行,也有科学依据和理论基础。所谓"绿色 GDP 绩效评估",是在管理学、政治学等跨学科视野下,借鉴环境经济学、生态学等多学科成果,通过有效区分、精准诊断、科学指引,服务"治理、决策",是一种"理想与现实兼顾"的新探索。这种研究思路和方法在本质上是"结构主义"与"解构主义"哲学思想、方法在绿色 GDP 问题上的综合性具体应用。结构主义的基本主张是,所有的社会现象,不管其表现显得如何多样、复杂,它们都是由具有内在关联性的要素个体构成的。作为一种方法的结构主义一直是 20 世纪后期各学科研究的重要方法。皮亚杰甚至认为,结构主义从根本上讲就是一种方法,具有"方法"这个词所包含的一切含义。而"解构主义"的代表人物德里达则认为,结构意味着不可简约的结构。这里的前一个"结构"已经不是传统意义上的"结构",而是一种透过表象之后才能看到的"潜结构"。这种"潜结构"恰恰是最能反映某

---

① 王金南,蒋洪强,於方,等.关于绿色 GDP 核算问题的再认识[J].环境经济,2007(45):26.

个"名称"所对应的、必要且充分的构成要素的。当我们把"结构主义"和"解构主义"作为一种思想方法来分析"绿色GDP"时,那么,这个概念的所指及其"结构"便不再是边界模糊和难以捉摸了。如此一来,"绿色GDP"也就有了明确的边界和内涵。

正是在上述基本哲学思想和方法的指引下,本课题组经过两年多的艰辛探索,从不同绿色GDP定义出发,解构绿色GDP的科学内涵,分解绿色GDP的实质性要素,获取具有共识性的指标,构建由3个一级指标、11个二级指标、52个三级指标、多个分行业统计与评价指标构成的新型"二维矩阵型"绿色GDP绩效评估指标体系,形成10个数据采集表单。在湖北省委、湖北省政府、湖北省统计局、湖北省环保厅(现更名为湖北省生态环境厅)等单位的支持下,课题组采集到了湖北省17个地市州2008年到2014年,进入统计实践序列的不同行业的能源消耗、环境损失、生态损耗等,共计418710个有效数据,利用课题组专门研发的绿色发展大数据分析平台进行处理、分析,得到了湖北省17个地市州的GDP、人均GDP、绿色GDP、人均绿色GDP、绿色发展绩效指数五项排名结果。根据这个排名结果,我们发现,在湖北省17个地市州2014年的各项排名中,有一个地区A情况较为特殊,该地区的GDP、人均GDP排名均靠前,而绿色GDP、人均绿色GDP、绿色发展绩效指数排名则处于末位。[①] 为了进一步探究致使该地区出现这种情况的关键因素,从而为该地区下一步的发展提供决策基础,服务地方治理,笔者进行了二次分析。

二、以绿色GDP绩效评估指引地方治理的实证分析

为了精确探寻影响地区A绿色GDP、绿色发展绩效指数的关

---

① 需要了解详情者,可与华中科技大学国家治理研究院院长、中国绿色GDP绩效评估研究课题组组长欧阳康教授联系,本文所引各地区绿色GDP、人均绿色GDP、绿色发展绩效指数值均属该课题组研究所得。

键因素,课题组首先对地区 A 所表现的基本特征进行了量化表征,并选取了与该地区 GDP 相当,而绿色 GDP、绿色发展绩效指数较高的另一地区 B,进行比较分析。

湖北省统计局已经提供和经过科学测算的数据(见附表 4-1)显示,地区 A 与地区 B 的 GDP、人均 GDP、绿色 GDP、人均绿色 GDP、绿色发展绩效指数五项中,地区 A 的绿色 GDP、绿色发展绩效指数均明显低于地区 B。因此,采用这两个地区的有关数据进行比较,既能找到影响地区 A 绿色 GDP 绩效的具体关键因素,又能使研究对象最具可比性。考虑到影响地区 A 和地区 B 的差异因素可能存在的偶然性,课题组从用于绿色 GDP 绩效评估的原始数据中抽取了 2008 年至 2014 年连续 7 年地区 A、地区 B 最具代表性、最常用的原煤消耗、天然气消耗、汽油消耗的数据作为能源消耗的数据样本,进行分析。

附表 4-1　2014 年地区 A、地区 B 的经济发展状况

指标	地区 A	地区 B
GDP(亿元)	1207.10	1200.80
人均 GDP(万元)	4.93	3.56
绿色 GDP(亿元)	826.51	974.24
人均绿色 GDP(万元)	3.37	2.89
绿色发展绩效指数(参考值为1)	0.68	0.81

为了精准发现影响该地区绿色 GDP 绩效的各行各业,课题组根据我国统计和经济运行的实践,将地区 A 和地区 B 所有规模以上的经济行业,再次细分为 39 个行业(见附表 4-2),以便于能够将因素分析精确到具体的行业。

附表 4-2 地区 A、地区 B 用于比较分析的行业名称、编号

编号	行业分类（变量）	编号	行业分类（变量）
1	煤炭开采和洗选业	21	医药制造业
2	石油和天然气开采业	22	化学纤维制造业
3	黑色金属矿采选业	23	橡胶和塑料制品业
4	有色金属矿采选业	24	非金属矿物制品业
5	非金属矿采选业	25	黑色金属冶炼和压延加工业
6	其他采矿业	26	有色金属冶炼和压延加工业
7	农副食品加工业	27	金属制品业
8	食品制造业	28	通用设备制造业
9	酒饮料和精制茶制造业	29	专用设备制造业
10	烟草制品业	30	汽车制造业
11	纺织业	31	铁路船舶航空航天和其他运输设备制造业
12	纺织服装服饰业	32	电气机械和器材制造业
13	皮革毛皮羽毛及其制品和制鞋业	33	计算机通信和其他电子设备制造业
14	木材加工和木竹藤棕草制品业	34	仪器仪表制造业
15	家具制造业	35	其他制造业
16	造纸和纸制品业	36	废弃资源综合利用业
17	印刷和记录媒介复制业	37	电力、热力生产和供应业
18	文教工美体育和娱乐用品制造业	38	燃气生产和供应业
19	石油加工炼焦和核燃料加工业	39	水的生产和供应业
20	化学原料和化学制品制造业		

以原煤消耗数据为例，将上述 39 个细分行业作为变量，应用主成分分析法（Principal Component Analysis，PCA）比较地区 A 和地区 B 在 2008 年至 2014 年连续 7 年的原煤消耗差异，结果发现，每个地区不同年份的数据相对聚集，而地区间的数据有明显的分离，说明两个地区原煤消耗存在差异，如附图 4-1 所示。

为了找到造成这种差异的主要因素，我们进一步用偏最小二

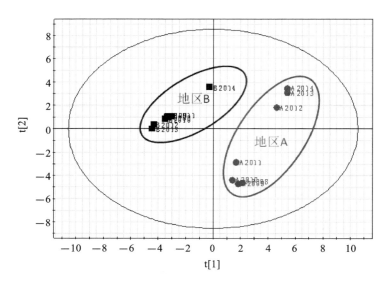

附图 4-1 地区 A 和地区 B 原煤消耗差异图

乘法判别分析(Partial Least Squares Discrimination Analysis，PLS-DA)对 39 个行业的原煤消耗进行比较分析，得到附图 4-2，变量分布离中心点越远表示该变量的贡献越大，从图中可以看出变量 1(煤炭开采和洗选业)对两地区间的原煤消耗差异贡献最大，回到原始数据，我们发现地区 A 煤炭开采和洗选业的原煤消耗值远大于地区 B。

进一步将结果转化为更为直观的变量重要性图(Variable Importance Plot，VIP，见附图 4-3)，VIP 得分大于 1 的变量均是两地区间原煤消耗差异显著的行业，值越大差异越大，VIP 得分小于 1 的变量表示两地区间原煤消耗无显著差异的行业。由图可见，造成两地区之间原煤消耗差异的主要行业有 1 煤炭开采和洗选业、5 非金属矿采选业、27 金属制品业、25 黑色金属冶炼和压延加工业以及 37 电力、热力生产和供应业。

用同样的方法分析地区 A 和地区 B 天然气消耗、汽油消耗的差异，得到附图 4-4、附图 4-5。造成两地区之间天然气消耗差异的主要行业有 32 电气机械和器材制造业、27 金属制品业、25 黑色金

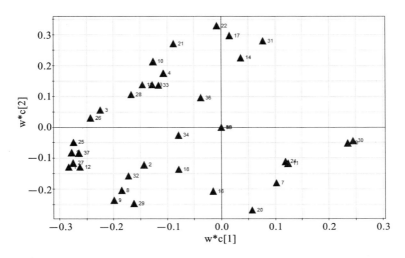

附图 4-2　地区 A 和地区 B 间 39 个行业原煤消耗差异分布图

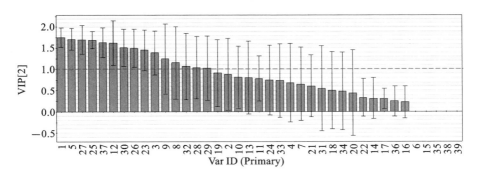

附图 4-3　地区 A 和地区 B 间 39 个行业原煤消耗差异排序图

属冶炼和压延加工业、26 有色金属冶炼和压延加工业以及 24 非金属矿物制品业。而造成两地区之间汽油消耗差异的主要行业是 31 铁路船舶航空航天和其他运输设备制造业、27 金属制品业、37 电力、热力生产和供应业、1 煤炭开采和洗选业以及 26 有色金属冶炼和压延加工业。

综合以上结果,地区 A 在 2008 年至 2014 年的历年能源消耗数据表明,金属制品业、有色金属冶炼和压延加工业、黑色金属冶炼和压延加工业三大行业是使地区 A 绿色 GDP、绿色发展绩效指

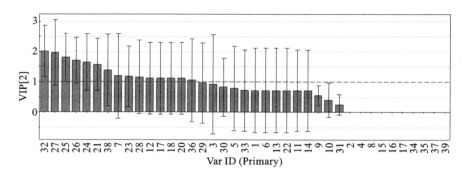

附图 4-4　地区 A 和地区 B 间 39 个行业天然气消耗差异排序图

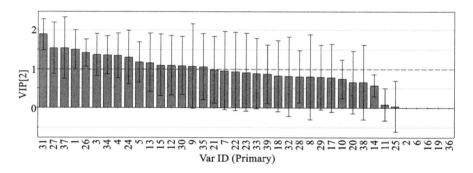

附图 4-5　地区 A 和地区 B 间 39 个行业汽油消耗差异排序图

数偏低的主要经济行业因素。从服务地方治理与决策的层面看，以上数据分析至少已经说明以下几点。第一，地区 A 是一个以金属相关行业为支撑且产业结构相当稳定的地区。想在短期内实现既保持该地区的 GDP 增长，又实现绿色发展，则相当困难。这种产业结构的惯性将极有可能影响该地区相当长一个时期。如果地区 A 要实现绿色发展，则必须做好打持久战的准备，做好长期战略规划，否则，只会适得其反。第二，在其他因素不变的情况下，地区 A 如果要继续保持 GDP 的持续增长，但又要实现绿色发展，提升绿色 GDP 绩效，就需要优先减少金属制品业、黑色金属冶炼和压延加工业、有色金属冶炼和压延加工业三大行业的投入、生产量，积极创造新的绿色行业。第三，在其他因素不变的情况下，地区 A 如果要继续保持 GDP 的持续增长,但又要实现绿色发展,水的生产和供应业、造纸和纸制品业、文教工美体育和娱乐用品制造业等几个行业可以保持原有规模发展。

如果我们增加数据样本的抽取,而不仅仅限于原煤、天然气、汽油这些能源的分析,引入污染排放、生态损耗等更多的因素考虑,并引入其价值量,则可以为该地区做出更加精准、深入的分析。我们还可以根据这些数据来测算出到底需要减少多少比例,就能实现 GDP、人均 GDP、绿色 GDP、人均绿色 GDP、绿色发展绩效指数的同步高增长,其分析结果能够为地方治理提供更加丰富的决策支持信息,可以帮助政府做到精准决策。限于此文篇幅,笔者将另文论述。本文的分析已经从地方经济行业的角度,为地方治理提供了相对有效、科学、精准的发展指引,为提升地方治理能力,推进绿色发展的实践转型,提供了科学的数据支撑和新的理论参照。

三、结论与启示

习近平指出,"我们已进入新的发展阶段……我们既要 GDP,又要绿色 GDP。"[①]保持经济的高速增长,但同时又要尽可能地保护生态环境,已经十分紧迫。如何利用已有成熟的评价体系,又引入新的元素,积极引导地方治理实现经济社会的健康绿色发展,实现精准决策是我国贯彻落实绿色发展理念的关键。习近平在参加河北省委常委班子专题民主生活会时又强调:"要给你们去掉紧箍咒,生产总值即便滑到第七、第八位了,但在绿色发展方面搞上去了,在治理大气污染、解决雾霾方面作出贡献了,那就可以挂红花、当英雄。反过来,如果就是简单为了生产总值,但生态环境问题越演越烈,或者说面貌依旧,即便搞上去了,那也是另一种评价

---

① 习近平.之江新语[M].杭州:浙江人民出版社,2007:37.

了。"①当前,我国正处于社会主义初级阶段,完全放弃原有的 GDP 评价体系,既不现实,也不能更好完成当前一个相当长的历史时期的阶段性发展任务。因此,对原有以 GDP 为核心的经济社会评价体系进行必要的修正、完善,构建以"绿色 GDP"为核心的经济社会评价体系,既保留 GDP 的已有评价优势,又引入新的元素修正其不足,才是最现实、最有可能被各方所接受、最符合我国国情的必要之举。

现阶段,在我国积极构建以绿色 GDP 为核心的绩效评估体系,具有以下三大重要作用:第一,可以帮助我国社会各界科学、客观、全面认识我国各地绿色发展的现实,尽最大努力消减西方话语对我国绿色发展路径选择、政府决策的干扰,掌握绿色发展的评审权、话语权。第二,可以指引各级地方政府,根据科学数据,开展精准决策,对各地方的发展规划、产业布局做出具有针对性的调整。第三,可以积极引导各级领导干部,解放思想,尽快破除"唯 GDP 论英雄"的政绩观发展观,引导全社会把对"GDP"的关注,转移到对"绿色"的关注上来,加速全国各地的绿色发展实践转型。同时,绿色 GDP 绩效评估还可以有效激发地方政府积极应用大数据开展地区治理的热情,加速推进国家治理体系和治理能力的现代化。美国经济学家弗兰克和伯南克指出,实际 GDP 与经济福利并不等价。它最多也只是衡量经济福利的一个重要指标,这在很大程度上是因为它只包括那些通过市场定价并出售的产品与服务。在全世界人民都高度重视生态环境之时,构建新的以"绿色 GDP"为核心的绩效评估体系,可谓恰逢其时,必然对人类社会的健康发展产生深刻而广泛的积极影响。

不过,要在全国范围内推广绿色 GDP 绩效评估还需要积极破除以下现实困难。第一,思想观念上的障碍,党和国家需要高度重

---

① 中共中央文献研究室.习近平关于社会主义生态文明建设论述摘编[M].北京:中央文献出版社,2017:21.

视相关理论与实践探索。绿色 GDP 绩效评估要想得到应用,还需要各方面高度重视,加大支持力度,快速积极推进绿色 GDP 绩效评估等相关理论与实践探索。第二,体制机制上的障碍,需要加速国家治理体系改革,尤其是要优先加速我国统计、环境保护方面的治理体系改革。重构我国统计、环境保护部门的数据采集机制、治理运行机制,分清权责,提升治理效率。第三,政策支持上的障碍,党和国家需要进一步加大绿色 GDP 相关研究的投入。"绿色 GDP"并非新鲜事物。这一概念提出近 20 多年来,墨西哥、挪威、澳大利亚等国都在积极支持相关研究。但总体上看,有关绿色 GDP 的理论研究仍是一个有待深入但又具有良好前景的项目。而绿色 GDP 绩效评估则可能是破解绿色 GDP 理论与实践研究之困极具潜力的新探索。

附录5

基于大数据测算的中国绿色GDP绩效评估最新报告[①]

摘　要：课题组依据"绿色GDP"概念的科学内涵，选取绿色GDP的绩效评估指标，开展近五百万个大数据的采集和分析，结果表明，中国的绿色GDP增长速度已经开始超越同期GDP增长速度；中国的人均绿色GDP稳步增长；中国经济发展的绿色发展绩效指数稳步提升，各省市自治区均在努力实现绿色发展。研究同时也表明，绿色化的中国新经济版图正在逐步形成；中国各省市自治区的经济发展机制进入新的调试期；中国绿色发展进程中的"东中西梯度分布现象"仍将持续一段时间。

关键词：绿色GDP；绩效评估；绿色发展

中国共产党的十九大报告指出，我国正处于经济社会发展的急剧转型期和换挡期，生态环境问题还较为突出，环境污染现象还未得到根本性的改变，环境破坏程度日益严重，在某些领域和某些地方还有愈演愈烈的趋势。人们对生态环境质量的要求逐渐提高，如何加速经济发展方式的转变，实现绿色发展的精准治理，就成为当前推进绿色发展的关键问题。绿色GDP绩效评估就是要在数据科学、管理学、政治学等跨学科视野下，借鉴环境经济学、生态学等多学科成果，构建科学合理的绿色GDP绩效评估指标体系，利用大数据实证分析，科学描绘评估对象的实际情况，并利用这种大数据分析，提出政策建议，开展绿色发展的精准治理。

---

① 本文作者为欧阳康、赵泽林、曾异，原文首发于《中国低碳经济发展报告2019》，薛进军等主编，对外经济贸易大学出版社2019年版，有改动。

一、绿色GDP绩效评估的中国缘起

近一个世纪来,世界各国在GDP指引下获得高速经济增长的同时,也逐渐认识了到GDP在指引人类社会发展上的内在局限。诺贝尔经济学奖获得者约瑟夫·斯蒂格利茨(Joseph E. Stiglitz)、阿玛蒂亚·森(Amartya K. Sen)在分析GDP的局限性与2008年世界金融危机之间的关系时认为,"在2004年至2007年期间,表面上辉煌的世界经济增长表现是以损害未来增长为代价实现的。……不过,如果我们更了解常用衡量标准,比如GDP的局限性,那我们可能就不会对危机发生前几年的经济表现感到那么兴奋了。"① 英国经济学家海兹尔·哈德尔森(Hazel Henderson)在论证了增长经济学的前提假设后,甚至认为,既然增长经济学所依赖的假设是错误的,那么,传统经济学衡量"进步"的指标,客气些讲是有限的,说得不好听些,简直是骗人,这一点是不足为奇的,这些指标的"魁首"就是国民生产总值或GNP。另一些较为温和的经济学家在指出GDP的局限时,还提出了修正GDP的任务。美国经济学家本·伯南克(Ben S. Bernanke)认为,实际GDP与经济福利并不等价。它最多也只是衡量经济福利的一个重要指标,这在很大程度上是因为它只包括那些通过市场定价并出售的产品和服务。还有很多对经济福利作出贡献的因素没有在市场上定价和出售,因此在GDP计算过程中,这些因素大部分甚至完全被忽略了。伯南克所指的这些因素中就包括了GDP增长中的生态环境损耗等。

改革开放以来,作为经济社会发展评价指标的GDP逐渐被我国人民所熟知。随着我国GDP数值的增长,能源消耗也快速递

---

① 斯蒂格利茨,森,菲图西.对我们生活的误测:为什么GDP增长不等于社会进步[M].阮江平,王海昉,译.北京:新华出版社,2011:37-38.

增,这种发展态势给生态环境带了严重压力。党和国家不断作出新的努力,试图走上绿色发展道路。但是,一些利于 GDP 增长却高污染、高能耗的产业始终难以淡出全国各地的产业结构,由此造成我国各地高经济增长与生态环境承载力之间的激烈矛盾、冲突仍在不同程度地继续。习近平指出,"我们已进入新的发展阶段,现在的发展不仅仅是为了解决温饱,而是为了加快全面建设小康社会、提前基本实现现代化;不能光追求速度,而应该追求速度、质量、效益的统一;不能盲目发展,污染环境,给后人留下沉重负担,而要按照统筹人与自然和谐发展的要求,做好人口、资源、环境工作。为此,我们既要 GDP,又要绿色 GDP"[①]。

改变以 GDP 为核心的评价体系,并不意味着就要彻底放弃 GDP。GDP 对经济社会发展的指挥棒作用并未完全消失,也不可能迅速淡出历史。利用 GDP 监测、评价经济社会发展状态,检验宏观经济政策的科学性和有效性,分析宏观经济的水平变化和发展趋势,指引经济社会发展规划,制定全球治理的行为规则,仍有其积极的意义,其作用也是显而易见的。就我国的国情而言,当前我国正处于社会主义初级阶段,完全放弃原有的以 GDP 为核心的经济社会评价体系,既不现实,也不能更好地完成当前一个相当长的历史时期的阶段性发展任务。因此,对原有以 GDP 为核心的经济社会评价体系进行必要的修正、完善,构建以"绿色 GDP"为核心的经济社会评价体系,既保留 GDP 的已有优势,又引入新的元素修正其不足,才是最现实、最有可能被各方所接受、最符合我国现阶段国情的必要之举。将"绿色"与"GDP"结合起来开展经济社会发展的评价就成为一种理论与现实发展的理性选择。

如何将"绿色"与"GDP"结合起来? 20 世纪 90 年代的"绿色 GDP"已经是一个大家所熟知的概念。墨西哥、挪威、瑞典、澳大利亚等国家都纷纷围绕"绿色 GDP"展开了深入的理论与实践探索。

---

① 习近平.之江新语[M].杭州:浙江人民出版社,2007:37.

根据对"绿色 GDP"科学内涵的已有理论与实践共识,选取影响绿色 GDP 和生态环境损失的因素,作为评价指标,进而采用一种"绩效评估"的思路,根据现有的统计学实践,倒是既可以反映现实状况,又能对未来发展有所指引,这就是本课题组所讲的"绿色 GDP 绩效评估"。在这个意义上,绿色 GDP 绩效评估是追求"GDP",又体现"绿色",兼具"理想"与"现实"的必然产物。

二、绿色 GDP 绩效评估的中国路径

开展绿色 GDP 绩效评估的关键在于评估指标的选取。在过去的研究中,采用经验来构建评价指标体系十分常见。这类方法一般是由研究者根据目的性、全面性、系统性、可行性等几个主观原则,结合已有理论和实践经验,确定一套指标体系,甚至会加权处理各个指标,然后得出一个评价结果。无论是这类方法所涉及的"经验"还是"加权",都使得这类方法具有较大的随意性,其评价结果带来的争议也比较多。为了尽可能避开这种主观性的干扰,构建绿色 GDP 绩效评估指标体系的理论基础,可以直指概念本身,以"绿色 GDP"的概念内涵为基础而展开,构建与之相应的指标体系。之所以这样处理,是由"概念"本身的基本属性决定的,这恰恰是许多研究者容易忽视的"路标"。

在上述基本思想的指引下,2016 年 5 月 21 日,经过艰辛努力,华中科技大学国家治理研究院中国绿色 GDP 绩效评估研究课题组在第三届国家治理体系和治理能力建设高峰论坛上,发布了《中国绿色 GDP 绩效评估报告(2016 年湖北卷)》[①],成为首个由中国高校智库公开发布的地方性绿色 GDP 绩效评估报告,迅速引起专家学者的广泛关注。2017 年 3 月 21 日华中科技大学国家治理

---

① 欧阳康,赵泽林,刘启航.中国绿色 GDP 绩效评估报告(2016 年湖北卷)[M].北京:中国社会科学出版社,2017.

研究院与《中国社会科学》编辑部在北京,联合举办了中国绿色GDP绩效评估专家论证会,来自国务院发展研究中心、《中国社会科学》编辑部、环境保护部(现更名为生态环境部)、清华大学等单位的专家学者,对课题组的研究给予了充分肯定,并对进一步推进绿色GDP绩效评估研究提出了意见或建议。2017年6月23日,华中科技大学国家治理研究院与《中国社会科学》编辑部在北京联合发布了《中国绿色GDP绩效评估报告(2017年湖北卷)》①,再次引起人民网、光明网、环境保护部(现更名为生态环境部)等社会各界的广泛关注。2017年10月11日,在中国共产党第十九次全国代表大会召开前夕,华中科技大学国家治理研究院与中国社会科学出版社、《中国社会科学》编辑部联合发布了《中国绿色GDP绩效评估报告(2017年全国卷)》②,这是国内首个由中国高校智库公开发布的全国性绿色GDP绩效评估报告。2018年5月,课题组研究成果获评为2017年度华中科技大学重大学术进展成果。2018年5月,《中国绿色GDP绩效评估报告》荣获2017 CTTI-BPA智库最佳研究报告奖。2018年10月,《中国绿色GDP绩效评估报告》荣获2018年度中国智库学术成果"优秀报告奖"。2018年12月,《中国(湖北)绿色GDP绩效评估报告》荣获2016—2017年度湖北省优秀调研成果奖一等奖。与此同时,本课题研究所产生的多份政策建议案均已获得多位省部级领导干部的肯定性批示,部分成果已经开始进入决策机制,对中国的绿色发展正在产生重要的积极影响。

在最新的研究中,本课题组从中国统计年鉴、各省市自治区的统计年鉴、中国价格统计年鉴等公开的五百多万个相关数据中,根据编制的绿色GDP绩效评估矩阵统计与评价体系,选取了本次计

---

① 欧阳康,赵泽林,熊治东.中国绿色GDP绩效评估报告(2017年湖北卷)[M].北京:中国社会科学出版社,2018.

② 欧阳康,赵泽林,熊治东.中国绿色GDP绩效评估报告(2017年全国卷)[M].北京:中国社会科学出版社,2019.

算所需要的 653325 个可采用的公开数据用以开展中国大陆 31 个省市自治区的绿色 GDP 绩效评估。为准确反映除香港、澳门、台湾外，中国大陆 31 个省市自治区的 GDP、人均 GDP、绿色 GDP、人均绿色 GDP、绿色发展绩效指数状况，确保分析结果最大限度反映全国经济社会发展的实际情况，本次数据采集坚持不使用任何源自学术专著、论文等纯粹学理性的研究性数据，不使用任何非公开数据。为此，课题组查询了 2014 年、2015 年、2016 年中国大陆 31 个省市自治区公开发布的统计年鉴、环境状况公报、中国统计年鉴、中国价格统计年鉴、中国物价统计年鉴、中国能源统计年鉴、国家发展和改革委员会数据简报等公开数据。

为了保证本次研究在处理数据时，能够克服数据量大、类型繁杂、运算复杂所带来的人为因素干扰，客观呈现结果，课题组还专门开发了绿色发展科研平台。它是课题组严格根据绿色 GDP 概念内涵以及在 2015 年提出的绿色 GDP 矩阵算法而产生的计算机程序化、实体化成果。该软件平台采用了目前最为流行的 Java 语言，结合最先进的 SQL 数据库技术，运用 28 个基础算法和若干个计算机程序运行所必需的程序算法，实现了除原始数据外，其他过程均由上十万条程序语句自动完成计算、无人干预的大数据跨平台处理。课题组经过大量的数据处理，得出了 2014 年至 2016 年中国大陆 31 个省市自治区的 GDP、人均 GDP、绿色 GDP、人均绿色 GDP 和绿色发展绩效指数等重要结论性数据，并对中国大陆 31 个省市自治区的 GDP、人均 GDP、绿色 GDP、人均绿色 GDP 和绿色发展绩效指数作出了排名。

三、绿色 GDP 绩效评估的最新态势

本课题组连续几年的大数据测算表明，中国的绿色发展已经取得较为明显的成就。第一，中国的绿色 GDP 增长速度已经开始超越同期 GDP 增长速度。2015 年，中国大陆 31 个省市自治区的

绿色GDP增幅高于GDP增幅的平均值为2.62%。2016年,中国大陆31个省市自治区的GDP经济总量仍保持较快增长,全国GDP经济总量已达到776827.17亿元,GDP经济总量平均增幅达到7.50%。中国大陆31个省市自治区的绿色GDP总量创新高,达到700734.53亿元。绿色GDP经济总量平均增幅达到7.58%,超越同期GDP总量增幅0.08%。从中国大陆31个省市自治区绿色GDP的平均值来看,2014年中国大陆31个省市自治区的绿色GDP平均值为19597.51亿元。2015年中国大陆31个省市自治区的绿色GDP平均值已经提升至21100.12亿元。2016年中国大陆31个省市自治区的绿色GDP平均值已经提升至22604.34亿元。从2014年至2016年,中国大陆31个省市自治区的绿色GDP总量平均增幅为7.40%。

第二,中国的人均绿色GDP稳步增长,成绩喜人。2015年中国大陆31个省市自治区的人均绿色GDP平均增幅达到了7.17%。仅在2016年,中国大陆31个省市自治区人均绿色GDP平均增幅就达到6.79%。中国大陆31个省市自治区人均GDP与人均绿色GDP的正相关性正在出现新的变化,受人口因素影响的绿色生活方式正在出现新的转变。从2014年至2016年,中国大陆31个省市自治区的人均绿色GDP平均增幅为6.99%。

第三,中国经济发展的绿色发展绩效指数稳步提升,各省市自治区均在努力实现绿色发展。2014年中国大陆31个省市自治区的绿色发展绩效指数平均值为86.85。2015年中国大陆31个省市自治区的绿色发展绩效指数平均值已经提升至88.90。2016年中国大陆31个省市自治区的绿色发展绩效指数平均值则为88.69。从2014年至2016年,中国大陆31个省市自治区的绿色发展绩效指数平均增幅为1.06%。这表明,中国明确提出绿色发展理念,虽然晚于部分西方发达国家,中国大陆31个省市自治区也大都还处于绿色发展的探索期,但是,各省市自治区在实现绿色发展方面的成就却依然明显。根据本课题组的测算,2016年上海市的绿色发展绩效指数就已经达到了95.09。2016年浙江省的绿色发展绩效指数达到了94.39。2016年北京市的绿色发展绩效指数达到了94.05。

本课题组连续几年的大数据测算还表明,当前我国绿色发展正在呈现以下新形势、新挑战。第一,绿色化的中国新经济版图正在逐步形成。中国的绿色发展进程正在改变中国大陆31个省市自治区在全国经济总量中的不同地位和排名,各级政府有必要密切关注不同省市自治区在全国经济社会版图中的结构性变化,大胆推进各省市自治区的功能、地位转变。绿色GDP是对GDP的修正。因此,某一地区的GDP总量会直接影响该地区在全国的排名和地位。但在2016年的测算中,我们发现,中国大陆31个省市自治区绿色GDP总量排名与该地区同期GDP总量排名出现不一致的情况正在增多。例如湖北省、上海市、江西省绿色GDP的排名就比其GDP排名靠前。这表明,绿色发展的历史进程已经开始改变原有在GDP视野下我们对中国不同省市自治区的已有地位、功能认知。

第二,中国各省市自治区的经济发展机制进入新的调试期。中国大陆31个省市自治区具有非常不同的历史、客观条件,各级政府有必要密切关注不同省市自治区经济增长动力、机制的调试进程,以避免被迫"走回头路"。绿色发展不可能一蹴而就。有些省市自治区比较容易从传统的经济社会发展路径转换到绿色发展的轨道。有些省市自治区还需要创造必要的历史条件。在这种情况下,一些省市自治区难免出现观望。根据本课题组的测算,相比2014年、2015年,2016年中国大陆31个省市自治区中绿色GDP、人均绿色GDP增幅,超越其GDP、人均GDP增幅的省市自治区有所减少。2016年贵州省、安徽省、上海市的人均绿色GDP增幅均低于其GDP增幅。

第三,中国绿色发展进程中的"东中西梯度分布现象"仍将持续一段时间。历史中形成的中国经济"东中西梯度分布现象"由来已久。各级政府有必要持续增加对西部地区实现绿色发展的支持力度,建议国家研究并提出"新西部发展战略"。过去几十年间,中国大陆31个省市自治区已经形成的GDP总量规模,成为今天不同省市自治区绿色GDP总量规模的重要基础。本课题组对中国大陆31个省市自治区连续三年的测算表明,东南沿海地区相对发达的省市自治区始终占据绿色发展绩效指数排名的前30%。其次是中部地区,然后是西部地区。考虑到各省市自治区已经有的历史条件及其相对稳定的经济结构等关键因素,可以预见的是这种"东中西梯度分布现象"还将持续一段时期,为此,各级政府有必要围绕如何实现西部绿色发展这一目标,持续增加对西部地区实现绿色发展的支持力度。这些支持包括提出涵盖新目标、新路径等一揽子计划的"新西部发展战略"。

附录6

基于绿色 GDP 绩效评估的湖北绿色低碳发展形势与建议①

摘　要：近日，以华中科技大学国家治理研究院院长欧阳康教授为首席专家的中国绿色 GDP 绩效评估研究课题组基于近年来持续开展的跟踪研究发现，当前，湖北最大的实际仍是要发展，所需要的能源消耗量巨大，碳排放形势严峻。湖北需要把碳达峰碳中和纳入经济社会发展全局，牢牢抓住经济增长与绿色低碳的协调发展这个核心，牢牢抓住能源绿色低碳发展这个关键，做好绿色低碳发展的"加减法"，加速湖北经济社会绿色全面转型，加速绿色崛起。

关键词：绿色 GDP；碳达峰；碳中和

实现碳达峰碳中和，是以习近平同志为核心的党中央统筹国内国际两个大局作出的重大战略决策。面向"双碳目标"，推进湖北的绿色低碳发展，加速绿色崛起，不仅是一项必须完成好的政治任务，更是湖北发展的重要历史机遇。本课题组基于持续开展的中国绿色 GDP 绩效评估研究发现，湖北推进绿色低碳发展，面临的压力巨大，急需提前做出应对。

一、面向"双碳目标"的绿色 GDP 绩效评估

所谓绿色 GDP 绩效评估，是在管理学、政治学等跨学科视野

---

① 本文作者为欧阳康、赵泽林，原文为本课题组 2021 年 11 月撰写的绿色发展与碳达峰碳中和系列政策建议案之一，选入本著时有删减。如需更详尽的相关政策建议和智库支持者，可与华中科技大学国家治理研究院院长、中国绿色 GDP 绩效评估研究课题组组长欧阳康教授联系。

下,借鉴环境经济学、生态学、统计学、政治学等多学科成果,坚持既要绿色又要发展的核心价值,通过有效区分、精准诊断、科学指引评估对象,服务地方和国家治理与政府决策的新探索。

近年来,以华中科技大学国家治理研究院院长欧阳康教授为首席专家的中国绿色GDP绩效评估研究课题组,在对国内外已经出现的GDP、绿色GDP核算、GEP核算等进行充分比较的基础上,面向既要绿色又要发展这一"善治"目标,构建指标体系,采集国家统计局、国家发展和改革委员会等权威部门公开发布的统计数据,利用自主研发的绿色发展大数据分析平台,在国内外首次同时采用GDP、人均GDP、绿色GDP、人均绿色GDP和绿色发展绩效指数,对湖北省17个地市州和中国大陆31个省市自治区展开了以"绿色GDP"为核心的治理绩效综合评估。

其成果多次被新华社《国内动态清样》和《光明日报》等内参专题报道,得到有关省部级领导的肯定性批示,被评为2017年度华中科技大学重大学术进展成果,获得2017CTTI-BPA智库最佳研究报告奖、2018年度中国智库学术成果"优秀报告奖"、湖北省社会科学优秀成果奖、教育部第八届高等学校科学研究优秀成果奖(2020年)等多个省部级奖项,引起新华网、人民网、光明网、湖北电视台、《中国环境报》、《中国社会科学报》、《环境保护》等70余家媒体和重要学术期刊的持续关注和多次报道。

二、基于绿色GDP绩效评估的湖北绿色低碳形势

华中科技大学国家治理研究院中国绿色GDP绩效评估研究课题组,根据近十年对湖北省17个地市州和中国大陆31个省市自治区GDP、人均GDP、绿色GDP、人均绿色GDP和绿色发展绩效指数的大数据监测与绩效评估发现,按现有发展趋势,预计到2025年,湖北省的GDP总量可能占全国GDP总量的4.37%;人均GDP可能达到7.70万元,超过全国人均GDP 0.49万元;绿色

GDP 总量可能达到 43.30 千亿元,占全国绿色 GDP 总量的 4.60%;人均绿色 GDP 可能达到 7.26 万元,超过全国人均绿色 GDP 0.65 万元;绿色发展绩效指数可能达到 95.32,超过全国平均值 3.87。其数据表明,湖北的绿色发展正在稳步推进,但发展不够仍是湖北最大的实际。

在这种背景下,如果要促进湖北的快速发展,就必然需要消耗大量能源。从能源消耗总量看,按湖北现有的发展条件,预计到 2025 年,湖北省的能源消耗总量可能达到 26433.36 万吨标准煤。从主要统计行业的能源消耗量看,到 2025 年,湖北省各主要行业的能源消耗量居前三位的分别为:工业消费 10484.60 万吨标准煤;交通运输、仓储和邮政业消费 2468.80 万吨标准煤;生活消费 2464.80 万吨标准煤。从现有规模以上工业的能源消费品种结构看,到 2025 年,湖北省规模以上工业主要消耗的能源品种居于前三位的分别为:原煤 5972.10 万吨标准煤,约占比 39%;电力 1552.19 万吨标准煤,约占比 10%;原油 1508.08 万吨标准煤,约占比 10%。

由上述能源消耗可见,到 2025 年,仅湖北省能源消耗而造成的二氧化碳排放量就可能达到 389.63 百万吨。其中,排在前三位的依次为:原煤能源消耗造成的二氧化碳排放量为 113.65 百万吨;其他石油制品能源消耗造成的二氧化碳排放量为 48.52 百万吨;原油能源消耗造成的二氧化碳排放量为 45.55 百万吨。到 2025 年,湖北省森林面积可能中和二氧化碳的碳汇量为 11.91 百万吨。这些数据表明,具有二氧化碳高排放特性的原煤、原油、焦炭等化石类能源消费量虽逐年下降,但仍占全省能源消费量的主体地位,其碳排放压力必然巨大。

综上可见,要实现习近平总书记对湖北"建成支点、走在前列、谱写新篇"的政治嘱托,解决"发展不够仍是湖北最大的实际"这个问题,加速绿色崛起,湖北的绿色低碳发展压力无疑巨大。

三、做好绿色低碳发展的"加减法"加速绿色崛起

面对湖北既要加速发展,又要节能降碳的现实矛盾,湖北需要把碳达峰碳中和纳入经济社会发展全局,牢牢抓住经济增长与绿色低碳的协调发展这个核心,牢牢抓住能源绿色低碳发展这个关键,充分认识到推进能源绿色低碳转型是实现碳达峰碳中和目标的关键,从能源调整这个根子上,强化做好绿色低碳发展的"加减法",加速湖北经济社会绿色全面转型,加速绿色崛起。

第一,加速行业结构调整,做好湖北绿色低碳发展的"减法",加速绿色崛起。以 2017 年为例,湖北省规模以上工业中电力、燃气及水生产和供应业仅原煤用量就占当年全省规模以上工业原煤消耗总量的 53%,排放二氧化碳量约为 71.39 百万吨;化学原料和化学制品制造业原煤用量占 17%,排放二氧化碳量约为 22.41 百万吨;非金属矿物制品业原煤用量占 14%,排放二氧化碳量约为 19.00 百万吨。这三项分列全省规模以上工业能源消耗和碳排放量的前三位,这些能源都是高碳排放能源。如果湖北既要保持经济高增长,又要减少碳排放,就必须从能源消费需求这个源头开始治理,建立旨在实现碳达峰碳中和与湖北 GDP、绿色 GDP 等经济社会发展目标相一致、相协调、相统一的非化石能源消费目标约束制度,强化能耗强度降低约束性指标管理,实施化石能源消费按计划指标量化管控,要求 17 个地市州地方政府必须按自然统计年度、按地区报送化石能源使用规划,由湖北省发展和改革委员会、湖北省统计局等单位邀约华中科技大学国家治理研究院等智库机构,对相关数据进行大数据测算、评估、修正和审定,并报湖北省委、省政府批准,严格有计划地控制和约束湖北省各地各主要行业的化石能源消费,分阶段、分步骤降低湖北省高碳排放、化石能源需求高的行业占比,减少原煤等化石能源可能的需求,有序推进碳达峰碳中和工作,实现绿色低碳发展。

第二,大力发展低碳产业,做好湖北绿色低碳发展的"加法",加速绿色崛起。根据本课题组的初步测算,按湖北省的现有产业结构,到 2025 年,湖北省各主要行业的能源消耗量排在前三位的依次是,工业消费 10484.60 万吨标准煤,交通运输、仓储和邮政业消费 2468.80 万吨标准煤,生活消费 2464.80 万吨标准煤。这表明,第二产业仍是湖北能源消耗、碳排放的大户,其次是交通运输、仓储和邮政业。如果湖北既要保持经济高增长,又要减少碳排放,就必须强化科技和制度创新,加快绿色低碳科技革命,加速研发和推广先进绿色低碳技术和经验,大力提高智能制造、大数据应用与开发、人工智能＋生态产业等高效益低排放产业的占比。建议由湖北省发展和改革委员会、湖北省统计局等单位邀约华中科技大学国家治理研究院等智库机构,针对规模以上工业、交通运输业等重点行业开展能源调整专项治理研究,指导各地规模以上工业、交通运输、仓储和邮政业加大先进生物液体燃料等清洁能源研发进度,由武汉、襄阳、宜昌三地轮流举办新型清洁能源交易博览会,并积极争取定期举办全国性、国际性的清洁低碳能源交易博览会,帮助各地方政府和企业加速清洁低碳能源研发、利用、替代进度,推动构建以清洁低碳能源为主体的新型能源供应体系;同时实施清洁能源替代税收减免政策,分阶段、分步骤实施清洁能源替代计划,有序推进碳达峰碳中和工作,实现绿色低碳发展。

第三,加强跟踪评估和督促检查,做好湖北绿色低碳发展的"加减法",加速绿色崛起。推进低碳发展,加速绿色崛起,是一项系统工程,需要多方面的共同努力,逐步推进,跟踪评估和督促检查必不可少。建议湖北省率先成立由湖北省委书记、湖北省省长牵头的"湖北绿色低碳发展推进工作小组",由湖北省发展和改革委员会、湖北省统计局组织实施,邀约华中科技大学国家治理研究院等智库机构,积极开展基于绿色 GDP 的绿色低碳能源消费统计、监测、评估、预警研究,提升湖北省域能源预测预警的监测评估能力,建立省域、重点监测地区、重点监测规模以上工业等行业的清洁能源资源普查和信息共享大数据平台，增强湖北 GDP、绿色 GDP 与能源消费、碳排放之间的现实张力，以能源为核心抓手，形成由政府组织、专家协同，企业等各社会组织和广大人民群众共同参与的推进湖北绿色低碳发展的"三位一体"新型协同治理体系。同时邀约华中科技大学国家治理研究院等智库机构，以实现控碳与绿色 GDP 经济社会的协同增长为核心指标，对湖北省绿色低碳发展绩效，开展跟踪评估和督促调研，严格督促和实施地方政府关键年度绿色低碳绩效考核，定期调度各地区各有关部门落实碳达峰碳中和目标任务进展情况，帮助地方政府及时发现问题，解决问题，形成工作合力，加速湖北经济社会发展的全面绿色转型，以此加速绿色崛起。

主要参考文献

[1] 中共中央马克思恩格斯列宁斯大林著作编译局. 马克思恩格斯全集:第一卷[M]. 北京:人民出版社,1956.

[2] 中共中央马克思恩格斯列宁斯大林著作编译局. 马克思恩格斯全集:第二卷[M]. 北京:人民出版社,1957.

[3] 中共中央马克思恩格斯列宁斯大林著作编译局. 马克思恩格斯全集:第三卷[M]. 北京:人民出版社,1960.

[4] 中共中央马克思恩格斯列宁斯大林著作编译局. 马克思恩格斯全集:第四卷[M]. 北京:人民出版社,1958.

[5] 中共中央马克思恩格斯列宁斯大林著作编译局. 马克思恩格斯全集:第六卷[M]. 北京:人民出版社,1961.

[6] 中共中央马克思恩格斯列宁斯大林著作编译局. 马克思恩格斯全集:第八卷[M]. 北京:人民出版社,1961.

[7] 中共中央马克思恩格斯列宁斯大林著作编译局. 马克思恩格斯全集:第九卷[M]. 北京:人民出版社,1961.

[8] 中共中央马克思恩格斯列宁斯大林著作编译局. 马克思恩格斯全集:第二十卷[M]. 北京:人民出版社,1971.

[9] 中共中央马克思恩格斯列宁斯大林著作编译局. 马克思恩格斯全集:第二十三卷[M]. 北京:人民出版社,1972.

[10] 中共中央马克思恩格斯列宁斯大林著作编译局. 马克思恩格斯全集:第二十五卷[M]. 北京:人民出版社,1974.

[11] 中共中央马克思恩格斯列宁斯大林著作编译局. 马克思恩格斯全集:第三十七卷[M]. 北京:人民出版社,1971.

[12] 中共中央马克思恩格斯列宁斯大林著作编译局. 马克思恩格斯全集:第四十二卷[M]. 北京:人民出版社,1979.

[13] 毛泽东. 毛泽东选集:第一卷[M]. 北京:人民出版社,1991.
[14] 毛泽东. 毛泽东选集:第二卷[M]. 北京:人民出版社,1991.
[15] 毛泽东. 毛泽东选集:第三卷[M]. 北京:人民出版社,1991.
[16] 毛泽东. 毛泽东选集:第四卷[M]. 北京:人民出版社,1991.
[17] 毛泽东. 毛泽东外交文选[M]. 北京:中央文献出版社,1994.
[18] 毛泽东. 毛泽东文集:第五卷[M]. 北京:人民出版社,1996.
[19] 毛泽东. 毛泽东文集:第六卷[M]. 北京:人民出版社,1999.
[20] 毛泽东. 毛泽东文集:第七卷[M]. 北京:人民出版社,1999.
[21] 毛泽东. 毛泽东文集:第八卷[M]. 北京:人民出版社,1999.
[22] 邓小平. 邓小平文选:第二卷[M]. 北京:人民出版社,1994.
[23] 江泽民. 江泽民文选:第一卷[M]. 北京:人民出版社,2006.
[24] 江泽民. 江泽民文选:第二卷[M]. 北京:人民出版社,2006.
[25] 江泽民. 江泽民文选:第三卷[M]. 北京:人民出版社,2006.
[26] 习近平. 习近平谈治国理政[M]. 北京:外文出版社,2014.
[27] 习近平. 习近平谈治国理政:第二卷[M]. 北京:外文出版社,2017.
[28] 习近平. 习近平谈治国理政:第三卷[M]. 北京:外文出版社,2020.
[29] 习近平. 之江新语[M]. 杭州:浙江人民出版社,2007.
[30] 习近平. 论中国共产党历史[M]. 北京:中央文献出版社,2021.
[31] 中共中央文献研究室. 邓小平年谱(1975—1997):上[M]. 北京:中央文献出版社,2004.
[32] 中共中央文献研究室. 邓小平年谱(1975—1997):下[M]. 北京:中央文献出版社,2004.
[33] 中共中央文献研究室. 十六大以来重要文献选编:上[M]. 北京:中央文献出版社,2005.
[34] 中共中央文献研究室. 十六大以来重要文献选编:中[M]. 北京:中央文献出版社,2006.
[35] 中国共产党第十七次全国代表大会文件汇编[M]. 北京:人民出版社,2007.
[36] 《中国共产党简史》编写组. 中国共产党简史[M]. 北京:人民出版社,2021.
[37] 中共中央文献研究室. 毛泽东论林业[M]. 新编本.北京:中央文献

出版社,2003.

[38] 中共中央文献研究室. 习近平关于社会主义生态文明建设论述摘编[M]. 北京:中央文献出版社,2017.

[39] 科学技术部社会发展科技司,中国21世纪议程管理中心. 绿色发展与科技创新[M]. 北京:科学出版社,2011.

[40] 国家环境保护总局,中共中央文献研究室. 新时期环境保护重要文献选编[M]. 北京:中央文献出版社,2001.

[41] 张岱年. 中国哲学大纲[M]. 北京:中国社会科学出版社,1982.

[42] 郭齐勇. 中国古典哲学名著选读[M]. 北京:人民出版社,2005.

[43] 冯友兰. 中国哲学简史[M]. 长沙:岳麓书社,2018.

[44] 管子[M]. 房玄龄,注. 刘绩,补注. 刘晓艺,校点. 上海:上海古籍出版社,2015.

[45] 周礼译注[M]. 杨天宇,译注. 上海:上海古籍出版社,2016.

[46] 论语译注[M]. 杨伯峻,译注. 上海:中华书局,2018.

[47] 墨子[M]. 毕沅,校注. 吴旭民,标点. 上海:上海古籍出版社,2014.

[48] 王雨辰. 生态学马克思主义与后发国家生态文明理论研究[M]. 北京:人民出版社,2017.

[49] 俞可平. 论国家治理现代化[M]. 修订版. 北京:社会科学文献出版社,2015.

[50] 胡鞍钢. 中国:创新绿色发展[M]. 北京:中国人民大学出版社,2012.

[51] 王克强,赵凯,刘红梅. 资源与环境经济学[M]. 上海:复旦大学出版社,2015.

[52] 杨志,王岩,刘铮,等. 中国特色社会主义生态文明制度研究[M]. 北京:经济科学出版社,2014.

[53] 郝栋. 绿色发展的思想轨迹:从浅绿色到深绿色[M]. 北京:北京科学技术出版社,2013.

[54] 李佐军. 中国绿色转型发展报告[M]. 北京:中共中央党校出版社,2012.

[55] 康德. 逻辑学讲义[M]. 许景行,译. 北京:商务印书馆,2010.

[56] 鲁鹏. 制度与发展关系研究[M]. 北京:人民出版社,2002.

[57] 苏为华. 多指标综合评价理论与方法研究[M]. 北京:中国物价出版社,2001.

[58] 徐焕. 当代资本主义生态理论与绿色发展战略[M]. 北京:中央编译出版社,2015.

[59] 德里达. 论文字学[M]. 汪堂家,译. 上海:上海译文出版社,2015.

[60] 休斯. 生态与历史唯物主义[M]. 张晓琼,侯晓滨,译. 南京:凤凰出版传媒集团,2011.

[61] 斯蒂格利茨,森,菲图西. 对我们生活的误测:为什么GDP增长不等于社会进步[M]. 阮江平,王海昉,译. 北京:新华出版社,2011.

[62] 弗兰克,伯南克. 宏观经济学原理(第4版)[M]. 李明志,等译. 北京:清华大学出版社,2010.

[63] 萨缪尔森,诺德豪斯. 经济学(第18版)[M]. 萧琛,主译. 北京:人民邮电出版社,2008.

[64] 奥康纳. 自然的理由:生态学马克思主义研究[M]. 唐正东,臧佩洪,译. 南京:南京大学出版社,2003.

[65] 莱斯. 自然的控制[M]. 岳长龄,李建华,译. 重庆:重庆出版社,1993.

[66] 伊金斯. 生存经济学[M]. 赵景柱,王如松,等译. 合肥:中国科学技术大学出版社,1991.

[67] 欧阳康,赵泽林,曾异. 中国绿色GDP绩效评估报告(2018年全国卷)[M]. 北京:中国社会科学出版社,2019.

[68] 欧阳康,赵泽林,熊治东. 中国绿色GDP绩效评估报告(2017年全国卷)[M]. 北京:中国社会科学出版社,2019.

[69] 欧阳康,赵泽林,熊治东. 中国绿色GDP绩效评估报告(2017年湖北卷)[M]. 北京:中国社会科学出版社,2018.

[70] 欧阳康,赵泽林,刘启航. 中国绿色GDP绩效评估报告(2016年湖北卷)[M]. 北京:中国社会科学出版社,2017.

[71] 左官春,刘魁. 社会动员与国家常态治理的互动机制研究[J]. 海南大学学报(人文社会科学版),2021(6):32-43.

[72] 詹国彬,陈健鹏. 走向环境治理的多元共治模式:现实挑战与路径选择[J]. 政治学研究,2020(2):65-66.

[73] 袁祖社.公共价值的信念与美好生活的理想[J].中国社会科学,2019(12):28.

[74] 刘同舫.人类解放何以必要[J].社会科学家,2015(10):23-24.

[75] 李慧凤.制度结构、行为主体与基层政府治理[J].南京社会科学,2014(2):96.

[76] 裴宜理.增长的痛楚:崛起的中国面临之挑战[J].国外理论动态,2014(12):73.

[77] 赵泽林,欧阳康.现代化视域中的中国共产党百年伟业——访华中科技大学国家治理研究院院长欧阳康教授[J].马克思主义理论学科研究,2021(8):13.

[78] 翟亚柳.中国环境保护事业的初创——兼述第一次全国环境保护会议及其历史贡献[J].中共党史研究,2012(8):72.

[79] 李德成,郭常顺.近十年社会动员问题研究综述[J].华东理工大学学报(社会科学版),2011(6):46-48.

[80] 王金南,蒋洪强,於方,等.关于绿色 GDP 核算问题的再认识[J].环境经济,2007(45):21,26.

[81] 季羡林."天人合一"新解[J].传统文化与现代化,1993(1):11-15.

[82] 冯棠.1968年法国五月风暴述评[J].法国研究,1988(2):104.

[83] 中国共产党中央委员会.中国共产党中央委员会致五省(区)青年造林大会的贺电[J].新黄河,1956(4):32.

[84] Adas M. Machines as the measure of men[M]. London:Cornell University Press,2015.

[85] Brenden F. Green buildings in the U.S. and China:development and policy comparisons[M]. New York:Nova Science Pub Inc.,2015.

[86] Maddison A. The world economy:a millennial perspective/historical statistics[M]. Paris:OECD Publishing,2006.

[87] Inglehart R, Welzel C. Modernization, cultural change and democracy: the human development sequence[M]. Cambridge: Cambridge University Press,2005.

[88] Danvind J. PLS prediction as a tool for modeling wood properties

[J]. Holz als Roh-und Werkstoff, 2002, 60(2):130-140.

[89] Harris F M A. Nutrient management of smallholder farmers in a short-fallow farming system in north-east Nigeria[J]. Geographical Journal, 1999(165):275-285.

[90] Adams W M. Sustainable development? [C]//Taylor P,Johnston R J. Geographies of global change:remapping the world in the late twentieth century. Oxford:Basil Blackwell, 1995.

[91] Worster D. Nature's economy:a history of ecological ideas[M]. 3rd ed. Cambridge :Cambridge University Press, 1994.

[92] Rüdig W. Green party politics around the world[J]. Environment: Science and Policy for Sustainable Development, 2010, 33(8): 6-31.

[93] Shon L B. The stockholm declaration on the human environment [J]. The Harvari International Law Journal, 1973, 14(3):423.